Das Buch der Weihnachtslieder

Die Christgeburt. Moritz von Schwind (1804–1871)

Ingeborg Weber-Kellermann

Das Buch der Weihnachtslieder

151 Deutsche Advents- und Weihnachtslieder
Kulturgeschichte, Noten, Texte, Bilder
Mit Klavier- und Orgel-Begleitung

Musikalische Bearbeitung von
Hilger Schallehn

SCHOTT

Mainz · London · Madrid · New York · Paris · Tokyo · Toronto

Ingeborg Weber-Kellermann, geboren 1918 in Berlin, gestorben 1993 in Marburg. Studium der Volkskunde, Geschichte, Vorgeschichte, Germanistik und Anthropologie – 1940 Promotion bei Adolf Spamer in Volkskunde – 1946–1960 wissenschaftliche Mitarbeiterin an Adolf Spamers Volkskunde-Institut an der Deutschen Akademie der Wissenschaften zu Berlin – 1960 Übersiedlung nach Marburg – 1963 Habilitation im Fache Volkskunde und Ethnosoziologie – seit 1968 Professor für Europäische Ethnologie an der Philipps-Universität Marburg. Wichtigste Buchveröffentlichungen: *Ludolf Parisius und seine Altmärkischen Volkslieder*, Berlin 1957; *Erntebrauch in der ländlichen Arbeitswelt des 19. Jahrhunderts*, Marburg 1965; *Deutsche Volkskunde zwischen Germanistik und Sozialwissenschaften*, Stuttgart 1969; *Die deutsche Familie. Versuch einer Sozialgeschichte*, Frankfurt a. M. 1974, 7. Aufl. 1982; *Die Familie. Geschichte, Geschichten und Bilder*, Frankfurt a. M. 1976, 2. Aufl. 1978; *Zur Interethnik. Donauschwaben, Siebenbürger Sachsen und ihre Nachbarn*, Frankfurt a. M. 1978; *Das Weihnachtsfest. Eine Kultur- und Sozialgeschichte der Weihnachtszeit*, Luzern 1978; *Die Kindheit. Kleidung und Wohnen, Arbeit und Spiel. Eine Kulturgeschichte*, Frankfurt a. M. 1979.

Abb. Seite 2:
Geburt Christi.
Österreichischer Meister (um 1340)

Bestell-Nr.: ED 7061
ISBN 3-7957-2061-3
Lektorat: L. Friedrich
Umschlag und Layout: H. J. Kropp

© 1982 für Text und sämtliche Notensätze
soweit nicht im Quellenverzeichnis
Seite 286 anders angegeben:
Schott Musik International, Mainz
BSS 45150
Printed in Germany

Ergänzend zu dieser Ausgabe lieferbar:

	Bestell-Nr.
Taschenbuch-Melodieausgabe Serie Musik	SEM 8213

Alle Liedsätze sind auch in Einzelstimmen zum instrumentalen Musizieren erhältlich:

1. Stimme (Melodiestimme) in C 𝄞	ED 7061-11
Melodie-Begleitstimme in C 𝄞	ED 7061-12
2. Stimme in C 𝄞	ED 7061-13
3. Stimme in C 𝄞	ED 7061-14
3. Stimme in C 𝄡	ED 7061-15
4. Stimme in C 𝄢	ED 7061-16
1. Stimme (Melodiestimme) in B 𝄞	ED 7061-17
1. Stimme in C oktaviert 𝄞	ED 7061-27
1. Stimme in Es 𝄞	ED 7061-26
2. Stimme in C oktaviert 𝄞	ED 7061-18
2. Stimme in B 𝄞	ED 7061-19
2. Stimme in Es 𝄞	ED 7061-20
3. Stimme in C 𝄢	ED 7061-21
3. Stimme in B 𝄞	ED 7061-22
3. Stimme in Es 𝄞	ED 7061-23
4. Stimme in B 𝄞	ED 7061-24
4. Stimme in Es 𝄞	ED 7061-25
4. Stimme in C tief oktaviert 𝄢	ED 7061-28

Chorhefte
1. Advent	C 45701
2. Verkündigung und Magnificat	C 45702
3. Marienlieder	C 45703
4. Nikolaus und Weihnachtsmann	C 45704
5. Vorweihnachtszeit	C 45705
6. Alte Weihnachtslieder	C 45706
7. Weihnachtslieder der Reformation	C 45707
8. Neue Weihnachtslieder	C 45708
9. Am Weihnachtsabend	C 45709
10. Lieder um den Tannenbaum	C 45710
11. Lieder vom Christkind	C 45711
12. Kindlwiegen	C 45712
13. Krippenlieder	C 45713
14. Hirtenlieder	C 45714
15. Alpenländische Hirtenlieder	C 45715
16. Dreikönigslieder	C 45716
17. Epiphanias	C 45717

Inhalt

Vorwort

Das weite Feld der Weihnachtslieder ist nur schwer überschaubar. Ernste Kirchenhymnen stehen neben naiven Kinderliedchen, muntere Hirtenstücke neben strahlenden Lutherchorälen, Ruprechts- und Sonnenwendlieder neben rührenden Mariengesängen. Fast jeder hat seine Lieblinge unter den Weihnachtsliedern, verbindet sie mit Kindheitserinnerungen an Kirchenbesuche mit den Eltern, an Kindergartenspiele oder mehrstimmigen Chorgesang in der Schule, vor allem aber an den erwartungsvollen Eintritt ins Weihnachtszimmer und die Freude am geschmückten Baum mit seinen Lichtern, der sich, wenn man besonderes Glück hatte, auf einer Spieluhr drehte. Zur Kulturgeschichte des Weihnachtsfestes verweise ich auf mein 1978 erschienenes Werk *Das Weihnachtsfest* (Luzern–München 1978).

Die Veröffentlichung einer Sammlung von Weihnachtsliedern stellt den Herausgeber vor die Aufgabe, sich ein Anordnungsprinzip zu überlegen: Sollen die Lieder nach dem Datum ihres ersten Erscheinens historisch einander folgen? Könnte der Text des Evangeliums von der Herbergsuche bis zur Flucht nach Ägypten die Reihenfolge bestimmen? Und daneben stünden dann die Kinderlieder ohne biblischen Bezug? Wäre eine Trennung nach konfessioneller Zugehörigkeit möglich und nützlich?

In der vorliegenden Ausgabe sind verschiedene Prinzipien zusammengefügt. Eine weitgehend historische Abfolge scheint vertretbar, was nicht heißen soll, daß die Lieder streng nach ihrem Entstehungsdatum angeordnet sind. Inhaltlicher Grundgedanke ist vielmehr der geschichtliche Wandel ihrer gesellschaftlichen Funktion. Vom Kirchengesang des Priesters und der Gemeinde bis zum Familiensingen unter dem Weihnachtsbaum führt ein weiter sozialgeschichtlicher Weg, dessen Stationen in diesem Buch durch das kulturelle Phänomen »Weihnachtslied« gekennzeichnet sind. Dabei können auch chronologisch ältere Lieder in einer späteren Epoche eine funktionale Renaissance erfahren wie z. B. viele Marienlieder in der Jugendbewegung.

Der abschließende Versuch, offene weihnachtliche musikalische Möglichkeiten in der Gegenwart vorzustellen, zeigt, wie sehr auch heute Lied und Gesellschaft miteinander verbunden sind.

Lied ist nicht nur Text und Melodie, sondern etwas Gesungenes, das jeweils für die Singenden wie für die Zuhörenden eine ganz bestimmte Funktion, einen Wert und eine Qualität besitzt – unabhängig vom objektiv künstlerischen Wert des Stückes. Das sei als wichtige Fragestellung zum jeweiligen Kommunikationswert des Weihnachtsliedes dieser Sammlung vorausgeschickt, wenn es auch nicht immer möglich sein wird, eine genaue Wirkungsforschung zu betreiben.

Sozialgeschichtlich ist ein phasenreicher Weg des Weihnachtsgesanges von außen nach innen zu beobachten. Die frühesten Zeugnisse fixieren das Singen ganz deutlich im Kirchenraum und zwar in ausdrucksstarkem Dialog zwischen Geistlichkeit, Chor und Gemeinde. Diese Form bleibt für längere Zeit bestehen, wohl unterschiedlich für Stadt und Land, wobei der heitere und spielerische Zug mit Kindelwiegen und Krippenspielen allmählich zunimmt und selbständige Singspiele auch vor die Kirche trägt. Für ein Singen in den Familien gibt es damals noch kaum Belege, dagegen zunehmend für Gassen- und Stubenspiele, vor allem in den ländlichen Gemeinden. In alter Tradition und neuer

*Mariä Verkündigung
und Anbetung der heiligen drei Könige.
Conrad von Soest (1403)*

Nostalgie leben solche Spiele zum Teil bis in unsere Tage fort.

Mit Luther und der Reformation hebt eine neue bedeutende Phase des deutschen Kirchengesanges an. Aber das familiäre Singen in der Bürgerstube unter dem Weihnachtsbaum beginnt erst später im 18. Jahrhundert und erlebt seine größte Blüte im bürgerlichen 19. Jahrhundert mit einer Fülle neuen Liedgutes. Vom gemütvollen Kinderlied wandelt sich der Stil bis zur Weihnachtsschnulze, nimmt seit den Kriegszeiten von 1870/71 auch deutsch-nationale Züge auf, die unter Hitler eine verkrampft wirkende antichristliche Renaissance erleben.

In den Jahrzehnten nach dem 2. Weltkrieg ist vergessen geglaubtes Liedgut wieder aufgetaucht und neues entstanden. Vieles Verschiedenartige steht nebeneinander, dem offenen Charakter unserer Gesellschaft entsprechend. Das Angebot ist groß und wird sich hoffentlich noch erweitern. Wir haben die Freiheit, zu wählen.

Ingeborg Weber-Kellermann

Vorbemerkung
zur musikalischen Herausgabe

Zu allen hier vorliegenden Liedern wurde die Melodiestimme mit unterlegten ersten Strophen in der heute üblichen Singweise oder in der heute gebräuchlichen Notation und sinnvollen Melodieführung unter Verzicht auf erneute quellenkritische Studien beigefügt. Die gewählten Tonarten nehmen zum einen Rücksicht auf die heute verbreiteten Singlagen, zum anderen auf eine instrumentale Ausführung, die sich durch eine begrenzte Zahl von Vorzeichen einem möglichst großen Instrumentarium eröffnen soll. In Stichnoten wurde eine Melodie-Begleitstimme ad libitum hinzugegeben. Die Akkordsymbole über der Melodie dienen der Gitarrenbegleitung. Die Zweistimmigkeit eignet sich für vokale, instrumentale oder gemischte Besetzung.

Die im Anschluß an jedes Lied und im Anhang gegebenen Verweise auf Quellensammlungen und moderne Liedausgaben weisen einerseits die zum Vergleich herangezogenen Ausgaben nach, sollen aber auch die heutige Verbreitung der einzelnen Lieder dokumentieren. Die Wiedergabe der Lieder im Kapitel 7 will als Dokumentation zur Singpraxis jener Zeit verstanden werden.

Die zeitgemäßen, leicht spielbaren drei- oder vierstimmigen Klaviersätze dieses Bandes sind so angelegt, daß sie selbständig oder als Begleitung gespielt werden können. Sie ergänzen sich mit den Melodien und zweiten Stimmen, die auch in der Taschenbuch-Ausgabe der Serie Musik Piper·Schott enthalten sind. Dadurch ergeben sich vielfältige, den unterschiedlichen häuslichen, schulischen oder ensemblemäßigen Gegebenheiten angepaßte Sing- oder Musizierformen. Die Aufführungsmöglichkeiten werden dadurch erweitert, daß zu allen Liedsätzen instrumentale Einzelstimmen für unterschiedliche Besetzungen erschienen sind.

Durch den Verbund von Taschenbuch, Klavierausgabe, Einzelstimmen und 17 thematisch geordneten Chorheften wird diese alle Epochen, Stilbereiche und Funktionen umspannende Liedersammlung zu einem Hausbuch für das weihnachtliche Singen und Musizieren.

Hilger Schallehn

1. Die kirchlichen Gesänge des Mittelalters und der frühen Neuzeit

*Anbetung der Könige.
Aus einem Glossar
des 12. Jahrhunderts*

Die frühesten Zeugnisse von Weihnachtsliedern, d. h. von gesungenen Texten, die das biblisch überlieferte Weihnachtsgeschehen zum Inhalt haben, stammen aus dem späten Mittelalter und sind in lateinischer Sprache oder als halb lateinische, halb deutsche Mischtexte abgefaßt. Sie wurden in der Kirche zum Lobe der Geburt Christi gesungen. Besonders zur Mitternachts-messe bildeten sie einen Teil der Liturgie, war doch damals die Weihnachtsfeier ein rein kirchliches frommes Fest, zu dem sich die Gemeinde im Kirchenraum versammelte. Die Lieder endeten zumeist mit dem Ruf: *Kyrie eleison (Herr erbarme Dich)* und wurden deshalb mit dem Sammelnamen »Leisen« bezeichnet.

1. Sei uns willkommen, Herre Christ

Sei uns will - kom - men, Her - re Christ, weil du un - ser
Sys wil - le - ko - men, heir - re kerst, want du on - ser

al - ler Her - re bist. Sei uns will - kom - men, lie - ber Gott's
al - re heir - re bis. Sys wil - le - ko - men, lie - ve heir -

Sohn, bei uns auf Er - den al - so schö - ne. Ky - ri - e - leis.
- re, hier in ert - ri - che al - so scho - ne. Ky - rie - leys.

Hochdeutsche Textfassung: Hilger Schallehn
© 1982 Schott Musik International, Mainz

Das ist das älteste schriftlich überlieferte Weihnachtslied; es stammt vom Niederrhein. Nach einer alten Handschrift[1] gibt der Chronist dazu folgende Erklärung:

In der Christnacht versammelten sich die Herren Scheffen auf ihrer Gerichtsstube, giengen dann in die Münsterkirche, wo sie die Chorstühle auf der rechten Seite einnahmen. Nach dem Evangelium stimmte der Scheffen-Meister folgendes alte Lied an, welches vom Chore fortgesungen wurde:

[1] Christian Quix: *Historische Beschreibung der Münsterkirche und der Heiligthumsfahrt in Aachen,* 1825, S. 119

1. Nun siet uns willekomen, hero kerst,
Die ihr unser aller hero siet.
Nu siet uns willekomen, lieber hero,
Die ihr in den kirchen schöne siet.
Kyrie-eleyson!

2. Nun ist gott geboren, unser aller trost,
Der die höllsche pforten mit seinem kreutz aufstoes.
Die mutter hat geheischen maria,
Wie in allen kersten-bucheren geschriben steht.
Kyrie-eleyson!

Aachener Fragment

Wer waren die Scheffen oder Schöffen? Ihr Amt, eingeführt unter Karl dem Großen, diente der öffentlichen Rechtsprechung, und zum Schöffen gewählt zu werden galt als große Ehre. Zu besonderer Bedeutung geriet ihr Amt im mittelalterlichen Stadtrecht, und die Schöffen mit ihrem Schöffenmeister waren also hochangesehene Bürger, Handwerker oder Kaufleute, deren Urteil anerkannt wurde und die sich für die Ordnung in der Gemeinde verantwortlich fühlten.

Anschaulich wird in der alten Quelle (das Lied soll aus dem 11. Jahrhundert stammen[2]) die Funktion des Gesanges verdeutlicht: aus ihren Chorstühlen stimmten die Schöffen als die Ersten der Gemeinde das Lied an.

Auch die ursprüngliche Melodie ist im Aachener Münsterschatz in einem Evangeliarium des Kaisers Otto III. aus dem 11. Jahrhundert erhalten[3]; sie entstammt einem gregorianischen Melodiemodell.

Die oben wiedergegebene, spätere Melodiefassung stammt aus der Erfurter Handschrift (um 1394).

Hier wird also von Anfang an klar, daß die Ursprünge des Weihnachtsgesanges an anderer Stelle zu suchen sind als im Schoße der Familie. Im klaren Pathos eines stadtbürgerlichen Gemeindegesanges erklangen diese Worte vom Wunder der Gottesgeburt, unabgenutzt und mit der Naivität eines noch verhältnismäßig neuen Gefühls wunderbaren geistlichen Geborgenseins. Die trostreiche Versicherung eines gottgefälligen Lebens wird typischerweise durch die Angabe gestützt, daß diese Geburtsgeschichte in allen kirchlichen Büchern geschrieben stehe, – und das verlieh ihr unanfechtbare Bedeutung in einer Zeit lange vor Erfindung des Buchdruckes.

[2] August Heinrich Hoffmann von Fallersleben: *Geschichte des deutschen Kirchenliedes* (1861), Hildesheim 1965, S. 30
[3] Erk-Böhme III, S. 626

Erk-Böhme III, Nr. 1918
Gotteslob Nr. 131
Hoffmann Nr. 87, 88
Klusen S. 117
Müller-Blattau Nr. 3
Weihnachtslieder S. 28 f.

2. Gelobet seist du, Jesu Christ

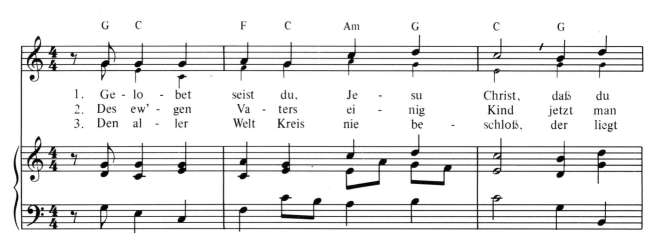

Mensch ge - wor - den bist von ei - ner Jung - frau, das ist
in der Krip - pe findt; in un - ser ar - mes Fleisch und
in Ma - ri - en Schoß; er ist ein Kind - lein wor - den

wahr, des freu - et sich der En - gel Schar. Ky - ri - e - leis.
Blut ver - klei - det sich das ew' - ge Gut. Ky - ri - e - leis.
klein, der al - le Ding' er - hält al - lein. Ky - ri - e - leis.

4. Das ew'ge Licht geht da herein,
gibt der Welt ein' neuen Schein;
es leucht't wohl mitten in der Nacht
und uns des Lichtes Kinder macht.
Kyrieleis.

5. Der Sohn des Vaters, Gott von Art,
ein Gast in der Welt hie ward
und führt' uns aus dem Jammertal,
er macht' uns Erben in sei'm Saal.
Kyrieleis.

6. Er ist auf Erden 'kommen arm,
daß er unser sich erbarm'
und in dem Himmel mache reich
und seinen lieben Engeln gleich.
Kyrieleis.

7. Das hat er alles uns getan,
sein groß' Lieb' zu zeigen an.
Des freu' sich alle Christenheit
und dank' ihm des in Ewigkeit.
Kyrieleis.

Dieses Lied ist als einstrophiger Kirchengesang aus vorreformatorischer Zeit bezeugt und wurde z. B. in Rostock 1519 in den Gottesdienst eingereiht. Wenn der Chor die Weihnachtssequenz *Grates nunc omnes* (*Dank sagen wir alle*) gesungen hatte, zeigte der Priester der Gemeinde das Allerheiligste, und sie stimmte dann dieses Leis dreimal an. Andere Quellen besagen, daß es damals schon seit längerem im Kirchengebrauch üblich gewesen sei.

Um diese Zeit wurde der Text, zunächst von katholischer Seite, um 5 Strophen erweitert, was seine Beliebtheit erweist. Dann nahm 1524 Martin Luther eine Kontrafaktur (Umdichtung des Textes unter Beibehaltung der Melodie) vor, indem er der Ausgangsstrophe 6 neue Strophen hinzufügte.

In diesem stellenweise gequält wirkenden Text, der den populären Gesang zu einem protestantischen Kernlied umwandeln sollte, hebt sich vor allem die vorletzte Strophe in ihrer klaren Aussage heraus. Hier wendet sich Luther mit dem Verweis auf die arme Geburt im Stall an die soziale Gruppe der gleichfalls Armen, die seine Parteigänger waren –, allerdings noch im Sinne der mittelalterlich-christlichen Weltordnung,

nach der erst im Himmelreich ein Ausgleich zu
erwarten ist. Aber wohl nicht zuletzt um dieser
starken und rührend poetischen Strophe willen
ist das Lied bis heute Bestandteil vieler Weihnachtsgottesdienste geblieben (weiteres vgl.
Kapitel 3). Der katholische Text, der Luther als
Vorlage diente, ist ganz kindlich gehalten und
nicht von der dichterischen Kraft der Neufassung
dieser Strophe.

EG Nr. 23
Erk-Böhme III, Nr. 1919
Gotteslob Nr. 130
Liliencron Nr. 22
Quempas S. 22
Schmidt S. 204
Weihnachtslieder S. 113
(Zur Rolle dieses Liedes in der Musikerziehung
der Jugendbewegung vgl. Blume S. 311)

Himmelskampf.
Albrecht Dürer (1471–1528)

3. O Heiland, reiß die Himmel auf

| Dm | Gm | C | Dm Am | Em | Am | B | G | Am⁴ ³ | Dm |

Tor___ und Tür, reiß ab, wo Schloß und Rie - gel für.
reg - net aus den Kö - nig ü - ber Ja - kobs Haus.
Blüm - lein bring, o Hei - land, aus der Er - den spring.

4. Wo bleibst du, Trost der ganzen Welt,
darauf sie all' ihr' Hoffnung stellt?
O komm, ach komm vom höchsten Saal,
komm tröst uns hie im Jammertal.

5. O klare Sonn', du schöner Stern,
dich wollten wir anschauen gern.
O Sonn', geh auf, ohn' deinen Schein
in Finsternis wir alle sein.

6. Hie leiden wir die größte Not,
vor Augen steht der ewig' Tod;
ach komm, führ uns mit starker Hand
vom Elend zu dem Vaterland.

7. Da wollen wir all' danken dir,
unserm Erlöser, für und für.
Da wollen wir all' loben dich
je allzeit immer und ewiglich.

Der Text stammt von dem Jesuitenpater und Moraltheologen Friedrich Spee von Langenfeld (1591–1635), der als Dichter durch sein erbaulich lyrisches Werk *Trutz Nachtigall* (1649) berühmt geworden ist; die Melodie ist 1666 in Augsburg überliefert.

Wie in den beiden ersten Liedern drückt sich hier noch deutlich die alte kirchliche Überzeugung von der nicht kindlichen Göttlichkeit des Neugeborenen aus, der als »Herre Christ« die Welt regieren wird. Machtvoll berührt den Gläubigen die Vorstellung vom nahenden Heiland, der aus dem fast unerträglichen Glanz des Himmels auf die Erde herabeilt. Auch dieses Lied ist in den evangelischen Kirchengesang eingegangen.

EG Nr. 7 (mit dem Vermerk: *Augsburg 1666*)
Gotteslob Nr. 105
Gottschick S. 106
Klusen S. 22 und 186
Müller-Blattau Nr. 35 und S. 161
Quempas S. 7
Weihnachtslieder S. 31
Melodie: Rheinfelsisches Gesangbuch 1666

Geburt Christi im Engelschor.
Meister des 12. Jahrhunderts

4. Nun komm, der Heiden Heiland

1. Nun komm, der Heiden Heiland, der Jungfrauen Kind erkannt,*
2. Er ging aus der Kammer sein, dem königlichen Saal so rein,
3. Sein Lauf kam vom Vater her und kehrt' wieder zum Vater,

daß sich wunder' alle Welt, Gott solch Geburt ihm bestellt.
Gott von Art und Mensch ein Held; sein' Weg er zu laufen eilt.
fuhr hinunter zu der Höll' und wieder zu Gottes Stuhl.

* der sich als Kind einer Jungfrau zu erkennen gab

4. »Dein' Krippen glänzt hell und klar,
die Nacht gibt ein neu' Licht dar.
Dunkel muß nicht kommen drein,
der Glaub' bleibt immer im Schein.«

5. Lob sei Gott, dem Vater, g'tan;
Lob sei Gott sei'm ein'gen Sohn,
Lob sei Gott, dem Heil'gen Geist,
immer und in Ewigkeit.

Auch in dem altkirchlichen Hymnus *Veni redemptor gentium*, zugeschrieben dem Bischof Ambrosius (4. Jahrhundert), wird nicht das kleine Kind in der Krippe angesprochen, sondern aus demütiger Distanz der königliche Gottesheld, der nur einen kurzen Weg her von Gottvater und wieder zu diesem zurück auf Erden zu durchlaufen hat.

Deutsche Übersetzungen dieses Hymnus aus vorreformatorischer Zeit können seit dem 14. Jahrhundert nachgewiesen werden, sind aber wahrscheinlich schon sehr viel älter. Die heute gebräuchliche Textfassung stammt von Martin Luther, der auch die Melodie zum Gemeinschaftsgesang rhythmisch umgeschmolzen hat; sie erschien gedruckt 1524, im selben Jahr wie eine weitere Übersetzung von Thomas Müntzer[4].

Blume S. 23f.
EG Nr. 4
Gotteslob Nr. 108 (mit anderem Text)
Quempas S. 10
Weber-Kellermann S. 48
Weihnachtslieder S. 173

Über dieses Lied schreibt Liselotte von der Pfalz (1652–1722) an ihre Tante, die Herzogin Sophie von Braunschweig[5]:

Paris, den 16. Dezember 1699

Singt man zu Hannover denn im Advent die Lieder nicht mehr, so man vor diesem sung? Denn zu meiner Zeit ging kein Advent vorbei ohne das Lied »Nun kommt der Heiden Heiland«; was mir aber allezeit am wunderlichsten vorkam, war, wenn wir dies folgende Gesetz sungen:

*»Nicht von Mannsblut noch vom Fleisch,
allein von dem heiligen Geist
ist Gotts Wort worden ein Mensch
und blüht ein Frucht Weibes Fleisch.«*

Das hat mir das ganze Lied behalten machen. Ich erinnere mich mehr von was ich in meiner Kindheit gehört und gesehen, als was vor zehn Jahren vorgangen. Mich deucht, bei den Lutherischen ist es etwas Rares, Musik in der Kirch zu haben, und zu meiner Zeit war keine, wir sungen all zusammen, wie Euer Liebden in ihrer Kirch tun. Mich deucht, es divertiert mehr, wenn man selber mit singt, als die schönste Musik. Wenn die Engel im Himmel die Macht haben, menschliche Stimmen und Figuren an sich zu nehmen, so ist es ihnen leicht, wohl zu singen, allein ich zweifle, daß sich unser Herrgott viel an der Musik amüsiert.

*Maria.
Bodenseegegend
(14. Jahrhundert)*

---

[4] Friedrich Blume: *Geschichte der evangelischen Kirchenmusik*, Kassel u. a. ²1965, S. 11
[5] *Die Briefe der Liselotte von der Pfalz, Herzogin von Orléans. Ausgewählt und biographisch verbunden von C. Künzel*, Ebenhausen bei München 1913

5. Es steht ein' Lind' im Himmelreich

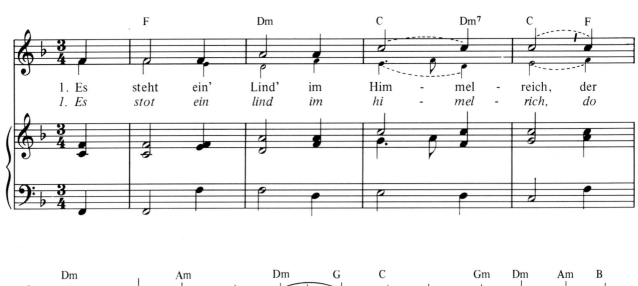

1. Es steht ein' Lind' im Him - mel - reich, der
1. Es stot ein lind im hi - mel - rich, do

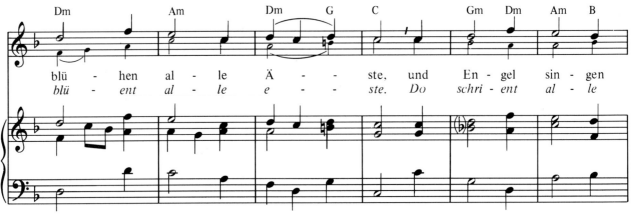

blü - hen al - le Ä - - ste, und En - gel sin - gen
blü - ent al - le e - - ste. Do schri - ent al - le

all - zu - gleich, daß Je - sus sei der Be - - ste.
en - gel glich, daz Je - sus si der be - - ste.

2. Es kam ein Bote klar und rein
her auf diese Erde,
ging zur verschlossnen Tür herein
mit englischer Gebärde:

2. Es kam ein bot von himelrich,
har uf dise erden.
Er gieng zu b'schlossen türen ein
und grüeste die vil werde.

3. »Gegrüßet seist du, Maria,
du Krone aller Frauen.
Du sollst ein Kind gebären ja
und jungfräulich drauf trauen.«

4. »Wie kann ich gebärn ein Kindelein
und eine Jungfrau heißen?
Niemand begehrt das Herze mein;
das sollst du mir beweisen!«

5. »Das will ich dir beweisen wohl,
du edle Königinne.
Der Heil'ge Geist erscheinen soll
in gottgewollter Minne.«

3. »Gegrüeset siest, Maria,
ein kron ob allen wiben.
Du solt ein kind geberen ja
und solt doch magt beliben.«

4. »Wie kan ich gebern ein kindelin,
und sin ein maget lise?
Niemans begert das herze min,
des sol tu mich bewisen.«

5. »Des will ich dich bewisen wol,
du edli küniginne.
Der heilig geiste komen sol,
der mag daz wol bewisen.«

Hochdeutsche Textfassung: Hilger Schallehn
© 1982 Schott Musik International, Mainz

Das Lied ging hervor aus der Volksballade *Es steht ein' Lind' in jenem Tal,* die mindestens aus dem 14. Jahrhundert stammt und unter dem Titel *Die Liebesprobe* bekannt ist. Als geistliche Umdichtung wurde es zum Mariä-Verkündigungslied, dessen Melodie bereits 1430 in Laufenbergs Straßburger Liederhandschrift aufgezeichnet ist (B. 121, Bl. 37[b]): Ein schönes Beispiel für die enge Beziehung zwischen weltlicher und geistlicher Ideen- und Bilderwelt in dieser mittelalterlichen Epoche.

Alte weihnachtliche Lieder S. 6
Erk-Böhme I, Nr. 67a; vgl. John Meier: *Das deutsche Volkslied,* Bd. I Leipzig 1935, Nr. 61

*Madonna in der Glorie,
zwischen umrankten Säulen
(Ausschnitt aus dem Isenheimer Altar).
Matthias Grünewald (1460?–1528)*

6. Ein Engel zu Maria kam

Tageweise von Christi Geburt

1. Ein En - gel zu Ma - ri - a kam vom Him - mel
2. Ma - ri - a, die er - schrak sich sehr, da sie den
1. *Ma - ri - en wart ein bot ge - sant vom hi - mel -*
2. *Ma - ri - a diu er - schrac sich ser, do si den*

1. -reich in kur - zer Weil', _____ Herr Ga - bri - el, das war sein
2. En - gel vor sich sah. _____ Der En - gel sprach: „Fürcht' dich nicht
1. *-rich in kur - zer stunt. _____ Her Ga - bri - el was er ge -*
2. *en - gel a - ne sach, _____ der en - gel sprach: „fürcht dir nicht*

1. Nam', ver - kün - digt' ihr das ew' - ge Heil: _____
2. mehr, Gott wird er - schei - nen und ist nah _____
1. *nant, er grüez - te sie mit rei - nem munt: _____*
2. *mer, got wil ko - men in din ge - mach.*

18

1. „A - ve Ma - ri - a, Jung - frau rein, von Gott sollst du ge -
2. vom Him - mel - reich in kur - zer Frist; er wird sich nen - nen
1. „A - ve Ma - ri - a, kü - ni - gin, von got sol tu ge -
2. von hi - mel - rich in kur - zer frist, er wil sich nen - nen

1. grü - ßet sein, der ew' - gen Gnad' wirst du zu - teil."
2. Je - sus Christ." Welch' Wun - der da an ihr ge - schah.
1. grüe - zet sin," daz was ein sae - lic - li - cher funt.
2. Je - sus Krist," waz wun - ders do an ir ge - schach.

Als *Tageweise von Christi Geburt* liegt hier ein frühes Verkündigungslied aus einer Handschrift von 1382 vor mit dem Erzengel Gabriel als dem traditionellen Überbringer göttlicher Botschaften an die Menschen. Maria wird mit dieser ersten Botschaft und ihrer Auslegung auserwählt aus dem irdischen Kreis der Frauen (Luk. 1, 11 ff.). Die Melodie dieses Liedes, das ursprünglich 36 Strophen umfaßte, ist in Spörls Liederbuch von 1392 überliefert.

Alte weihnachtliche Lieder S. 8

Mariä Verkündigung.
Albrecht Altdorfer (1480–1538)

19

7. Mein Geist erhebt den Herren mein

Das Magnificat deutsch

1. „Mein Geist er - hebt den Her - ren mein, mein Herz will fröh - lich sprin - gen
   in dem, der soll mein Hei - land sein." So tut Ma - ri - a sin - gen.
2. „Sein Na - me hei - lig ist al - lein, tut al - le Welt er - freu - en,
   da er will stets barm - her - zig sein den got - tes - fürcht' - gen, Treu - en;

1. „Mich ar - me Maid, aus Nied - rig - keit hat er mich hoch er - ho - ben,
2. denn sein' Ge - walt gar schnell zer - spalt', so er sein' Arm tut re - gen,

an mir voll - bracht sein' gött - lich' Macht, all' Völ - ker mich nun lo - ben."
was Hof - fart treibt; kein Mächt' - ger bleibt, vom Thron wird er sie be - we - gen."

Das Magnificat war Teil der lateinischen Liturgie und bezeichnete das neutestamentliche Preislied Mariens, beginnend mit den Worten *Magnificat anima mea Dominum* (*Hochpreiset meine Seele den Herrn* – Luk. 1,46–55). Es beschloß die Stundengebete.

Die deutsche Fassung und Melodie ist bei Michael Prätorius (1571–1621) überliefert und ist einer der wenigen Maria-Lobgesänge, die auch im evangelischen Kirchengesang Aufnahme fanden (vgl. Kap. 3).

Blume S. 68 u. a.
Marienlied S. 56
Der Freudenquell S. 10

8. Mein' Seel', o Herr, muß loben dich

1. Mein' Seel', o Herr, muß lo - ben dich. Du bist mein Heil! Des freu ich
2. und an - ge - sehn mein Nie - drig - keit. Des wird von nun an weit und
3. Der Men-schen Hof - fart muß ver - gehn. Vor dei-nem Arm mag nicht be-

mich, daß du nicht fragst nach ird' - scher Pracht und hast mich Ar - me nicht ver - acht'
breit mich se - lig prei - sen je - der-mann, weil du groß' Ding' an mir ge - tan.
-stehn, wer sich ver - läßt auf sei - ne Pracht, dem hast du bald ein End' ge - macht.

Ein weiteres Beispiel solcher Eindeutschung des Magnificat-Textes. Die Melodie stammt von Bartholomäus Gesius (1603), der Text von Hermann Bonnus (1504–1548).

Der Freudenquell S. 10
EG Nr. 308

21

9. Der Morgenstern ist aufgedrungen

1. Der Mor-gen-stern ist auf - ge - drun-gen, er leucht' da-her zu
2. „Wacht auf", singt uns der Wäch - ter Stim - me vor Freu-de auf der
3. Chri-stus im Him-mel wohl___ be - dach-te, wie er uns reich und
4. O heil'-ger Mor-gen-stern,___ wir prei-sen dich heu-te hoch mit

1. die - ser Stun - de hoch ü - ber Berg und tie-fe Tal,___
2. ho - hen Zin - ne: „Wacht auf zu die-ser Freu-den - zeit!___
3. se - lig mach - te und wie-der brächt'ins Pa - ra - dies,___
4. fro-hen Wei - sen; du leuchtest vie-len nah und fern,___

1.___ vor Freud' singt uns der lie - ben En - - gel Schar.
2.___ Der Bräut'-gam kommt, nun ma - chet euch___ be - reit:"
3.___ dar - um er Got - tes Him - mel gar___ ver - ließ.
4.___ so leucht' auch uns, Herr Christ,___ du Mor - -gen - stern!

Prätorius' Morgenlied aus dem Jahre 1609 nimmt das Motiv des weltlichen Tagesrufes auf, mit dem im mittelalterlichen Minnesang die Liebenden vom Turmwächter geweckt wurden. Über das

22

biblische Gleichnis von den klugen und törichten Jungfrauen hat Daniel Rumpius (geb. 1549) hieraus den berühmten evangelischen Choral geschaffen. Die heute gebräuchliche Textfassung stammt von Otto Riethmüller (1889–1938). So mischen sich weltliche und geistliche Inhalte, wobei der Text ins 15. Jahrhundert zurückführt.

EG Nr. 69
Erk-Böhme III, Nr. 2171

10. Ach lieber Herre Jesu Christ

1. Ach lie-ber Her-re Je-su Christ, weil du ein Kind ge-we-sen bist, so
2. Dein'r En-gel Schar, die wohn' ihm bei, es schlaf', es wach' und wo es sei. Dein
3. Nun schlaf, nun schlaf, mein Kin-de-lein! Je-sus soll freundlich bei dir sein. Er
4. Ein' gu-te Nacht und gu-ten Tag geb' dir, der al-le Ding' ver-mag! Hier-

1. gib auch die-sem Kin-de-lein dein Gnad' und auch den Se-gen dein!
2. Geist be-hüt's, o Got-tes-sohn, daß es ver-lang' der Heil'-gen Kron'.
3. wol-le, daß dir träu-me wohl und wer-dest al-ler Tu-gend voll!
4. -mit sollst du ge-seg-net sein, du her-ze-lie-bes Kin-de-lein!

1.-4. Ach

Je-sus, Her-re mein, be-hüt' dies Kin-de-lein!

23

Der Text stammt von Heinrich von Laufenberg (um 1400). Ganz sinnfällig ist hier wiedergegeben, wie die Verwandlung vom »Herre Christ« zum neugeborenen Kinde in der Phantasie zu vollziehen wäre: als gedankliche Übertragung der eigenen Kindheit. In einer niederdeutschen Umdichtung Johannes Freders (posthum 1565 erschienen) werden nur die beiden ersten Zeilen für ein Tauflied und geistliches Wiegenlied benutzt.

Blume, S. 16
Erk-Böhme III, Nr. 1917

Das Kind in der Rosenknospe. Meister E.S. (um 1500)

11. Es ist ein Ros' entsprungen

1. Es ist ein Ros' ent-sprun-gen aus ei-ner Wur-zel zart,
wie uns die Al-ten sun-gen, von Jes-se kam die Art
2. Das Rös-lein, das ich mei-ne, da-von Je-sa-ja sagt,
hat uns ge-bracht al-lei-ne Ma-rie, die rei-ne Magd;

1. und hat ein Blüm-lein 'bracht mit-ten im kal-ten
2. aus Got-tes ew'-gem Rat hat sie ein Kind ge-

1. Win - ter, wohl zu der hal - ben Nacht.
2. bo - ren wohl zu der hal - ben Nacht.

3. Das Blümelein so kleine,
das duftet uns so süß;
mit seinem hellen Scheine
vertreibt's die Finsternis:
Wahr' Mensch und wahrer Gott,
hilft uns aus allem Leide,
rettet von Sünd' und Tod.

4. Wir bitten dich von Herzen,
du edle Königin,
durch deines Sohnes Schmerzen,
wann wir fahren dahin
aus diesem Jammertal:
Du wollest uns begleiten
bis an der Engel Saal!

5. So singen wir all' Amen,
das heißt: Nun werd' es wahr,
das wir begehrn allsammen:
O Jesu, hilf uns dar
in deines Vaters Reich!
Darin wolln wir dich loben:
O Gott, uns das verleih!

Aus dem 15. Jahrhundert, belegt erst in einer marianischen Fassung von 1599, stammt dieses bekannte und wohl schönste Weihnachtslied, das bis heute ein Höhepunkt aller Weihnachtsfeiern geblieben ist.

Seine Überlieferung als »altkatholisch Triersches Christliedlein« verband sich mit der alljährlich in den Zeitungen wiederkehrenden Legende, der junge Trierer Mönch Laurentius habe zur Weihnachtszeit im Klostergarten eine vollerblühte Rose entdeckt, die ihn zu dem Text inspirierte! Das ist eine fromme, aber falsche Deutung, die wohl mit dem Wunderglauben zusammenhängen mag, daß in der heiligen Nacht die Blumen blühen und die Tiere reden.

Tatsächlich meint der Text die genealogische Abstammung Jesu, der als »Ros'« oder »Reis« aus einem alten Stammbaum erwächst. Denn Joseph soll vom König David abstammen (Matth. 1,16), Sohn des Isai oder Jesse aus Bethlehem, der als erster ein großes israelisches Reich geschaffen hatte, so daß sich mit seinem Namen messianische Hoffnungen verbanden. Diese mit der biblischen Geschichte zusammenhängenden und Jesu Gotteskönigtum beweisenden Daten stehen hinter den ersten beiden Zeilen des Liedes, die später im Bewußtsein der Singenden lyrische Umdeutungen erfuhren. Es umfaßte eine Unmenge – bis 23 – Strophen und wurde immer wieder umgestaltet; besonders mißfiel der protestantischen Seite die in dem Lied enthaltene Marienverehrung. Der Wolfenbütteler Kantor Michael Praetorius (1571–1621) verfaßte 1609 den bekannten vierstimmigen Tonsatz, kürzte den Text auf 2 Strophen und änderte die letzte Zeile, die ursprünglich lautete *bleibend ein' reine Magd* in *wohl zu der halben Nacht*. Auch von Hans Sachs existiert ein »verbesserter« Einblattdruck von 1524. Dennoch hat sich das Lied in der evangelischen Kirche erst im 19. Jahrhundert durchgesetzt (vgl. Kapitel 5).

Blume S. 16f.
EG Nr. 30
Erk-Böhme III, Nr. 1920
Gotteslob Nr. 132/133 ö
Heyne S. 185
Hoffmann Nr. 316 und 317
Klusen S. 132f. und 198
Liliencron Nr. 19
Müller-Blattau S. 50 und 160f.
Quempas S. 23f.
Wandrey S. 122 (politische Parodie)
Weihnachtslieder S. 95
Wohlgemuth S. 13
Zupfgeigenhansl S. 92

12. Gottes Sohn ist 'kommen

1. Got-tes Sohn ist 'kom - men uns al-len zu From-men
2. Er kommt auch noch heu - te und leh-ret die Leu-te,
3. Die sich sein nicht schä - men und sein' Dienst an-neh - men

hier auf die-ser Er - den in ar-men Ge bär - - - den,
wie sie sich von Sün - den zur Buß' sol-len wen - - - den,
durch ein' rech-ten Glau - ben mit gan-zem Ver trau - - - en,

daß er uns von Sün - de frei - e und ent - bin - - - de.
von Irr-tum und Tor - heit tre - ten zu der Wahr - - - heit.
de-nen wird er e - ben ih - re Sünd' ver - ge - - - ben.

4. Denn er tut ihn' schenken
in den Sakramenten
sich selber zur Speise,
sein' Lieb' zu beweisen,
daß sie sein genießen
in ihrem Gewissen.

5. Die also fest gläuben
und beständig bleiben,
dem Herren in allem
trachten zu gefallen,
die werden mit Freuden
auch von hinnen scheiden.

6. Denn bald und behende
kommt ihr letztes Ende;
da wird er vom Bösen
ihre Seel' erlösen
und sie mit ihm führen
zu der Engel Chören.

7. Von da wird er kommen,
wie denn wird vernommen,
wenn die Toten werden
erstehn von der Erden
und zu seinen Füßen
sich darstellen müssen.

8. Da wird er sie scheiden:
Seines Reiches Freuden
erben alle Frommen;
doch die Bösen kommen
dahin, wo sie müssen
ihr' Untugend büßen.

9. Ei nun, o Herr Jesu,
schick unsre Herzen zu,
daß wir alle Stunden
recht gläubig erfunden,
darinnen verscheiden
zur ewigen Freuden!

Der Kirchenlied-Dichter der Brüder-Unität Michael Weiße (1488–1534) hat dieses Lied gedichtet und in sein *New Gesangbüchlein* 1531 aufgenommen. Er wurde 1518 nach seiner Flucht aus dem Kloster Mitglied der »Böhmischen Brüder«, einer seit 1467 bestehenden religiösen Gemeinschaft, die sich die sozialen Ideale des Urchristentums zu eigen gemacht hatte. Später schlossen sie sich mit den Reformierten, bzw. mit den Lutheranern zusammen. Johann Horn († 1547) wird als Komponist des Liedes genannt. Dieses Buß- und Sühnelied, das allen frommen Armen Seligkeit verspricht, nimmt mit seinem trockenen, strengen Text eine Sonderstellung unter den Weihnachtsgesängen ein.

EG Nr. 5
Weihnachtslieder S. 116f.

*Die Werke der Barmherzigkeit
vor der Kirchentür.
Petrarcameister (um 1532)*

13. In dulci jubilo

1. In dul-ci ju-bi-lo,_____ nun sin-get und seid froh!_____
2. O Je-su par-vu-le,_____ nach dir ist mir so weh._____
3. U-bi sunt gau-di-a?_____ Nir-gend mehr denn da,_____
4. Ma-ter et fi-li-a_____ ist Jung-frau Ma-ri-a;_____ wir

1. Uns-res Her-zens Won-ne, leit in prae-se-pi-o_____ und
2. Tröst mir mein Ge-mü-te, o pu-er op-ti-me;_____ durch
3. da die En-gel sin-gen_____ no-va can-ti-ca_____
4. wä-ren gar ver-lo-ren per nos-tra cri-mi-na:_____ so

1. leuch-tet als die Son-ne_____ mat-ris in gre-mi-o.
2. al-le dei-ne Gü-te, o prin-ceps glo-ri-ae,_____
3. und die Schel-len klin-gen_____ in re-gis cu-ri-a._____
4. hast du uns er-wor-ben coe-lo-rum gau-di-a._____ Ma-

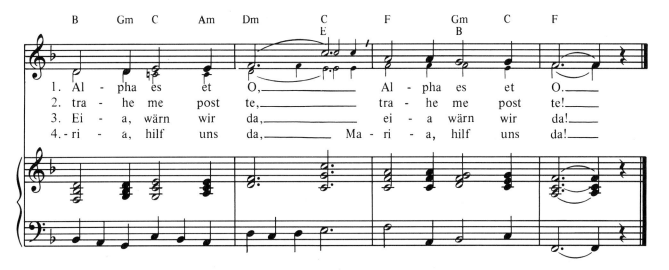

```
        B      Gm     C        Am    Dm          C              F          Gm         C       F
                                                 E
                                                 B
1. Al - pha  es    et    O,_____     Al - pha  es    et    O._____
2. tra - he  me   post  te,_____     tra - he  me   post  te!_____
3. Ei - a,  wärn  wir    da,_____      ei - a  wärn  wir    da!_____
4. - ri - a,  hilf  uns  da,____ Ma - ri - a,  hilf  uns    da!_____
```

In den Städten beschränkte sich Weihnachten in dieser Zeit auf die Feier der Gläubigen in der Kirche. Dialoggesänge zwischen Priester und Laien, die dem liturgischen Brauch entsprachen, erlaubten erste Aktivitäten und Ausformungen für das Singen der Gemeinde. Dabei spielten besonders die Mischgesänge eine große Rolle, bei denen die Texte vom Lateinischen zum Deutschen wechselten. Das berühmteste dieser Lieder ist das bis heute viel gesungene, hier wiedergegebene *In dulci jubilo*.

Die Vorlage dieser protestantischen Fassung stammt in Text und Melodie aus dem 15., vielleicht schon aus dem 14. Jahrhundert. Im 16. und 17. Jahrhundert fand sie Eingang in alle katholischen und protestantischen Gesangbücher. Der Dialog dieser Mischlieder zwischen Chor und Gemeinde entstand wohl im gottesdienstlichen Gebrauch der Klöster. Jedenfalls kommen Jubel und Freude über das Kind in der Krippe besonders strahlend zum Ausdruck.

Müller-Blattau (S. 147) bescheinigt dem Liede den schwebenden Rhythmus des Wiegens, wie ihn auch weltliche Wiegenlieder haben.

Die Hinwendung zum göttlichen Kind steht also hier im Gegensatz zur herben Strenge der früheren Gesänge. Beides existierte im Mittelalter und der frühen Neuzeit nebeneinander. Es ist auch durchaus denkbar, daß im Kirchenraum bescheidene dramatische Darstellungen mit den Wechselgesängen verbunden waren.

In der evangelischen Kirche wird heute vornehmlich die folgende, durchgehend deutsche Textfassung (Hannover 1646) gesungen:

1. Nun singet und seid froh,
jauchzt alle und sagt so:
Unsers Herzens Wonne
liegt in der Krippen bloß
und leucht' doch als die Sonne
in seiner Mutter Schoß.
Du bist A und O.

2. Sohn Gottes in der Höh',
nach dir ist mir so weh.
Tröst mir mein Gemüte,
o Kindlein zart und rein,
durch alle deine Güte,
o liebstes Jesulein.
Zeuch mich hin nach dir.

3. Groß ist des Vaters Huld;
der Sohn tilgt unsre Schuld.
Wir warn all' verdorben
durch Sünd' und Eitelkeit;
so hat er uns erworben
die ewig' Himmelsfreud'.
Eia, wärn wir da!

4. Wo ist der Freuden Ort?
Nirgends mehr denn dort,
da die Engel singen
mit den Heil'gen all'
und die Psalmen klingen
im hohen Himmelssaal.
Eia, wärn wir da!

Müller-Blattau S. 147
Quempas S. 78f. (eingedeutscht
von Paul Gerhardt, 1607–1676)
Schmidt S. 213 und 218
Weihnachtslieder S. 176
Wohlgemuth S. 16

EG Nr. 35 (eingedeutscht)
Erk-Böhme III, Nr. 1929
Gotteslob Nr. 142
Hoffmann von Fallersleben:
In dulci jubilo (1861)
1965 (verdeutscht)
Liliencron Nr. 21

14. Ein Kind geborn zu Bethlehem

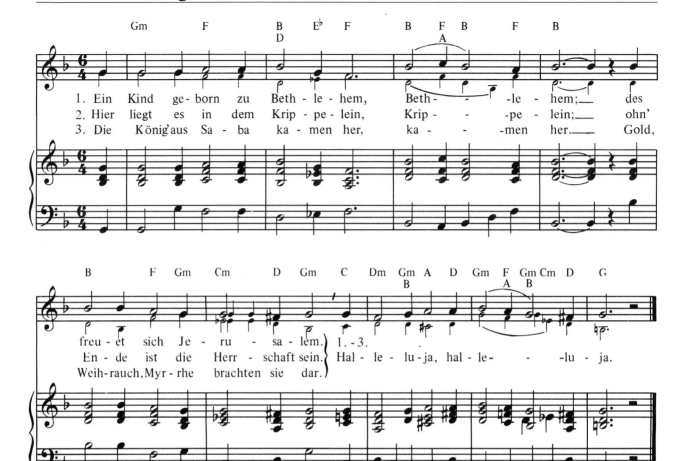

1. Ein Kind geborn zu Bethlehem, Bethlehem; des freuet sich Jerusalem.
2. Hier liegt es in dem Krippelein, Krippelein; ohn' Ende ist die Herrschaft sein.
3. Die König' aus Saba kamen her, kamen her. Gold, Weihrauch, Myrrhe brachten sie dar.
} 1.-3. Halleluja, halleluja.

4. Sie gingen in das Haus hinein
und grüßten das Kind und die Mutter sein.
Halleluja, halleluja.

5. Sie fielen nieder auf ihre Knie
und sprachen: »Gott und Mensch ist hie.«
Halleluja, halleluja.

6. Für solche gnadenreiche Zeit
sei Gott gelobt in Ewigkeit.
Halleluja, halleluja.

Hier handelt es sich ursprünglich um ein halb-lateinisches Mischlied aus dem 14. Jahrhundert:

Puer natus in Bethlehem! Ein Kind geborn zu Bethlehem! Unde gaudet Jerusalem. Deß freuet sich Jerusalem.

Auch dieses Lied kann gespielt worden sein. Es spiegelt schon eine Volkstümlichkeit wider, bei der die Laiengemeinde aktiv in die kirchliche Handlung mit einbezogen wurde.

Blume S. 14
Erk-Böhme III, Nr. 1930
Gotteslob Nr. 146
Gottschick S. 102
Hoffmann Nr. 190–192
Klusen S. 160
Liliencron Nr. 20
Schmidt S. 207 und 217
Weber-Kellermann S. 49

15. Uns ist geboren ein Kindelein

Mit gleicher Melodie:

1. Uns ist geboren ein Kindelein,
ein Kindelein,
von Maria der Jungfrau rein.
Alle-, Alleluja.

2. Des Name heißt Emanuel,
wie uns verkündiget Gabriel.

3. Das ist so viel als »mit uns Gott«,
der uns erlöset aus aller Not.

4. Wär' uns das Kindelein nicht geborn,
so wärn wir allzumal verlorn.

5. Die Engel sich des freuten all'
und lobten Gott im höchsten Saal.

6. Den Hirten sagten sie die Mär,
wie daß Jesus geboren wär'.

7. Zu Hilf' und Trost den Sündern hin,
die ihr Vertraun stellen auf ihn.

8. Die Weisen von der Welten End'
erkannten an einem Stern behend',

9. wie daß ein Kind geboren wär',
ein König Himmels und der Erd'.

10. Sie kamen dann gen Bethlehem:
Dem Kindlein sie opferten rein

11. von Weihrauch, Gold und Myrrhen fein,
zum Zeuge, daß das unser Heiland sei.

12. Dem sollen auch wir opfern weis'
Dankopfer, Dank und ewigen Preis.

13. Ehr' sei dem Vater und dem Sohn
samt heiligem Geist in einem Tun!

14. Welches ihm auch also sei bereit,
sei bereit,
von nun an bis in Ewigkeit!
Alle-, Alleluja.

Erk-Böhme III, Nr. 1931
Weihnachtslieder S. 233

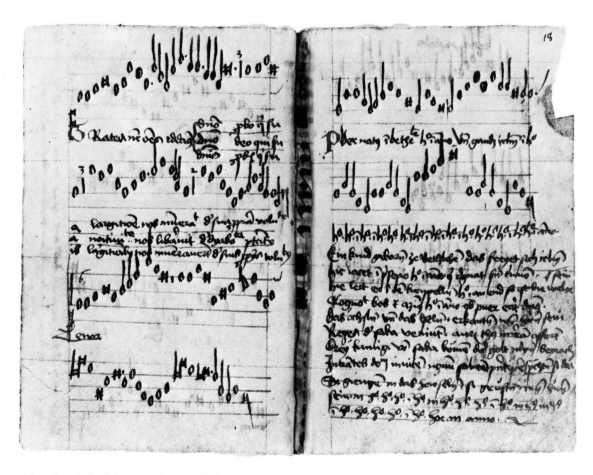

Notenhandschrift des ausgehenden 15. Jahrhunderts zu „Puer natus in Bethlehem"

16. Geborn ist uns ein Kindelein

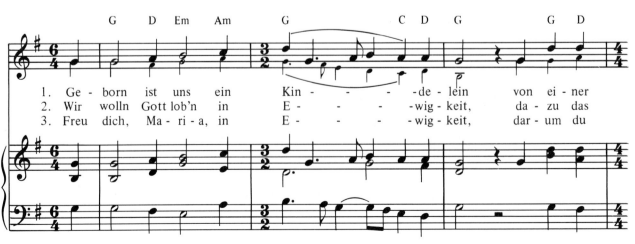

1. Ge - born ist uns ein Kin - - - -de - lein von ei - ner
2. Wir wolln Gott lob'n in E - - - -wig - keit, da - zu das
3. Freu dich, Ma - ri - a, in E - - - -wig - keit, dar - um du

Jung - frau rei - ne: Gott, Va - ter, Sohn___ und heil'- ger Geist,
Kind - lein klei - ne und Ma - ri - a___ die Mut - ter sein,
hast___ em - pfan - gen den Spie - gel der___ Drei - fal - tig - keit:

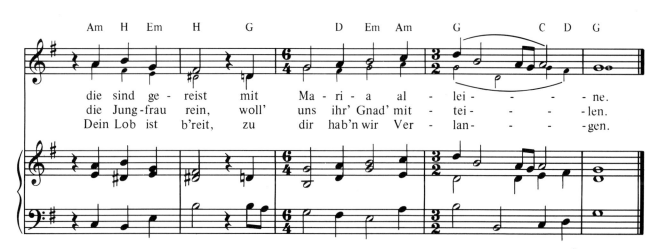

die sind ge - reist mit Ma - ri - a al - lei - - - ne.
die Jung-frau rein, woll' uns ihr' Gnad' mit - tei - - - len.
Dein Lob ist b'reit, zu dir hab'n wir Ver - lan - - - gen.

4. Das Kindlein ist der Gnaden voll,
es gibt uns gute Lehre.
Sein Lob niemand aussprechen kann,
ist sonder Wahn,
wir danken ihm seiner Lehre.

5. Er hat gelitten den bittern Tod
für unsre Sünden alle
und gibt den Sündern guten Trost,
hat uns erlost
von dem ewigen Falle.

6. O Herr, halt uns in deiner Hut,
daß wir nit mögen sterben
in unsrer Sünd' und Missetat;
o ewiger Gott,
dein' Gnad' hilf uns erwerben.

7. Wir bitten vor unserm letzten End',
wann wir von hinnen scheiden,
dein Leichnam aus des Priesters Hand
werd' uns gesandt:
Maria mög' uns geleiten.

In der Quelle, dem Mainzer Cantual von 1605, steht zu lesen: *Ein alt katholisch Christgesang, vorzeiten in Thüringen gebräuchlich.* Das muß also lange vor der Reformation gewesen sein. Die Betonung liegt im Text dieses Liedes auf der Jungfräulichkeit Mariä und weniger auf dem Weihnachtserlebnis.

Für die große Zahl der reformatorischen Kirchenlieder sei auf das Luther-Kapitel 3 (S. 97) verwiesen.

Erk-Böhme III, Nr. 1926
Hirtenbüchel S. 28
Quempas S. 85
Weihnachtslieder S. 233

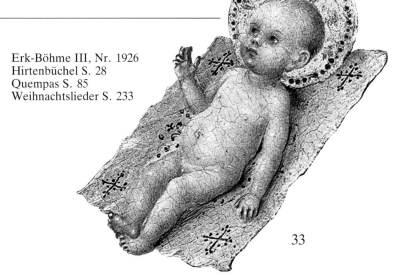

17. Magnum nomen Domini

Groß und hehr ist Gottes Nam'

Mag - num no - men Do - mi - ni E - ma - nu - el, quod an - nun - ci -
Groß und hehr ist Got - tes Nam' E - ma - nu - el, der Ma-rien ver-

- a - tum est per Ga - bri - el. Ho - di - e ap - pa - ru - it, ap -
- kün - digt ist durch Ga - bri - el. Er ist er-schie-nen am heu-ti-gen Tag, am

- pa - ru - it in Is - ra - el per Ma - ri - am vir - gi - nem, in Beth - le - hem.
heu-ti-gen Tag in Is - ra - el, von Ma - ri - a ist Heil er-spross'n in al - le Welt.

E - ia, e - ia, vir - go De - um ge - nu - it, sic - ut di - vi - na vo - lu - it cle -
Ei - a, ei - a, Got - tes Sohn vom Him - mel - reich___ ist uns Menschen wor - den gleich, auf

men - ti - a, gau - de - te, gau - de - te: Chris - tus na - tus
Er - den ge - bor'n ein Kin - de - lein___ von Ma - ri - a der

ho - di - e, gau - de - te, gau - de - te, ex Ma - ri - a vir - gi - ne.
Jung - frau rein, ein Kin - de - lein___ von Ma - ri - a der Jung - frau rein.

*„Schluckbilder", in Teig eingebacken,
wurden seit dem Mittelalter
als magische Heilmittel
und Glückspender verwendet.*

Für dieses Lied, das aus dem 14. Jahrhundert stammt und in allen katholischen Gesangbüchern abgedruckt wurde, ist eine dramatische Funktion im Kirchenraum sogar bezeugt. Es soll nach einer Leipziger Handschrift aus dem 15. Jahrhundert bei Weihnachtsaufführungen abwechselnd mit dem folgenden Lied *Joseph, liber neve* [= Neffe] *min* gesungen worden sein.

Erk-Böhme III, Nr. 1933
Hoffmann Nr. 248

18. Joseph, lieber Joseph mein

1. Jo - seph, lie - ber Jo - seph mein, hilf mir wie - gen mein Kin - de - lein! Gott, der wird dein Loh - ner sein im Him - mel - reich, der Jung - frau Sohn Ma - ri - a.

2. Ger - ne, lie - be Muh - me mein, helf' ich dir wie - gen dein Kin - de - lein! Gott, der wird mein Loh - ner sein im Him - mel - reich, der Jung - frau Sohn Ma - ri - a.

3. Freu' dich nun, du christlich' Schar!
Gott, der Himmelskönig klar,
macht uns Menschen offenbar,
den uns gebar
die reine Magd Maria.

4. Alle Menschen sollen gar
ganz in Freuden kommen dar,
daß ein jeder recht erfahr',
den uns gebar
die reine Magd Maria.

5. Uns erschien Emanuel,
wie uns verkündet Gabriel
und bezeugt Ezechiel:
Du Mensch ohn' Fehl',
dich hat geborn Maria!

6. Ew'gen Vaters ew'ges Wort,
wahrer Gott, der Tugend Hort,
irdisch hier, im Himmel dort
der Seelen Pfort',
die uns gebar Maria.

7. Süßer Jesu, auserkorn,
weißt wohl, daß wir warn verlorn:
Stille deines Vaters Zorn.
Dich hat geborn
die reine Magd Maria.

8. Himmlisch' Kind, o großer Gott,
leidest in der Krippen Not.
Machst die Sünder frei vom Tod,
du englisch' Brot,
das uns gebar Maria.

Der Text dieses Liedes in seiner ursprünglichen Fassung, nach der bereits oben erwähnten Leipziger Handschrift, lautet:

1. *Joseph, lieber Neve min,*
hilf mir wiegen das Kindelin,
daß Gott müeße din Lohner sin
in Himmelrich,
der Maide Kind Maria.

2. *Gerne, liebe Muhme min,*
ich hilfe dir wiegen din Kindelin,
daß Gott müeße min Lohner sin
in Himmelrich,
der Maide Kind Maria.

3. *Nun freu dich christenliche Schar!*
Der himmelische Kunig klar
nahm die Menschheit offenbar,
den uns gebar
die reine Maid Maria.

4. *Es sullen alle Menschen zwar*
mit ganzen Freuden kommen dar,
da man find der Seelen Nar,
die uns gebar
die reine Maid Maria.

5. *Uns ist geborn Emanuel,*
als uns verkündigt Gabriel:
deß ist Gezeuch Ezechiel.
O frommes el!
Dich hat geborn Maria.

6. *O ewiges Vaters ewiges Wort,*
wahr' Gott, wahr' Mensch, der Tugend Hort,
in Himmel, in Erde, hie und dort
der Sälden Pfort,
den uns gebar Maria.

7. *O süßer Jesu, auserkorn,*
du weißt wohl, daß wir warn verlorn:
Stille uns deines Vaters Zorn!
Dich hat geborn
die reine Maid Maria.

8. *O himmlisch Kind, o großer Gott,*
du leidest in der Krippen Noth.
Der Sünder hir vor Handen hot
der Engel Brot,
das uns gebar Maria.

Die zahlreichen weihnachtlichen Wiegenlieder verdanken ihre außerordentliche Beliebtheit nicht zuletzt einem Brauch, der von Frauenklöstern ausging: dem Kindelwiegen[6]. In einer kleinen Wiege vor dem Altar oder auf einer Tragekrippe, die bei Gassenumzügen mitgeführt wurde, lag ein schön angeputztes Christkind, zumeist aus Wachs, das von den Mitgliedern der Gemeinde oder auch von den umherziehenden Kindern unter Absingen entsprechender Lieder gewiegt werden durfte. Dieser Brauch war über ganz Deutschland verbreitet und oft mit spielhaften Darstellungen verbunden[7].

Der Text vom wiegenden Joseph gehört zu den populärsten überhaupt und wurde in den Wechselgesang während der Liturgie mit einbezogen. Er hat sich mit drolligen Dialogerweiterungen später seinen Platz in zahlreichen Krippenspielen und Umzugsliedern außerhalb der Kirche erhalten (vgl. Kapitel 4). In der alten Fassung ist durch die Anrede *Neve* und *Muehme*

die Jungfräulichkeit der Maria besonders stark hervorgehoben.

Die Melodie des Liedes ist die des lateinischen *Resonet in laudibus* (siehe S. 131).

Erk-Böhme III, Nr. 1936
Gotteslob 135 (mit anderem Text)
Hoffmann Nr. 195, 250, 252, 256
Klusen S. 106
Liliencron Nr. 23
Müller-Blattau Nr. 4 und S. 147
Quempas S. 94
Weihnachtslieder S. 148
Wohlgemuth S. 24

---

[6] Ingeborg Weber-Kellermann: *Das Weihnachtsfest*, Luzern 1978, S. 132ff. und die dort angegebene Literatur
[7] Otfried Kastner: *Die Krippe*, Linz 1964, S. 79f.; Klusen, S. 189

19. Singet frisch und wohlgemut

1. Sin - get frisch und wohl - ge - mut, lo - bet Gott, das höch - ste Gut,
2. Kin - der, sin - get al - le - gleich, lo - bet Gott vom Him - mel - reich;
3. Schaut die lie - ben En - gel an und tut, wie sie han ge - tan,

der so gro - ße Wun - der tut und schik - ket sei - nen lie - ben Sohn auf
uns - re Not hat er er - kannt und sei - nen lie - ben Sohn ge - sandt von
singt mit ihn' das schö - ne Lied von Got - tes Gnad' und neu - em Fried' mit

Er - den, daß wir durch ihn sol - len se - lig wer - den.
o - ben, daß wir ihn auf Er - den sol - len lo - ben.
Schal - len und habt dran ein herz - lich's Wohl - ge - fal - len!

Eia, eia! Eine Magd gebar uns Gott, wie es seine große Gnad' gewollt hat. Heute uns erschienen ist der Herre Christ, Immanuel, der uns selig macht und führt aus Tod und Höll'.

Eia, eia! Loben wir mit Lieb' und Dank singen einen neuen Gesang dem Herrn; preisen ihn von Herzensgrund mit gleichem Mund und hoffen frei, daß ihm unser Dienst ein Wohlgefallen sei.

Eia, eia! Wünschet Glück dem Christkindlein, sprechet all' zugleich in ein' mit Freuden: Ehre sei Gott in der Höhe, auf Erden Fried'; große Freud' widerfahre all'n in Ewigkeit! A-men.

D.C.

Auch hier handelt es sich um ein kirchliches Wiegenlied aus dem 14. Jahrhundert mit dem *Eia*-Refrain. Die Kinder im weihnachtlichen Gottesdienst werden mit dem Text von Johannes Geletzky († 1568) zum Glückwunsch an das neugeborene Christkind aufgefordert. Die Melodie des Liedes ist die des *Joseph, lieber Joseph mein* (Nr. 18) mit einer melodischen Fortführung, die an die zweite und dritte Zeile des *Magnum nomen Domini* (Nr. 17) erinnert.

Gotteslob Nr. 135
Weihnachtslieder S. 216f.

20. Den geboren hat ein' Magd

1. Den ge - bo - ren hat ein' Magd, hat der Welt das Le - ben 'bracht und den bö - sen Feind ver - jagt, und al - ler sei - ner Macht be - raubt.
2. Wer ge - sün - digt hat sein' Tag und tut des - sen schwe - re Klag', dem ver - zeiht das Kin - de - lein, weil es gü - tig wie ein Läm - me - lein.
3. Ist ge - born zu Beth - le - hem und ge - töt't zu Je - ru - sa - lem, hat ge - lit - ten Ar - mut viel: zu sein de - mü - tig war sein Will'.
4. O du lie - bes Kin - de - lein wollst doch uns - re Freu - de sein nun an und in E - wig - keit, denn du bist un - ser Herr all - zeit.

Altes westfälisches »Kindelwiegenlied« aus dem 14. Jahrhundert nach dem lateinischen *Quem nun virgo peperit*.

Der ursprüngliche Text lautet vollständig folgermaßen:

> *Quem nunc virgo peperit*
> *vitam mundo pertulit*
> *satanamque depulit*
> *a postastate privatum.*
> *Verla zu-zu-zu,*
> *verla zuze nin-no.*

Die Melodie ist überliefert im Andernacher Gesangbuch von 1608.

Erk-Böhme III, Nr. 1937
Klusen S. 144

21. Laßt uns das Kindlein wiegen

1. Laßt uns das Kind-lein wie-gen, das Herz zum Kripp-lein bie-gen. Laßt
2. Laßt uns dem Kind-lein nei-gen, ihm Lieb' und Dienst er-zei-gen! Laßt
3. Laßt uns dem Kind-lein sin-gen, ihm uns-re Op-fer brin-gen, ihm

uns im Geist er-freu-en, das Kind-lein be-ne-dei-en.
uns doch ju-bi-lie-ren und geist-lich tri-um-phie-ren!
al-le Ehr' be-wei-sen mit Lo-ben und mit Prei-sen!

1.-5. O Je-su-lein süß, o Je-su-lein süß, o Je-su-lein süß, o Je-su-lein süß.

4. Laßt uns sein Händlein und Füße,
sein feurig's Herzlein grüßen
und ihn demütig ehren
als unsern Gott und Herren!
O Jesulein süß!

5. Laßt unser Stimmlein schallen,
es wird dem Kindlein gefallen:
Laßt ihm ein Freudlein machen,
das Kindlein wird eins lachen.
O Jesulein süß!

42

Aus der Zeit des 30jährigen Krieges stammt dieses Kindelwiegenlied. In Einblattdrucken wurden die schlichten Texte und Weisen verbreitet und prägten sich nachhaltig ein, so daß die Volksliedsammler des 19. Jahrhunderts ihren Spuren immer wieder begegneten und sie in ihre landschaftlichen Darstellungen aufnahmen. Auch in den zahlreichen katholischen und evangelischen Gesangbüchern ist der Typ fast immer vertreten.

Erk-Böhme III, Nr. 1940
Hoffmann Nr. 254
Klusen S. 112 u. 189
Müller-Blattau S. 170
Quempas S. 98
Schmidt S. 204
Weihnachtslieder S. 161 (ähnlich)

Christkind in der Wiege.
Mair von Landshut (1450–1520)

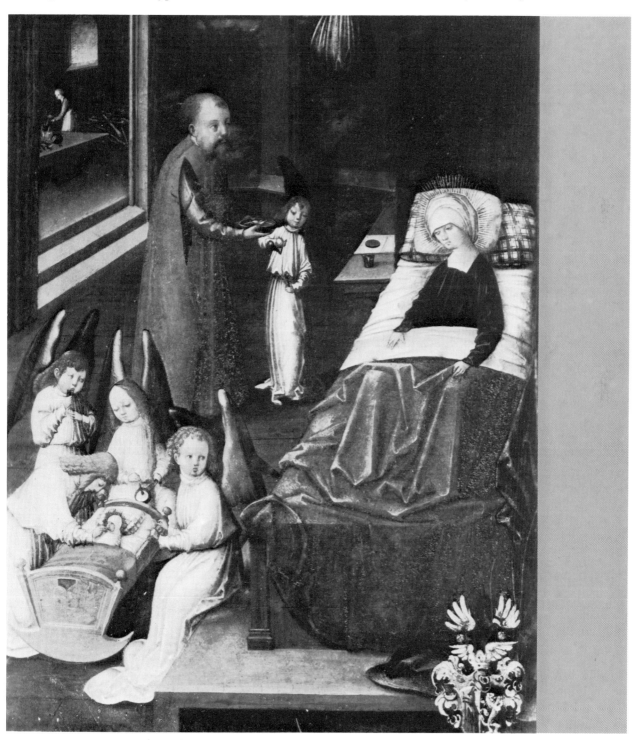

43

22. Kommt her, ihr Kinder, singet fein

1. Kommt her, ihr Kinder, singet fein, nun wie-gen, wie-gen wir. Dem
2. Das neu-ge-bor-ne Kin-de-lein, nun wie-gen, wie-gen wir. Das
3. Sei uns-will-kom-men, du Kind-lein zart! Nun wie-gen, wie-gen wir. Wie

al - ler - lieb - sten Je - su - lein.
liegt in ei - nem Krip - pe - lein. } Nun sin-get all' mit Schall dem Kin-de-
liegst du hier so e -lend und hart!

- lein, dem lieb-sten Je-su-lein, dem hei - li - gen Christ, Ma - ri - ae Sohn.

4. O liebes Kindlein, bloß und arm,
dich unser aller heut' erbarm!

5. Wir wollen dir auch huld'gen gern
als userm lieben Christ und Herrn.

6. Mach'n wir dem Kind ein Wiegelein
in unser Herz und Glauben rein!

7. In aller Welt kein Heiland ist
ohn' dich, du Kindlein Jesu Christ.

8. Hilf uns, du wertes Kindelein,
daß wir dein' Schwester und Brüder sein!

9. Lob, Ehr' und Preis, auch Herrlichkeit
sei der heiligen Dreifaltigkeit!

Erk-Böhme III, Nr. 1941
Hoffmann Nr. 251

*Der Engel bei den Hirten
auf dem Felde.
Meister der Lüneburger Goldenen Tafel
(Beginn des 15. Jahrhunderts)*

23. Vom Himmel hoch, o Englein kommt

1. Vom Him - mel hoch, o Eng - lein kommt!
2. Kommt oh - ne In - stru - men - ten nit!
3. Laßt hö - ren eu - er Stim - men viel!

1. - 8. Ei - a,

ei - a, su - sa - ni, su - sa - ni, su - sa - ni.

1. Kommt,
2. Bringt
3. Mit

singt und klingt, kommt pfeift und trombt!
Lau - ten, Har - fen, Gei - gen mit!
Or - gel und mit Sai - ten - spiel!

1. - 8. Al - le - lu - ja, al -

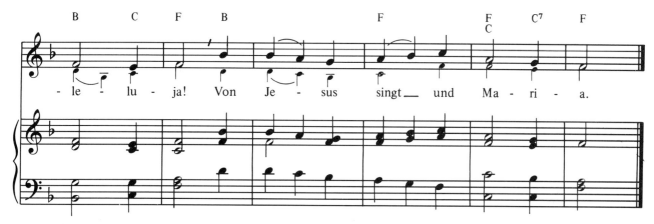

B　　C　　F　　B　　　　　　F　　　　F　C⁷　F
　　　　　　　　　　　　　　　　　　　　C

-le - lu - ja! Von Je - sus singt __ und Ma - ri - a.

4. Hier muß die Musik himmlisch sein,
weil dies ein himmlisch' Kindelein.

5. Die Stimmen müssen lieblich gehn
und Tag und Nacht nicht stille stehn.

6. Sehr süß muß sein der Orgel Klang,
süß über allen Vogelsang.

7. Das Lautenspiel muß lauten süß,
davon das Kindlein schlafen müß'.

8. Sing Fried' den Menschen weit und breit,
Gott Preis und Ehr' in Ewigkeit.

Dieses Wiegenlied stammt aus dem Jahr 1625. Der *eia*- und *susani*-Refrain, der in vielen ähnlichen Liedern vorkommt, kennzeichnet die Handlung des Wiegens, die Teil des Gottesdienstes war.

Aus einem Weihnachtsgottesdienst des 16. Jahrhunderts in den Niederlanden wird berichtet, daß nicht nur auf dem Altar eine Wiege stand, sondern auch die Kinder, die mit ihren Eltern die Messe besuchten, eine kleine Wiege mit einem Glöckchen mit sich führten. Und wenn der Priester am Altar unter *eia-eia*-Gesang die Wiege bewegte, so schaukelten die Kinder ihre Wiegen und ließen die Glöckchen klingen[8].

Man darf sich also den Gottesdienst sehr viel heiterer und lebhafter vorstellen als in der Gegenwart. Spielerische Elemente, ganz konkrete Zeichensetzungen, der Dialog zwischen Geistlichkeit, Chor und Gemeinde spielten eine aktive Rolle.

EG Nr. 538
Erk-Böhme III, Nr. 1938
Klusen S. 64 und S. 187
Müller-Blattau S. 170
Quempas S. 96
Weihnachtslieder S. 234
Wohlgemuth S. 17
Zupfgeigenhansl S. 100

*Engelskonzert.
Stephan Lochner
(1405 ?–1451)*

[8] Klusen, S. 189

47

24a. Es sungen drei Engel

Singende Engel. Ausschnitt aus Stephan Lochner: Christgeburt

1. Es sun - gen drei En - gel ein'n sü - ßen Ge - sang, der in dem
3. Wir he - ben an, wir lo - ben Gott, wir ru - fen ihn

1. ho - hen Him - mel klang. 2. Sie sun - gen, sie sun - gen al - les so
3. an, es tut uns not. 4. All' un - ser Not und un - ser

2. wohl, den lie - ben Gott wir lo - ben soll'n.
4. Pein, das wan - del' uns Ma - ri - ae Kin - de - - lein!

24b. Es sangen drei Engel

1. Es san - gen drei En - gel ein'n sü - ßen Ge - sang, sie
2. Sie san - gen, sie san - gen fein al - les so wohl; sie
3. Wir he - ben an, lo - ben den viel - lie - ben Gott; wir
4. Ach Gott, be - hüt uns vor der höl - li - schen Pein, daß

1. san - gen wohl, daß es zum Him - mel ein klang.
2. san - gen: Den lie - ben Gott lo - ben man soll!
3. ru - fen ihn an, da es uns tut so not.
4. wir ar - me Sün - der nicht kom - men dar - ein!

In dieser verkürzten vierstrophigen Form ist das Lied in die Weihnachtsgesangbücher eingegangen, obgleich es sich eigentlich nicht um ein Weihnachtslied handelt. Erstmals mit 9 Strophen abgedruckt im Mainzer Cantual von 1605 (S. 135), dann im Paderbornschen Gesangbuch von 1609, ist der Inhalt ein vielstrophiges Arme-Sünder-Lied über das Abendmahl und Judas' Verrat. Der erste Teil, der auch als Weihnachtsgesang benutzt wird, geht auf einen Hymnus des 13. Jahrhunderts zurück[9]. Er ist bedeutend länger und enthält als 12. Strophe einen Marienruf, der bereits 1278 in der Schlacht auf dem Marchfelde vom deutschen Heer als Schlachtruf gesungen worden sein soll. Diese Marienstrophe ist später weggefallen. Wegen des zweiten Teils mit eingefügten Strophen vom »Sünder vor der himmlischen Tür« wurde das Lied bis ins 19. Jahrhundert gern von herumziehenden Betteljungen als Heischelied benutzt, wahrscheinlich auch in der Weihnachtszeit[10].

Erk-Böhme III, Nr. 2030ff.
Gotteslob Nr. 186
Missionsharfe S. 262

[9] Hölscher: *Das katholische Kirchenlied vor der Reformation*, 1848, S. 121
[10] Ingeborg Weber-Kellermann: *Ludolf Parisius und seine altmärkischen Volkslieder*, Berlin 1957, S. 193f. und Nr. 212

25. Zu Bethlehem geboren

1. Zu Beth - le - hem ge - bo - ren ist uns ein__ Kin - de -
2. In sei - ne Lieb' ver - sen - ken will ich mich ganz hin -
3. O Kin - de - lein, von Her - zen will ich dich lie - ben
4. Die Gna - de mir doch ge - be, bitt' ich aus__ Her - zens -

1. -lein, das hab' ich aus - er - ko - ren, sein ei - gen will ich__
2. -ab; mein Herz will ich ihm schen - ken und al - les, was ich__
3. sehr, in Freu - den und in Schmer - zen je län - ger und je__
4. -grund, daß ich al - lein dir le - be jetzt und zu al - ler__

1. sein. Ei - a, ei - a, sein ei - gen__ will ich sein.
2. hab', ei - a, ei - a, und al - les__ was ich hab'.
3. mehr, ei - a, ei - a, je län - ger__ und je mehr.
4. Stund', ei - a, ei - a, jetzt und zu al - ler Stund'.

5. Dich, wahren Gott, ich finde
in unserm Fleisch und Blut;
darum ich mich dann binde
an dich, mein höchstes Gut,
eia, eia, an dich, mein höchstes Gut.

6. Laß mich von dir nicht scheiden,
knüpf zu, knüpf zu das Band
der Liebe zwischen beiden;
nimm hin mein Herz zum Pfand,
eia, eia, nimm hin mein Herz zum Pfand!

Der Text dieses Liedes aus dem Kölner Psalter von 1638, in dem auch die Melodie überliefert ist, verrät ebenfalls die Tradition des Kindelwiegens in der Kirche in liebevoller Hingabe an das Neugeborene.

Zusammenfassend kann man sagen, daß aus dem späten Mittelalter und der frühen Neuzeit weihnachtliches Singen nur aus dem Kirchenraum überliefert ist. Hier wechselte der Stil der Lieder zwischen den ernsten, machtvollen, zwischen Furcht und Hoffnung stehenden Erwartungen der Gottesgestalt auf Erden und der Anbetung eines lieblichen Kindes, das stellvertretend als reizvolles Wachsgebilde von alten und besonders jungen Mitgliedern der Gemeinde gewiegt werden durfte. Das waren Vor- und Begleiterscheinungen dramatischer Spiele, in denen sich eine des Lesens weitgehend unkundige Gemeinde die biblische Weihnachtsgeschichte aneignete und sie bewältigte.

Über häusliche Familienfeiern mit Musik ist aus dieser Epoche nichts überliefert[11], und zwar weder aus den Städten, wo es höchstens eine Gemeinschaftsfeier in den Zunfthäusern gab, noch vom Lande.

Weihnachtliche Festlichkeiten außerhalb der Kirche beschränkten sich im Dorfe bei den großen Bauern auf ein üppiges Mahl, bei den kleinen auf ein paar bessere Happen und bei allen auf Maulgaben an das Vieh um Mitternacht und besonders große Mildtätigkeit gegenüber den Armen und Bettlern. Ob und was im Hause gesungen wurde, ist nicht bekannt.

EG Nr. 32
Gotteslob Nr. 140

[11] vgl. Weber-Kellermann: *Das Weihnachtsfest*, Luzern 1978

Geburtszene im Stall.
Meister von Hohenfurth (um 1350)

2. HIRTENSTÜCKE UND KRIPPENLIEDER

Die Hirten auf dem Felde.
Holzschnitt von 1491

Der Brauch des Kindleinwiegens steht im Vorfeld der Krippendarstellungen und -spiele im deutschen Sprachraum. Erst im späten 16. Jahrhundert kamen Krippen durch die Jesuiten aus Italien nach Deutschland als Teil eines geistlichen Volkserziehungsprogramms. Bei den Krippen selbst wie bei den Krippenspielen und -liedern erhebt sich meist das Erlebnis der Hirten zum Hauptthema. Das Wunder der Verkündigung auf dem Felde, ihr Weg zur Krippe, ihre schlichten Gaben und ihre andächtige Verehrung reizten zu immer neuen poetischen Bildern von den jungen und alten, den armen und treuen Hirten[12]. Der große Variantenreichtum gerade der Hirtenlieder und ihre außerordentliche Verbreitung verraten etwas von einem Identifikationsverlangen der einfachen Leute mit dieser unterprivilegierten Gruppe, die nach der Legende in der Weihnachtsnacht so wunderbar ausgezeichnet wurde. In oft rührender Einfalt wird dabei das Weihnachtserlebnis in die eigene heimatliche Welt der Sänger transponiert.

Daß sie das Jesuskind mit ihren einfachen Instrumenten musikalisch zu erfreuen vermögen, wird ihnen – im Gegensatz zu den üppigen materiellen Möglichkeiten der Heiligen Drei Könige – als besonderes Verdienst angerechnet.

Aus der Fülle der Hirtenlieder und ihrem außerordentlich großen mundartlichen Variantenreichtum kann nur eine Auswahl angeboten werden, die nach dem biblischen Ablauf angeordnet ist:

1. Herbergsuche und Geburt,
2. Verkündigung auf dem Felde
3. Anbetung der Hirten an der Krippe[13].

Nimmt die Verkündigung durch den Engel im Lukas-Evangelium auch nur wenige Verse ein, so ist es doch gerade diese Szene, die zusammen mit der folgenden Anbetung im Stall von Bethlehem die Volksphantasie zu schönster Blüte geführt hat. Die Möglichkeiten, einfache Leute in ihrer Landes- und Regionalsprache von einfachen Dingen reden und singen zu lassen, waren für Geistlichkeit und Gemeinde reizvoll genug.

Dazu kam die Freude der Armen und Beladenen an der armen und doch hohen Geburt.

So stammen fast alle Hirten- und Krippenlieder ursprünglich aus dem Mittelalter und der frühen Neuzeit, meist von anonymen Dichtern und Komponisten; sie tragen vieles aus der Zeit mit sich, als Kirchenfeste noch fröhlich gefeiert wurden.

Eine Besonderheit berichtet August Hartmann aus Zell am See und anderen Salzburger Ortschaften[14]: Im 18. und bis in die Mitte des 19. Jahrhunderts hätten sich *Kirchensingerschaften* gebildet, die aus 10 bis 12 guten Sängern der Umgebung bestanden und von der Empore aus im Gottesdienst in heimischer Mundart sangen. Eine besondere Funktion hatten sie in der Christmette, wenn sie halbdramatische Hirtenlieder zur Freude der Gemeinde vortrugen. Es galt für sie als Ehrensache, jedes Jahr zu Weihnachten mindestens ein neu gedichtetes oder bis dahin in der Pfarre unbekanntes Hirtenlied zu Gehör zu bringen.

Dieser Brauch dürfte eine der Quellen für die große Menge von mundartlichen Hirtenliedern sein. Mit der Errichtung von Orgeln auch in Dorfkirchen und der Einführung von nach Noten gesungener Chormusik hörten die Kirchensingerschaften allmählich auf zu bestehen. Sie bekamen kein Geld mehr aus dem Kirchensäckel, verdienten sich aber oft noch ein Zubrot als Sternsinger. Aus ihren dickleibigen handgeschriebenen Liederbüchern haben später auch die Volksliedsammler geschöpft.

Über den Hirtengesang der Christmette in seiner steirischen Heimat berichtet Peter Rossegger (1843–1918) in seinen Kindheitserinnerungen[15]:

> *Auf dem Chore stimmte man Geigen und Trompeten und Pauken, und als an der Sacristeithür das Glöcklein klang und der Pfarrer in funkelndem Meßkleide, begleitet von Ministranten und rothbemäntelten Windlichtträgern, über den purpurrothen Fußteppich zum Altare ging, da rauschte die Orgel in ihrem ganzen Vollklang, da wirbelten die Pauken und schmetterten die Trompeten.*

> *Weihrauch stieg auf und hüllte den ganzen lichterstrahlenden Hochaltar in einen Schleier. – So begann das Hochamt, und so strahlte und tönte und klang es um Mitternacht. Beim Offertorium waren alle*

[12] ebenda S. 60ff.
[13] Sigrid Abel-Struth: *Die Texte weihnachtlicher Hirtenlieder* in: Handbuch des Volksliedes, hg. von R. W. Brednich u. a., Bd. 1/I, München 1973, S. 419ff.
[14] August Hartmann: *Volkslieder. In Bayern, Tirol und Land Salzburg gesammelt. Mit vielen Melodien nach dem Volksmund aufgezeichnet von Hyazinth Abele.* I. Band: Volksthümliche Weihnachtslieder, Leipzig 1884, S. VIIIf.
[15] Peter Rosegger: *Waldheimat*, Graz 1877, S. 141

Instrumente still, nur zwei helle Stimmen sangen ein liebliches Hirtenlied, und während des Benedictus jodelten eine Clarinette und zwei Flügelhörner langsam und leise den Wiegengesang. Während des Evangeliums und der Wandlung hörte man auf dem Chore den Kukuk und die Nachtigall, wie mitten im sonnigen Frühling.

Aus dem altbayrischen Raum liegt eine ausführliche Sammlung und Bearbeitung des dortigen *volksfrommen Brauches in Verbindung mit Musik* vor[16], worunter der Verfasser Lieder aus dem Volk und für das Volk versteht. Die Lieder werden als »Funktionslieder« definiert, d. h. entsprechend ihrer Rolle in brauchmäßigen Handlungen eingeordnet. So treten all die hier angeführten Texte und Melodien – und noch bedeutend mehr – in breitem bayrischem Kontext auf. Die Herbergsuche mit ausgeformten Klöpfelbräuchen kann der Verfasser bis ins 16. Jahrhundert zurückverfolgen als intensiv geübten Gebe-Brauch, für den durch die Jahrhunderte hindurch zeitgenössische Berichte angeführt werden und zwar bis zu erneuerten Bräuchen der Gegenwart. – Unter den liturgischen Spielen der Kirche sind die zahlreichen Kindel-Wiegenlieder angeführt. – Die Hirtenspiele und Sternsingerbräuche umfassen das dazugehörige Liedrepertoire, aber die Fülle der Hirtenlieder findet sich auch in anderem Zusammenhang versammelt, so bei den Flugblattdrucken.

Hier belegt der Verfasser die große Bedeutung der Flugblattdrucke für das Singen volksfrommer Lieder vom 16. bis ins 19. Jahrhundert. Kleine Verlage für alle möglichen populären Druckschriften nahmen sich auch dieser Gattung an. Die Flugblätter wurden als Einblattdrucke produziert, auf der Titelseite mit einem schlichten Holzschnitt versehen, enthielten 3 oder 4 Liedertexte – selten auch Melodien – und wurden auf Jahrmärkten und durch Hausierer massenweise kolportiert. Diese Faltdrucke bezeugen sowohl das Alter mancher Lieder wie auch ihre große regionale Verbreitung.

[16] Fritz Markmiller: *Der Tag der ist so freudenreich. Advent und Weihnachten*, Regensburg 1981

I. HERBERGSSUCHE UND GEBURT

26. Als Kaiser Augustus

1. Als Kai-ser Au - gu-stus der Land-herr-scher war, ein eng-li-sche
2. Die gött-li-che Son-ne durch-scheint den Kri - stall, sie ge-het hin-
3. O seit-sam' Ge - mein-schaft des Tags mit der Nacht, der Licht in die

G	D	A⁷ D	G	Am

Jung - frau ein Kind - lein ge - bar, dem Hei - li - gen Geist und Sankt
-durch und sie läs - set kein Mal; der Baum un - sers Le - bens bringt
Fin - ster - nis uns hat ge - bracht! Die eng - li - schen Scha - ren durch –

Dm	G Am Dm	C E	F	C G	G⁷	C

Jo - seph ver - traut, ein' Jung-frau, ein' Mut - ter und himm - li - sche Braut.
gött - li - che Frucht, ver - lie - ret kein' Schön-heit und lei - det kein' Sucht.
-wan - deln das Feld, er - leuch-ten die nächt-lich ver - dü - ster - te Welt.

Das christliche Werk der Barmherzigkeit.
Meester van Alkmar
(Anfang des 16. Jahrhunderts)

4. O Bündnis des Lebens mit unserem Tod!
Das Wort ist Fleisch 'worden, bleibt dennoch ein Gott;
unsterblich wird sterblich, der Reichtum wird arm,
auf daß sich der Arme des Armen erbarm'.

5. »O süßester Jesu, wie lieblich und hold
vermengt sich dem Staube das köstliche Gold!
Du Gott wirst ein Bruder, Du Herr wirst ein Knecht,
damit ich soll lieben Dich heilig und recht.«

Diese modernisierte Fassung tradiert das alte
Lied von Nikolaus Herman (1480–1561) vom
Kaiser Augustus, der jedermann die Schätzung
auferlegt – ein Text, der übrigens regelmäßig in
den älteren Weihnachtsspielen vorkommt.

Gottschick S. 51
Hartmann S. 126
Schmidt S. 201
Weihnachtslieder S. 151

27. Wer klopfet an

1. Wirt:

Maria und Joseph:

1. Wer klop-fet an? „O zwei gar ar - me__ Leut'!" Was wollt ihr denn? „O
2. Wer vor der Tür? „Ein Weib mit ih - rem__ Mann". Was wollt ihr denn? „Hört

W.:   *M. u. J.*

gebt uns Her - berg'__ heut'! O, durch Got - tes Lieb' wir__ bit - ten,
un - ser Bit - ten an! Las - set heut' bei Euch uns woh - nen,

öff - net uns doch eu - re__ Hüt - ten!" O nein, nein, nein! „O
Gott wird Euch schon al - les__ loh - nen!" Was zahlt ihr mir? „Kein

W.:   *M. u. J.:*

56

las - set uns doch ein!" Es kann nicht sein. *W.:* „Wir wol - len dank - bar
Geld be - sit - zen wir!" Dann geht von hier! *M. u. J.:* „O öff - net uns die

sein." *W.:* Nein, nein, nein, es kann nicht sein. Da geht nur fort, ihr kommt nicht 'rein.
Tür!" Ei, macht mir kein Un - ge - stüm, da packt euch, geht wo - an - ders hin!

3. (3. Wirt:) Was weinet ihr?
»Vor Kält' erstarren wir.«
Wer kann dafür?
»O gebt uns doch Quartier!
Überall sind wir verstoßen,
jedes Tor ist uns verschlossen!«
So bleibt halt drauß'!
»O öffnet uns das Haus!«
Da wird nichts draus.
»Zeigt uns ein andres Haus.«
Dort geht hin zur nächsten Tür!
Ich hab nicht Platz, geht nur von hier!

4. (4. Wirt:) Da geht nur fort!
»O Freund, wohin? wo aus?«
Ein Viehstall dort!
»Geh, Joseph, nur hinaus!
O mein Kind, nach Gottes Willen
mußt du schon die Armut fühlen.«
Jetzt packt euch fort!
»O, dies sind harte Wort'!«
Zum Viehstall dort!
»O, wohl ein schlechter Ort!«
Ei, der Ort ist gut für euch;
ihr braucht nicht viel. Da geht nur gleich!

Diese Szene gehört in den Brauchbereich der Klöpfelnachtspiele, die in Bayern und Österreich eine weite Verbreitung haben. Die Herbergsuche, wie sie die Bibel überliefert, hat einen ganzen Brauchkreis beeinflußt[17]. Schließlich brachte die Identifizierung der Armen mit Maria und Joseph nach dem 2. Weltkrieg ein Wiederaufleben der Lieder und Bräuche um die Herbergsuche, die nun eine Gleichsetzung mit der Not der Flüchtlinge in ihrer Heimatlosigkeit erfuhren.

Hartmann S. 121
Siuts S. 14f.
vgl. Volkslieder II, S. 105f.

[17] Hans Moser: *Zur Geschichte der Klöpfelnachtbräuche, ihrer Formen und ihrer Deutungen* in: *Bayerisches Jahrbuch für Volkskunde*, 1951, S. 121–140

28. Felsenharte Bethlehemiten

1. Fel - sen - har - te Beth - le - he - mi - ten,
2. Will sich denn kein Mensch be - que - men,
3. Will denn nie - mand sich er - bar - men?
4. Statt der kal - ten Krip - pen - höh - le

1. wie könnt ihr so grau - sam sein und Ma - ri - a
2. sie und ih - ren Eh' - ge - mahl in die Her - berg'
3. O, Ma - ri - a, komm zu mir! Nimm die Her - berg'
4. trag' ich dir mein Her - ze an. Nimm doch Platz in

1. auf ihr Bit - ten nicht den klein - sten Platz ver - leihn?
2. auf - zu - neh - men, weist man ab sie ü - ber - all?
3. bei mir Ar - men, of - fen steht die Her - zens - tür.
4. mei - ner See - le, wenn sie dich ver - gnü - gen kann!

Dotzler S. 90
Hartmann S. 193

58

29. Als ich bei meinen Schafen wacht'

1. Als ich bei mei - nen Scha - fen wacht', ein En - gel mir die Bot-schaft bracht'.
2. Er sagt', es soll ge - bo - ren sein zu Beth - le - hem ein Kin - de - lein.
3. Er sagt', das Kind liegt dort im Stall und soll die Welt er - lö - sen all'.

1. - 9. Des bin ich froh, bin ich froh, froh, froh, froh, o, o,

o! Be - ne - di - ca - mus Do - mi - no, be - ne - di - ca - mus Do - mi - no.

4. Als ich das Kind im Stall gesehn,
nicht wohl konnt' ich von dannen gehn.

5. Das Kind zu mir sein' Äuglein wandt,
mein Herz gab ich in seine Hand.

6. Demütig küßt' ich seine Füß',
davon mein Mund ward zuckersüß.

7. Als ich heimging, das Kind wollt' mit
und wollt' von mir abweichen nit.

8. Das Kind legt' sich an meine Brust
und macht' mir da all' Herzenslust.

9. Den Schatz muß ich bewahren wohl,
so bleibt mein Herz der Freuden voll.

Ein Chorlied mit Echo-Effekt, was zu Beginn des 17. Jahrhunderts in Mode war. Aber vielleicht kann man diese spielerisch reizvolle Gesangsweise ebensogut als einen Nachhall der kirchlichen Wechselgesänge interpretieren. – Meist sind die Verkündigungslieder inhaltlich schon mit der Anbetung verbunden.

Erk-Böhme III, Nr. 1949
Hirtenbüchel S. 9
Klusen S. 68 u. 189f.
Quempas S. 56
Weihnachtslieder S. 48

30. Was soll das bedeuten

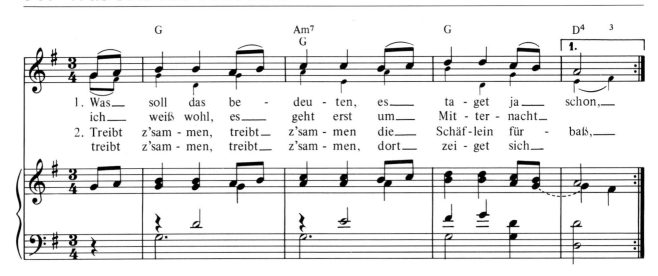

1. Was soll das be-deu-ten, es ta-get ja schon,
ich weiß wohl, es geht erst um Mit-ter-nacht.
2. Treibt z'sam-men, treibt z'sam-men die Schäf-lein für-baß,
treibt z'sam-men, treibt z'sam-men, dort zei-get sich

'rum. Schaut nur da-her, schaut nur da-her wie-
was: Dort in dem Stall, dort in dem Stall werd't

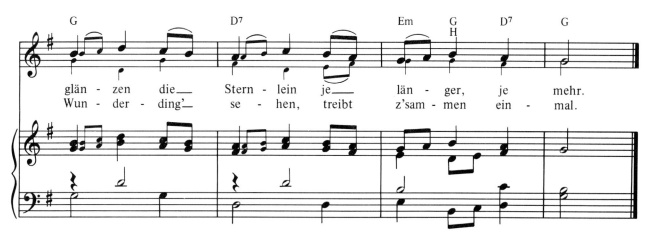

glän - zen die Stern - lein je län - ger, je mehr.
Wun - der - ding' se - hen, treibt z'sam - men ein - mal.

3. Ich hab' nur ein wenig von weitem geguckt,
da hat mir mein Herz schon vor Freuden gehupft:
:|: Ein schönes Kind :|:
liegt dort in der Krippe bei Esel und Rind. –

4. Ein herziger Vater, der steht auch dabei,
ein' wunderschöne Jungfrau kniet auch auf dem Heu.
Um und um singt's, um und um klingt's:
Man sieht ja kein Lichtlein, so um und um brinnt's.

5. Das Kindlein, das zittert vor Kälte und Frost,
ich dacht' mir: »I wer hat es denn also verstoßt,
:|: Daß man auch heut' :|:
ihm sonst keine andere Herberg' anbeut?«

6. So gehet und nehmet ein Lämmlein vom Gras
und bringet dem schönen Christkindlein etwas!
:|: Geht nur fein sacht, :|:
auf daß ihr dem Kindlein kein Unruh' nicht macht!

Das Lied gehört wahrscheinlich zu einem Hirten-spiel. Sein tänzerischer Schritt-Takt läßt auf Rei-genspiele in oder vor der Kirche schließen.

EG Nr. 539
Dotzler S. 113
Erk-Böhme III, Nr. 1943
Hartmann S. 55

Hirtenbüchel S. 4
Müller-Blattau S. 170 u. 189
Quempas S. 63
Weihnachtslieder S. 242

Hirtenszene. Laienmalerei aus der Slowakei um 1960

Hirtengeschenk.
David Ryckaert III
(1612–1661)

31. Ich will dem Knäblein schenken

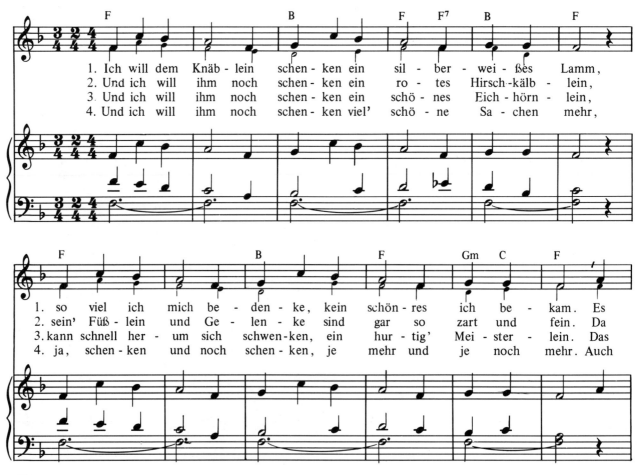

1. Ich will dem Knäb - lein schen - ken ein sil - ber - wei - ßes Lamm,
2. Und ich will ihm noch schen - ken ein ro - tes Hirsch - kälb - lein,
3. Und ich will ihm noch schen - ken ein schö - nes Eich - hörn - lein,
4. Und ich will ihm noch schen - ken viel' schö - ne Sa - chen mehr,

1. so viel ich mich be - den - ke, kein schön - res ich be - kam. Es
2. sein' Füß - lein und Ge - len - ke sind gar so zart und fein. Da
3. kann schnell her - um sich schwen - ken, ein hur - tig' Mei - ster - lein. Das
4. ja, schen - ken und noch schen - ken, je mehr und je noch mehr. Auch

Dieses neuere Lied findet hier seinen Platz wegen der traditionellen Gestaltung. Dieser Text aus *Des Knaben Wunderhorn* (Bd. 3, Heidelberg 1809) – dort mit 17 Strophen erschienen unter dem Titel *Die zwei Hirten in der Christnacht* – wendet sich mit seiner Tiersymbolik besonders an die Kinder. Die Melodie stammt von Karl Marx (geb. 1897), der als Komponist auch im Umkreis der musikalischen Jugendbewegung gewirkt hat.

Vötterle S. 16

Tiroler Krippenfiguren:
Hirten mit Dudelsack
(um 1893)

32. Inmitten der Nacht

1. In - mit - ten der Nacht, als Hir - ten er - wacht, da
2. Die Hir - ten im Feld ver - lie - ßen ihr Zelt. Sie
3. Ach Va - ter an - schau, was fin - den wir da? Ein

hör - te man sin - gen und Glo - ri - a klin - gen ein'
konn - ten kaum schnau - fen vor Ren - nen und Lau - fen, der
her - zi - ges Kind - lein auf schnee-wei - ßen Wind - lein: da-

eng - li - sche Schar, ei - ja, ge - bo - ren Gott war.
Hirt und der Bu', der Bu', dem Krip - pe - lein zu.
- bei sind zwei Tier', zwei Tier', Ochs, E - sel all - hier.

4. Dabei zeigt sich auch
eine schöne Jungfrau.
Sie tut sich bemühen,
beim Kindlein zu knien,
und betet es an,
ei Brüder, schaut's an!

5. Ach, daß Gott walt',
wie ist es so kalt!
Möcht' einer erfrieren,
das Leben verlieren;
wie dauert mich das Kind!
Wie scharf geht der Wind!

6. Ach, daß Gott erbarm',
wie ist die Mutter so arm!
Sie hat kein Pfännelein,
zu kochen dem Kindelein;
kein Mehl und kein Schmalz,
kein' Milch und kein Salz.

7. Ihr Brüder kommt 'raus,
wir wollen nach Haus!
Kommt alle, wir wollen
dem Kindlein was holen.
Kommt einer hierher,
so kommt er nicht leer.

Meist ist mit dem Verkündigungsgeschehen die Erzählung vom Lauf zur Krippe verbunden, handelt es sich doch um Lieder aus kleinen oder größeren dramatischen Spielen, die nicht mehr in der Kirche stattfanden. Es wird von prächtigen Ställen berichtet, die an den Kirchen aufgebaut waren. Dort lag das Christkind in einer Krippe, *von Ochs und Esel umstanden. Maria und Joseph saßen dabei, wiegten das Kind und sangen Lieder dazu. Auf diese Weise suchte man den ganzen Hergang der Geburtsgeschichte sinnlich darzustellen*[18].

Erk-Böhme III, Nr. 1943
Hirtenbüchel S. 18
Quempas S. 54
Weihnachtslieder S. 140

[18] Erk-Böhme III, S. 650

Verkündigung und Anbetung der Hirten. Westdeutsch, 11. Jahrhundert

33. O selige Nacht!

1. O se - li - ge Nacht! In himm - li - scher Pracht er -
2. Wie tröst - lich er spricht: „O fürch - tet euch nicht! Ihr
3. Seht Beth - le - hem dort, den glück - li - chen Ort! Da
4. O tröst - li - che Zeit, die al - le er - freut! Sie

1. scheint auf der Wei - de ein Bo - te der Freu - de dem
2. wa - ret ver - lo - ren, heut' ist euch ge - bo - ren der
3. wer - det ihr fin - den, was wir euch ver - kün - den, das
4. he - bet die Schmer - zen, sie wei - tet die Her - zen zum

1. Hir - ten, der nächt - lich die Her - de be - wacht.
2. Hei - land, der al - len das Le - ben ver - spricht.
3. sehn - lichst er - war - te - te gött - li - che Wort."
4. Dan - ke, zur Lie - be, zur himm - li - schen Freud'.

Aus dem Münsterschen Gesangbuch von 1677 stammt dieses optimistische Hirtenlied, das einen Anklang an *Stille Nacht, heilige Nacht* suggeriert. Die Person des Hirten steht stellvertretend für die des Menschen allgemein, der in einer sehr bildhaft-plakativen Sprache auf die zentralen Überlieferungen des Weihnachtsgeschehens hingewiesen wird. Textlich in der Volkstümlichkeit durchaus verwandt, sind beide Lieder melodisch voller Gegensätze.

Gotteslob (Paderborner Anhang) Nr. 832
Weihnachtslieder S. 201

34. Auf, auf, ihr Hirten

1. Auf, auf, ihr Hirten, nun schlaft nicht so lang!
Die Nacht ist verschwunden, der Tag nimmt sein' Gang.

1. Af, af, ehs Hiärtn, nid schlafts ma so lang!
De Nacht is vaganga, nu dagt es ja schon.

1. Schaut nur daher, schaut nur daher! Wie
1. Schauts nuar dahear, schauts nuar dahear! Wie

glänzet das Sternlein, je länger, je mehr.
fairizt das Stearndl je lenga je mear.

2. In Bethlehem unten geht nieder sein Schein,
es muß ein Geheimnis verborgen dort sein:
Ein alter Stall, ein alter Stall,
der leuchtet und strahlet, als wär' er Kristall.

2. Zu Bethlehem drunt'n geht nida da Schain,
es muäß ja was englisch vaborgn drunt sain.
An alda Stall, an alda Stall,
dear schaint und glanzt enk als wiär Krystall.

3. Drum geh nur, du Hirte, und zaudre nicht lang!
Steck an dir ein Kerzlein und wage den Gang!
Fürchte dich nicht, fürchte dich nicht,
verlier deine Angst, mach ein fröhlich' Gesicht!

4. Fein artig knie nieder, verbeuge dich fein!
Zieh ab schnell den Hut, wenn du drinnen willst sein.
Dort wirst du sehn, göttlich und schön,
das große Geheimnis, das uns ist geschehn.

3. Drum geh nuär, mein Frizl, und bsinn di nit lang!
Stich a a faasts Kizl und wag dr an Gang:
Geh nid vül um, geh nid vül um,
aft ruk flugs dain Hiäderl und stöll di fain frumm!

4. Fain gmala kniä nieda und buk di fain eh!
Aft ruk flugs dain Hiäderl, wannst aini wüllst gehn.
Buk di fain schen, noag di fain schen,
aft ruk flugs dain Hiäderl, wannst aini wüllst gehn.

Hochdeutsche Textfassung: Hilger Schallehn
© 1982 Schott Musik International, Mainz

Als Beispiel für die extrem mundartlichen Texte, in denen gerade die Hirtenlieder überliefert sind, sei diese Fassung aus Österreich angeführt. In der Freude der Hirten, die die gewohnte Umgangssprache reden, konnten sich die einfachen Leute wiederentdecken. Druckwürdig schien das freilich nicht zu sein, und so findet sich diese Art von Liedern nicht in den offiziellen Gesangbüchern, ist aber dafür um so tiefer in die populäre Liedüberlieferung eingedrungen.

Erk-Böhme III, Nr. 1944
Volkslieder II, S. 108
Weihnachtslieder S. 54
Wohlgemuth S. 19

35. O Freude über Freude

1. O Freu-de ü-ber__ Freu - de, ihr Nach-barn kommt und hört,
was mir dort auf der__ Hei - de für Wun-der-ding' pas-siert!
1. O Fre-da ü-ber__ Fre-da! Ihr Nup-pern kummt und hiert,
was mir durt uf der__ He - da für Wun-der-ding pa-ßiert!

1. Es kam ein wei-ßer En - gel zu ho-her Mit-ter-nacht, der
2. Es quam a we-ßer En - gel bei hu-cher Mit-ter-nacht, dar

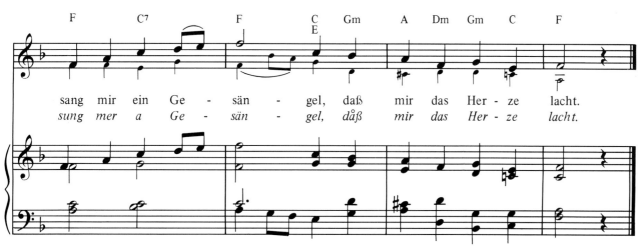

sang mir ein Ge - sän - gel, daß mir das Her - ze lacht.
sung mer a Ge - sän - gel, dåß mir das Her - ze lacht.

2. Er sagte: Freut euch alle,
der Heiland ist geborn
zu Bethlehem im Stalle,
das hat er sich erkorn.
Die Krippe ist sein Bette,
geht hin nach Bethlehem!
Und wie er also red'te,
da flog er wieder heim.

3. Ich dacht', du mußt nicht säumen,
ich ließ die Schäflein stehn,
ich lief dort hinter Zäunen
bis zu dem Stalle hin.
Da ward ich schier geblendet
von einem lichten Strahl,
der hatte gar kein Ende
und wies mich in den Stall.

4. Der Stall war wie ein Nestchen
aus gelbem, dürrem Stroh,
die Wände waren Ästchen,
die Balken waren roh.
Das Dach war herzlich dünne
und hing am halben Haar.
Ich dachte: Ach da drinne,
da liegt das Kindlein gar!

5. Ich schlich mich auf die Seite,
ich schaute sacht hinein:
Da sah ich ein paar Leute
im fahlen Lampenschein.
Da sah ich keine Wiege,
doch nur ein Bündel Stroh,
darauf das Kindlein liegen:
Kein Maler träf' es so!

6. Es hatte ein Paar Wänglein,
als wenn's zwei Röslein wärn,
ein Mündchen wie ein Englein,
zwei Äuglein wie zwei Stern',
ein Köpfchen wie ein Täubchen,
gekräuselt wie der Klee,
ein hübsches, herzig's Leibchen,
viel weißer als der Schnee.

2. *»A soite: Frêt euch ålla!*
Dar Heland îs geborn
zu Bethlahem im Stalle,
dås hat a sich erkorn.
Die Krippa îs sei Betta,
giht hin uf Bethlahem!«
Und wie ar alsu redta,
då flug a wieder hêm.

3. *Ich ducht: »Du mußt nich säuma«;*
ich ließ die Schäfla stihn.
Ich lief durt hinter a Zäunla
bis zu dem Stalle hin.
Ich war a halb Gewenda
dervon, då quäm a Strål,
dar hatte går ke Enda
und wies mich ei dan Stål.

4. *Dar Stål wår a Geniste*
und hätte går ken Årt,
derzu ôch dås Gerüste
wår herzlich schlecht verwåhrt.
Dås Tach wår grausam dünne
und hing am halben Hår,
ich ducht: »Es denn då drinne
gleiwul a Kind geborn?«

5. *Ich schlech mich uf de Seite,*
ich guckt e klên wing nei:
Då såh ich a pår Leute
und ôch das Kind derbei.
Es hått ke Ploitzla Bette,
a ênzig Wischla Struh
und lag wul asu nette:
Ke Maler träfs asu.

6. *Es hätte a pår Wengla*
als wenns zwe Rösla wär'n,
a Guschla wie a Engla,
zwe Ögla wie zwe Stern,
a Köpfla wie a Toibla,
gekroiselt wie dar Klie,
a hübsches quanschlichs Leibla,
viel wêßer åls dar Schnie.

Alphornbläser.
Hirtenfigur aus der
„Jaufenthaler-Krippe"

7. Die Mutter kniet' daneben;
der hab ich's angesehn:
Sie würd' bei ihrem Leben
für nichts das Kindlein geb'n!
Bald nahm sie's aus dem Bette,
bald legt' sie's wieder 'nein.
Das könnte, ach ich wette,
umsorgter wohl nicht sein.

8. Zur andren Seit' daneben,
da kniet' ihr lieber Mann
und neigt' sich ganz ergeben,
betet das Kindlein an.
Er küßt's all' Augenblicke,
das dau'rt die ganze Nacht,
er hat's in einem Stücke
nur immer angelacht.

9. Ich glaub', in unsrem Lande
da gibt's kein solch' schön' Kind;
es lag im Strahlenkranze,
man wurd' schier davon blind.
Ich dacht' in meinem Sinne:
Das Kindlein ständ' dir an,
wenn du dir's kannst gewinnen,
du wagst ein Lämmlein dran!

7. Die Mutter kniet dernaba,
dar hå ichs ångesahn.
Sie hätts bei ihrem Labe
nie üm wer wêß wås gân.
Bald nam sie's ei de Hände,
bald lät sie's wieder hin,
sie thäte mit dem Kende
och går unsäglich schün.

8. Und derba uf der Sete
då kniet a lieber Mån,
a nêgt sich mit dam Hete
und batt dås Kindla ån.
A küßt's åll Ogeblicka.
Dås taurt die ganze Nacht;
ar håt's ei enem Stücka
och immer ångelacht.

9. Ich glâb, uf ünser Granze
då håts ke sulch schön Kind;
es låg ei lauter Glanze,
ma wurd schier dervo blind.
Ich ducht ei menem Sinna:
»Dås Kindla stünd der å,
wenn du der's könntst gewinna,
du wagtst a Lamla drå.«

Hochdeutsche Textfassung: Hilger Schallehn
© 1982 Schott Musik International, Mainz

Hirte
in volkstümlicher Glasmalerei
(1754)

Beispiel eines ursprünglich mundartlich gefärbten Liedes aus Schlesien, das 1840 in der Gegend von Oppeln aufgezeichnet wurde.

Dotzler S. 128
Erk-Böhme III, Nr. 1945
Hartmann S. 112 (ähnlich)
Hirtenbüchel S. 7
Quempas S. 64
Weihnachtslieder S. 186

36. Grüß euch Gott, Hirtenleut'

1. Grüß euch Gott, Hir- ten- leut', auf grü- ner Heid'!
Bitt' euch von Her- zen schön, sagt, was's be- deut'!
1. Grüaß enk Gott, Hia- ta- buam, auf grea- na Heid'!
Bitt enk von Her- zen schön, sågt's wås's be- deit!

Ich kenn' mich gar nicht aus mit sol - chen Sa - chen,
hab' mich spät hin - ge - legt und kann nicht schla - fen.
I kenn mi goar nit aus bei de - ra Så - chen,
hån mi spät nie - da - legt und kånn nit schlå - fn.

S'geht ja recht lu - stig zu, lu - stig zu, s'gibt kei - ne Ruh.
Geht jå recht lu - stig zua, lu - stig zua, geit neamb koa Ruah.

1.-9. Hia ri - dl - i - di, hoi ra - dl - i, hoi ra - dl - i - di hia ra - dl - i,

hia ri - dl - i - di, hoi ra - dl - i, hoi ra - dl - i - da - ri.

2. Leute, nun macht euch auf und laßt uns sehn,
was auf dem Felde da draußen geschehn.
Hansel und Steffen, laßt euch nicht lang bitten,
tut mir den Jochen vom Schlaf schnell aufrütteln!
Zieht euch schön festlich an, festlich an,
wir gehn davon.

3. Hansel, sei doch gescheit, machst mich ganz toll
weil ich vom Schlafe jetzt aufstehen soll.
S'ist ja die halbe Nacht noch nicht vorüber.
Geh, laß in Frieden mich, so ist's mir lieber.
Ich schlaf' in sanfter Ruh, sanfter Ruh,
bis morgen Früh.

4. Jochen, geh, sei kein Narr und sei gescheit,
ist doch das Vieh schon auf und alle Leut'!
Es ist was Wichtiges, hör' ich, geschehen,
habe in Bethlehem Feuer gesehen.
Lauft drum und springt einmal, springt einmal
nieder zum Stall.

5. Leut', jetzt seid mäuschenstill, s'kommt einer her,
hat weiße Kleider an, weiß wie der Schnee.
Und er erzählt uns was im Strahlenscheine,
daß mir vor lauter Furcht zittern die Beine.
Was kann das alles sein, alles sein?
's geht mir nicht ein.

6. Leute, jetzt gehen wir all' auf die Reis'!
Ich bin ja voller Freud', weil ich nun weiß,
daß der Messias vom Himmel ist 'kommen
und hat die Menschheit aus Lieb' angenommen
als ein gar winzig' Kind, winzig' Kind
ohn' alle Sünd'.

7. Darum besinnen wir müssen uns jetzt,
bringen dem Kindlein ein Opfer zuletzt!
Du nimmst ein Käppchen mit silbrigen Rändern,
ich nehm' ein Hemdchen mit goldroten Bändern,
ein Jäckchen auch dazu, auch dazu,
und ein Paar Schuh'.

8. Grüß dich Gott, tausendmal, lieb's Jesulein!
Liegst in der Kälte da, was fällt dir ein!
Hast keine Decke und auch keine Wiege,
mußt ja vor lauter Frost fast schon erfrieren!
Nach Hause trag' ich dich, trag' ich dich
ganz fürsorglich.

9. Kommt's dann zum letzten Kampf, lieb's Jesulein,
ich bitt', die Sünd' verzeih, tu gnädig sein!
Adam und Eva, der Erbsünd' verfallen,
tragen das menschlich' Geschick mit uns allen.
Willst uns barmherzig sein, -herzig sein,
lieb's Jesulein!

2. *Buama, hiazt mâchts enk z'samm' und gehn ma schaun,*
wer woaß wâs stöllen ân, 's is nit zan traun.
Hansl und Stöffl, laßts enk nit lâng hoaßn,
tats ma in Joggl von Schlâf gschwind aufboaßn!
Legts enk feiñ lifti ân, lifti ân,
mir gehn davon.

3. *Hansl, geh, sei do gscheit, mâchst mi ganz toll,*
soll i von Schlâf aufstehn und is so kâlt.
Is jâ die hâlbe Nâcht no nit vorüber,
geh, lâß ma do an Fried', is ma weit liaba.
I schlâf in sânfter Ruah, sânfter Ruah
bis morgen fruah.

4. *Joggl, geh, sei ka Nârr und sei do g'scheit,*
is do's Viech a schon auf und âlle Leut'.
Es muaß wâs Großes seiñ, lâß ma's nit nehma,
es is g'wiß z'Bethlahem Feuer auskemma.
Laufet und springts amol, springts amol
âbi zan Stâll.

5. *Buam, hiaz seids mäusalstill, 's kimmt oana her,*
hât a schöns Joppal ân, weiß wia da Schnee.
Buam, er dazöhlt uns wâs, tan ma na losn,
und hâlt va lauta Furcht ziddat ma d'Hosn.
Wâs muaß dâs lauta sein, lauta sein,
fâllt ma nit ein.

6. *Buama, hiaz mâch ma uns z'samm auf die Roas!*
I bin jâ volla Freid', weil i's na woaß,
dâß da Messias von Himmel is kemma
und tuat va lauta Liab d'Menschheit annehma.
Als a kloanwinzigs Kind, -winzigs Kind
z'Bethlehem drin.

7. *Holla, hiaz müaß ma uns ânders b'sinna,*
müaßn dem Büaberl a Opfa bringa.
Du nimmst a Loabel Brot und a foasts Lamperl,
i a schöns Pfoaderl mit roati Banderl,
a Rockal a dazua, a dazua,
âft is scha gnua.

8. *Griaß di Gott, z'tausendmâl, liabs Jesulein!*
Liegst in da Költn dâ, was fallt da ein!
Hâst ja ka Hüllal nit und a koa Wiagn,
muaßt jâ va lauta Frost a hâlbs dafriasn.
I trâg di mit mir hoam, mit mir hoam
za meina Moam.

9. *Und dann zan letzten Streit, liabs Jesulein,*
i bitt', die Sind' vazeih, tua gnädig sein!
Adam und Eva, dâs G'setz ham sö brocha,
dâs bleibt uns auf da Wölt a nöt ung'rocha.
Tua uns barmherzig sein, -herzig sein,
liabs Jesulein!

Hochdeutsche Textfassung: Hilger Schallehn
© 1982 Schott Musik International, Mainz

Weihnachtliches Krippenspiel
(Foto Peter Keetmann)

37. Es hatte sich eröffnet

her, bald drü-ber und bald drun-ter, das er-freut sie gar zu sehr. 1.-4. Al le-

her, bald un-ter-schi, bald ü-ber-schi, das g'freut sie um so mehr.

-lu - ja, al - le - lu - ja, al - le-, al - le-, al - le - lu - ja!

2. Jetzt haben wir das himmlische Treiben erblickt;
es hat uns Gott, der Vater, einen Boten zugeschickt.
Wir sollten uns vereinen
zum Kindlein auf die Reis',
verlassen unsre Öchslein,
die Kälber und die Geiß',
verlassen unsre Öchslein,
die Kälber und die Geiß'.

2. Jetzt håb ma hålt dås himmlische Gwammel erblickt;
es håt uns Gott Våter an Botn zuagschickt.
Wir sollten uns vereinen,
zum Kindlein auf der Roas,
verlåssn unsre Öchslan,
die Kälber und die Goaß,
verlåssn unsre Öchslan,
die Kälber und die Goaß.

3. Fort sind wir dann gegangen, ich und auch du,
ganz zielbewußt und kerzengrad auf Bethlehem zu.
Der Seppel trägt ein Lampenlicht,
der Fritz vergißt die Brotzeit nicht,
der Michel hat ein Huhn
und Jost einen Hahn,
und ich nehm' meine Fackel
und laufe vornedran.

3. Aft sein mir nåcher gången, i und du a,
kerzengråd auf Bethlehem, juchhei, hopsasa!
Seppele, du Schlanggele,
nimm du dei gmöstets Lampele,
und Michl, du a Henn,
und Jost, du an Hahn,
und i nimm mei fasts Fackele
und renn damit davon.

4. Komm, Veitel, wir wollen die Gescheiteren sein!
Wir beten's Kindlein an dort im Ochsenkrippelein.
Ach Kindelein, sieh unsre Gab'n,
was möchtest Schönes davon hab'n?
Magst Äpfel oder Birnen,
von Nüssen süßes Brot,
die Zwetschgen oder Pflaumen?
Da hat es keine Not.

4. Geh, Veitl, mir wöllen die Gscheitern hålt sein!
Wir beten's Kindlan an im Ochsenkrippelein.
Büabele, wås mågst denn håm,
mågst öpper dechta unsre Gåbn?
Mågst Äpfl oder Birn,
oder Nussn oder Kas;
willst Zwöschgn oder Pflaumen
oder süst a sölles Gfraß?

Hochdeutsche Textfassung:
Hilger Schallehn
© 1982 Schott Musik
International, Mainz

Wie ein Text zu barocken Christgeburtsbildern
mit Unmengen von puttenhaften Engelscharen
wirkt das steirische Hirtenlied.

Österreichisches Liederblatt Nr. 11

*Engelsreigen
um die Krippe.
Albrecht Altdorfer
(1480–1538)*

38. Es wird schon gleich dunkel

1. Es wird schon gleich dun-kel, es wird ja schon Nacht,
drum komm' ich zu dir her, mein Hei-land, auf d'Wacht. Will sin-gen ein

*1. Es wird scho glei dum - pa, es wird ja schon Nacht,
drum kimm i zu dir her, mein Hei-land, auf d'Wacht. Will sin-ga a*

Lied - lein dem Kind - lein, dem klei - nen. Du magst ja nicht schla - fen, ich
Lia - dl dem Liab - ling, dem kloan, du magst ja net schla - fn, i

hör' dich nur wei - nen. Ei, ei, ei, ei, schlaf süß, herz - lieb's Kind!
hör' di nur woan. Hei, hei, hei, hei! Schlaf süaß, herz - liabs Kind!

2. Vergiß jetzt, o Kindlein, dein' Kummer, dein Leid,
daß du da mußt leiden im Stall auf der Heid'.
Es zier'n ja die Engel dein Krippelein aus,
möcht' schöner nicht sein in dem vornehmsten Haus.
Ei, ei, ei, ei, schlaf süß, herzlieb's Kind.

3. O Kindlein, du liegst dort im Kripplein so schön;
mir scheint, ich kann niemals von dir dort weggehn.
Ich wünsch' dir von Herzen die süßeste Ruh';
die Engel vom Himmel, die decken dich zu.
Ei, ei, ei, ei, schlaf süß, du schön's Kind.

4. Schließ zu deine Äuglein in Ruh' und in Fried'
und gib mir zum Abschied dein' Segen nur mit.
Dann wird auch mein Schlafen ganz sorgenlos sein,
dann kann ich mich ruhig auf's Niederleg'n freun.
Ei, ei, ei, ei, schlaf süß, herzlieb's Kind.

2. Vergiß jetzt, o Kinderl, dein Kummer, dei Load,
daß du da muaßt leid'n im Stall auf der Hoad.
Es ziern ja die Engerl dei Liegestatt aus,
möcht schöner net sein drin an König sein Haus.
Hei, hei, hei, hei! Schlaf süaß, du liabs Kind!

3. Ja Kinderl, du bist halt im Kripperl so schön,
mi ziemt, i kann nimmer da weg von dir gehn.
I wünsch dir von Herzen die süasseste Ruah,
die Engerl vom Himmel, si decken di zua.
Hei, hei, hei, hei! Schlaf süaß, du schöns Kind!

4. Schließ zu deine Äugerl in Ruah und in Fried
und gib mir zum Abschied dein Segn nur grad mit!
Aft wird a mein Schlaferl a sorgenlos sein,
aft kann i mi ruahli aufs Niederleg'n freu'n.
Hei, hei, hei, hei! Schlaf süaß, mein liabs Kind!

Aus der Fülle alpiner Hirtenlieder stammt auch
dieses Stück aus Tirol als liebevolle Anbetung
vor der Krippe. Es kann zu einem Spiel gehört
haben, sicher zum Repertoire umziehender Sänger, wie es in den Alpendörfern in besonderem
Maße zu Weihnachten üblich war.

Fröhliche Weihnacht überall S. 36
(hochdeutsche Fassung)
Komm, wir gehn nach Bethlehem S. 130
(Dialekt-Fassung)

39. Ihr Hirten, erwacht!

1. Ihr Hirten, er - wacht! Er - hellt ist die Nacht. Wie strahlt's aus der
2. „O fürch - tet euch nicht_ vor gött - li - chem Licht!" So trö - stet in
3. Nicht län - ger ver - weilt,_ nach Beth - le - hem eilt! Da liegt____ im
4. Die Hir - ten ge - schwind'hin - ei - len zum Kind, froh sin - gen die

1. Fer - ne, wie schwin - den die Ster - ne! Es naht sich, es naht sich die____
2. Freu - de auf Beth - le - hems Wei - de ein En - gel des Herrn_ die____
3. Stal - le das Heil_ für euch al - le, ein Kind-lein ge - bo - ren in____
4. Chö - re der himm - li - schen Hee - re. Im Stal - le die Hir - ten dem____

1. leuch - ten - de Pracht! Der Herr ist zu - ge - gen mit_ himm - li - scher Macht.
2. Hir - ten im Feld, ein Bo - te des Frie - dens der_ sün - di - gen Welt.
3. Ar - mut und Not, um sieg - reich zu wen - den die_ Sünd' und den Tod.
4. Kin - de sich nah'n, er - ken - nen die Gott - heit und_ be - ten es an.

Hartmann S. 248f. (ähnlich)
Weihnachtslieder S. 134

40. Auf, ihr Hirten, von dem Schlaf

1. Auf, ihr Hirten, von dem Schlaf, bei so schö - nen Zei - ten,
sam - melt die ver - streu - ten Schaf', laßt sie fröh - lich wei - den!

2. Grei - fet schnel - le zur Schal - mei, pfei - fet eu - ren Hünd - lein,
ru - fet eu - re Schaf' her - bei, neh - met auf die Lämm - lein!

1. Denn die Nacht ist schon vor - bei und die Son - ne leuch - tet frei!
2. Doch sie las - sen mich und dich samt der Pfei - fen bös' im Stich,

Hebt euch ei - lends aus der Ruh', ei - let eu - ren Her - den zu.
hup - fen, sprin - gen vol - ler Freud' bei so hel - ler Ta - ges - zeit.

3. Wer kann sagen, was dies Licht
soll und muß bedeuten?
Ist kein irdisch' Klingen nicht,
ist ein himmlisch' Läuten!
Weil sich alle Engelein
stellen bei der Musik ein,
wird verkündet weit und breit:
Jesus ist geboren heut'!

4. Auf, ihr Hirten, von dem Schlaf
nur nicht lang' verweilet,
auf ein' Zeit verlaßt die Schaf',
zu der Krippe eilet.
Singet: O beglückte Nacht,
du hast uns das Heil gebracht,
da der wahre Gottessohn
zu uns kam vom Himmelsthron.

In die gleiche Gruppe der Hirtenlieder mit Betonung ihrer musischen Fähigkeiten gehört diese Fassung aus Herbriggen im Kanton Wallis in der Schweiz, die in fast gleicher Form auch bei den Deutschen in Kremnitz in der Slowakei gesungen wurde. Die Weise ist ins Spätmittelalter zurück-

zuverfolgen und gehört motivisch in den Umkreis von *In dulci jubilo, Der Tag, der ist so freudenreich* u. a.

Karolisserheft S. 6
Klusen S. 74 und S. 187

41. Bruder, ich geh' auch mit dir

1. Bru - der, ich geh' auch mit dir, nehm' mein' Du - del -
2. Wenn ich geh' zum Stall hin - ein, grüß' ich gleich das
3. Ei, wie friert das gött - lich' Kind, ge - het ein und

- sack zu mir und mein' Schal-mei auch, und mein' Schal-mei auch.
Kin - de - lein und pfeif' eins da - zu und pfeif' eins da - zu.
aus der Wind; wie wär' ich so froh, wie wär' ich so froh.

4. wenn ich nur mein Häuserl hätt',
das dort unten im Dorfe steht,
und mein Staderl auch!

5. Nähm' die Mutter mit dem Kind,
in das Häuserl führt's geschwind!
Wie wär' ich so froh!

6. Milch und Mehl das hab' ich schon,
daß ich e Müserl kochen kann,
wenn das Kinderl schreit.

7. B'hüt dich Gott, lieb's Kindelein,
morgen kehr' ich wieder ein,
will dir bringen all's,

8. Was dir wird vonnöten sein:
Milch und Mehl und Butterschmalz,
und e bissel Salz.

Nicht nur materielle Gaben können die Hirten aus den Produkten ihrer Tierhaltung mitbringen. Etwas besonderes ist nach diesem Lied von Fritz Dietrich (1905–1945) die Hirtenmusik, die sie dem Kinde mit Dudelsack und Schalmei vorführen und die man sich wohl als Tanz- und Reigenmusik vorstellen darf.

Hirtenbüchel S. 14
Klusen S. 73 und 190
Quempas S. 61 f.

42. Grünet Felder, grünet Wiesen

1. Grü - net Fel - der, grü - net Wie - sen, weil der Hei - land ist ge - born,
   den Gott sel - ber aus - er - kie - sen, son - sten wärn wir all' ver - lorn.
2. Laßt die Pfei - fen uns mit - neh - men, nimm den Du - del - sack mit dir;
   wenn das Kind an - fängt zu flen - nen, pfei - fen wir ein' Tanz ihm für.

1. Drum so las - set uns froh - lok - ken und ihn be - ne - dei - en all'!
2. Da - nach hebt's bald an zu la - chen und hört mit dem Wei - nen auf,

Ja, ja, schaut nur, er liegt dor - ten in ein'm schlech - ten Och - sen - stall.
ja, es wird auf uns her - la - chen, wenn wir so schön spie - len auf.

3. O mein Kind, wir alle grüßen
und von Herzen bitten dich:
wenn wir einmal sterben müssen,
sei so gut, verdamm uns nicht!
Tu die Sünden uns verzeihen
und die Straf' auch schenken mit
und den Himmelstrost verleihen,
das ist unsre große Bitt'.

Worte und Weise dieses Liedes stammen aus
Oberösterreich.

Ihr Kinderlein kommet S. 26

81

Maria im Blumengarten. Stephan Lochner (1405 ?–1451)

43. Es blühen die Maien

1. Es blü - hen die Mai - en, bei kal - ter Win - ter - zeit ist
2. Heut' ist uns ge - bo - ren der Hei - land die - ser Welt, und
3. Ach Kind, laß ge - sche - hen, daß ich in vol - ler Freud' dich

al - les im Frei - en auf uns - rer Schä - fer - weid'. Ja
Gott ist Mensch 'wor - den, wie uns die Schrift ver - meld't. Es
ein - mal kann se - hen in dei - ner Herr - lich - keit! Du

al - les blüht in schön - ster Pracht, die Erd' hat sü - ßen Duft ge - bracht. Es
singt die schö - ne Nach - ti - gall, ich sah vom Him - mel ei - nen Strahl hell
wirst ein - mal mein Trö - ster sein, wenn arm ich dann vor dir er - schein': Dein

recitando

sin - get und klin - get: Flö - ten - bla - sen, Har - fen schla - gen
wer - den auf Er - den: Son - ne steigt vom Him - mels - saal und
Wei - nen laß schei - nen! Gib mir dar - um wah - re Reu', weil

und ich kann nicht all's her - sag'n, was sich zu - ge - trag'n.
nei - get sich auf ei - nen Stall, En - gel sin - gen all'.
noch die Zeit der Gna - den sei! Kind - lein, steh mir bei!

Text und Melodie dieses Liedes stammen aus Tirol.

Ihr Kinderlein kommet S. 17

83

44. O laufet, ihr Hirten

1. O laufet, ihr Hirten, lauft alle zugleich,
und nehmet Schalmeien und Pfeifen mit euch!
Lauft alle zumal mit freudigem Schall
auf Bethlehem zum Kripplein, zum Kripplein im Stall!

2. Ein Kindlein ist gesehen wie ein Engel so schön,
dabei auch ein alter Vater tut stehn;
eine Jungfrau schön zart nach englischer Art:
Es hat mich erbarmet ganz inniglich hart.

3. Wenn ich nur hätte mein Häuslein dahier,
das dorten im Tale alleine tut stehn,
wie wär' ich so froh, blieb' alleweil do,
ein Essen wollt' kochen und warten schon auf.

4. Was kann ich dem Kindlein verehren zur Gab'?
Ein Lämmlein und alles was ich nur hab',
ein Windlein dazu, gilt's auch schon mein Bu,
damit man das Kindlein kann decken fein zu.

84

5. Mein Nachbar, lauf hurtig, bring's Wieglein daher!
Will's Kindlein rein legen, es zittert so sehr.
Hei, hei, popei! Liebes Kindel schlaf ein!
Im Krippel zart's Jesulein, hei, hei, popei!

Aus diesen halb weltlichen, halb geistlichen Volksliedern mit ihren pastoralen Melodien klingt höchste Naivität und patriarchale Sitte, liest man bei Erk-Böhme[19].

Böhme kennzeichnet damit den harmonisierenden und auch rührenden Charakter der zahllosen, meist anonymen, katholisch-alpenländischen volkstümlichen Dichtungen, die aufgrund des Evangelientextes von Geistlichen oder Lehrern verfaßt worden sind. Sie fanden in den örtlichen Weihnachtsspielen Verwendung, wurden zuweilen auch in der Kirche bei der Krippe gesungen und dann im 19. Jahrhundert zur ländlichen Familien-Weihnachtsfeier oder bei den Stubenspielen. Dabei durfte in Nachahmung der kirchlichen Szene ein Ställchen mit Krippe, Jesuskind und Engeln nicht fehlen. Das sind erste Zeugnisse für ländliches Weihnachten im Hause, was jedoch mit dem bürgerlich-städtischen Weihnachtsfest des 19. Jahrhunderts nicht vergleichbar ist.

Erk-Böhme III, Nr. 1946
Hirtenbüchel S. 13
Quempas S. 64

[19] III, S. 653

45. Kommet, ihr Hirten

Alle: 1. Kom-met, ihr Hir-ten, ihr Män-ner und Fraun,
kom-met, das lieb-li-che Kind-lein zu schaun,

Hirten: 2. Las-set uns se-hen in Beth-le-hems Stall,
was uns ver-hei-ßen der himm-li-sche Schall.

Chri-stus, der Herr, ist
Was wir dort fin-den,

heu-te ge-bo-ren, den Gott zum Hei-land euch hat er-ko-ren. Fürch-tet euch nicht.
las-set uns kün-den, las-set uns prei-sen in from-men Wei-sen: Hal-le-lu-ja.

Alle:
3. Wahrlich, die Engel verkündigen heut'
Bethlehems Hirtenvolk gar große Freud'.
Nun soll es werden Friede auf Erden,
den Menschen allen ein Wohlgefallen:
Ehre sei Gott.

Dieser Text, den der Chordirigent und Leipziger Musikprofessor Carl Riedel (1827–1888) einer von ihm bearbeiteten volkstümlichen böhmischen Melodie unterlegt hat, bewahrte sich bis heute eine große Popularität. Wohl ist er den Hirtenliedern nachempfunden, hat aber durch seinen gehobenen Stil ein viel breiteres Publikum erreicht. Die Melodie gibt etwas typisch Pastorales wieder mit dem Ausdruck tänzerischer Freude, der auch in die sogenannte hohe Kunst eingegangen ist.

EG Nr. 48
Dotzler S. 107
Hirtenbüchel S. 5
Klusen S. 86 und 190

Müller-Blattau S. 170
Quempas S. 57
Weihnachtslieder S. 154
Wohlgemuth S. 18

III. ANBETUNG DER HIRTEN AN DER KRIPPE

46a. O Jesulein zart

1. O Je - su - lein zart, dein Kripp - lein ist hart, o
2. Schlaf, Je - su - lein, wohl! Nichts hin - dern dich soll; Ochs',
3. Die Se - ra - phim sin - gen und Che - ru - bim klin - gen; viel

Je - su - lein zart, wie liegst du so hart! Ach schlaf, ach
E - sel und Schaf sind al - le in Schlaf. Schlaf, Kind, schlaf,
En - gel im Stall, die wie - gen dich all'! Schlaf, Kind, schlaf,

tu die Äu - ge - lein zu, schlaf und gib uns___ die
tu die Äu - ge - lein zu, schlaf und gib uns___ die
tu die Äu - ge - lein zu, schlaf und gib uns___ die

e - wi - ge Ruh'! O Je - su - lein zart, wie liegst du so
e - wi - ge Ruh'! Ochs', E - sel und Schaf sind al - le in
e - wi - ge Ruh'! Die Se - ra - phim singt und die Che - ru - bim

hart, o Je - su - lein zart, dein Kripp - lein ist hart.
Schlaf; nichts hin - dern dich soll, schlaf, Je - su - lein, wohl!
klingt; viel' En - gel im Stall, die wie - gen dich all'.

46b. O Jesulein zart

1. O Je - su - lein zart, dein Kripp - lein ist hart, o
2. Schlaf, Je - su - lein, wohl! Nichts hin - dern dich soll; Ochs',
3. Die Se - ra - phim sin - gen und Che - ru - bim klin - gen; viel

Je - su - lein zart, wie liegst du so hart! Ach schlaf, ach
E - sel und Schaf sind al - le in Schlaf. Schlaf, Kind, schlaf,
En - gel im Stall, die wie - gen dich all'. Schlaf, Kind, schlaf,

1. tu die Äug - lein zu, schlaf und gib uns die
2. tu die Äug - lein zu, schlaf und gib uns die
3. tu die Äug - lein zu, schlaf und gib uns die

88

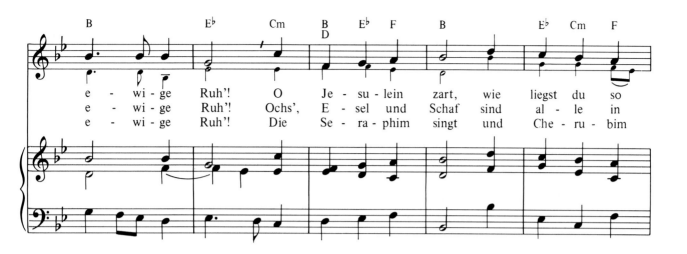

4. Seid stille, ihr Wind',
laßt schlafen das Kind!
All' Brausen sei fern,
es ruhen will gern.
Schlaf, Kind, schlaf, tu die Äuglein zu,
schlaf und gib uns die ewige Ruh'!
Ihr Stürme, halt't ein,
das Rauschen laßt sein!
Seid stille, ihr Wind',
laßt schlafen das Kind!

5. Nichts mehr sich bewegt,
kein Mäuslein sich regt,
zu schlafen beginnt
das herzliche Kind.
Schlaf denn und tu dein' Äuglein zu,
schlaf und gib uns die ewige Ruh'!
Nichts mehr man dann singt,
kein Stimmlein mehr klingt:
Schlaf, Jesulein zart,
von göttlicher Art!

Die Lieder, die die Anbetung an der Krippe schildern, sind besonders zahlreich. Die beiden vorliegenden Fassungen stammen aus dem 17. Jahrhundert.

Erk-Böhme III, Nr. 1939
Dotzler S. 118
Quempas S. 98
Weihnachtslieder S. 195

47. Still, still, still

1. Still, still, still, weil's Kindlein schlafen will! Maria tut es niedersingen, ihre keusche Brust darbringen.
Still, still, still, weil's Kindlein schlafen will!

2. Schlaf, schlaf, schlaf, mein liebes Kindlein, schlaf! Die Engel tun schön musizieren, vor dem Kindlein jubilieren.
Schlaf, schlaf, schlaf, mein liebes Kindlein, schlaf!

3. Groß, groß, groß, die Lieb' ist übergroß. Gott hat den Himmelsthron verlassen und muß reisen auf der Straßen.
Groß, groß, groß, die Lieb' ist übergroß.

4. Auf, auf, auf, ihr Adamskinder auf!
Fallet Jesum all' zu Füßen,
weil er für uns d'Sünd tut büßen!
Auf, auf, auf, ihr Adamskinder auf!

5. Wir, wir, wir, wir rufen all' zu dir:
Tu uns des Himmels Reich aufschließen,
wenn wir einmal sterben müssen.
Wir, wir, wir, wir rufen all' zu dir.

Aufgeschrieben wurde das anmutige Wiegenlied im Salzkammergut um 1800, wahrscheinlich nach einer längeren mündlichen Überlieferung.

Hartmann S. 166
Klusen S. 110
Quempas S. 100
Wohlgemuth S. 25
Weihnachtslieder S. 223

48a. Es kam die gnadenvolle Nacht

1. Es kam die gna - den - vol - le Nacht, wie
2. Es kam die gna - den - vol - le Nacht, wie
3. Es kam die gna - den - vol - le Nacht, die
4. Froh ju - bel - te der En - gel Heer:

1. leuch - tet's dir des Mor - gens Strahl, wie fun - kelt's dir der
2. leuch - tet's dir die gold' - ne Pracht, wie schal - let's dir der
3. uns den hell - sten Tag ge - bracht. Wie freu - te sich der
4. „Gott im Him - mel, Gott sei Ehr!" Und Frie - de, Freud' und

1. Ster - ne Schar, da Je - sus Christ ge - bo - ren war.
2. Glok - ken Schall, da Je - sus Christ ge - bo - ren war.
3. En - gel Schar, da Je - sus Christ ge - bo - ren war.
4. Se - lig - keit herrscht auf Er - den weit und breit.

Auf eine volkstümliche Melodie aus dem Kanton Luzern hat der Zürcher Pfarrer, zeitweilige Goethefreund und berühmte Physiognomiker Johann Kaspar Lavater (1741–1801) diesen schlichten Text gedichtet (1780).

Karolisserheft S. 10f.

Nicht erst in unserer Zeit, sondern auch schon vor 100 und 200 Jahren bemühten sich Erzieher und Pfarrer um leichte Weihnachtsspiele, mit denen auch kleinere Kinder lernend und spielend in das Weihnachtsgeschehen eingeführt werden konnten. Diese Art von Weihnachtsspielen unterscheidet sich in ihrer Funktion von den dörflichen Umzugsspielen (Kap. 4), die vornehmlich von großen Schuljungen und jungen Burschen, später auch Mädchen aufgeführt und

von einer Spielgeneration auf die andere überliefert wurden. In der alten Bauerngesellschaft waren kleine Kinder an solchen kulturellen Aktivitäten noch nicht beteiligt, denn das entsprach nicht der dörflichen Vorstellung von Kindheit; Erziehung bedeutete hier das langsame Hineinwachsen in die Lebenswelt der Erwachsenen durch Zusehen und Zuhören, und mehr erwartete man von kleinen Kindern nicht. – Die bürgerliche Gesellschaft dagegen wollte ihre Kinder von kleinauf durch institutionalisiertes Lernen erziehen, und dazu gehörten zu Weihnachten die Krippenspiele. Derartige textlich festgelegte Spiele gehen nicht über das 17. Jahrhundert zurück und atmen meist protestantisch-pädagogischen Geist.

In abgewandelter Form erscheint das vorstehende Lied in einem solchen Spiel für kleinere Kinder, verfaßt von Karl Aloys Nack, Pfarrer in Druisheim, mit dem Titel: *Die Kinder Bethlehems bey der Krippe des Herrn. Ein Weihnachtsspiel und Weihnachtsgeschenk für Kinder*, erschienen in Augsburg 1812. Der Verfasser hat eine Fülle von Kinderrollen eingeführt, Jungen und Mädchen mit jüdischen Namen, vorgestellt als Hirtenkinder, die sich von der wundersamen Verkündigung erzählen und über die Geschenke plaudern, die sie dem Christkind an die Krippe bringen wollen. Dabei wird immer wieder die erstaunliche Armut des Messias betont. Im vierten Auftritt, am Schluß des Spiels, führt das Mädchen Rachel den gemeinsamen Gesang des Liedes mit den Worten ein: *So schön, so rein wie die Engel singen wir nicht. Aber höre auch das Stammeln der Kinder und laß dir's gefallen.*

Die
Kinder Bethlehems
bey der
Krippe des Herrn.

Ein
Weihnachtspiel und Weihnachtgeschenk
für Kinder
von
Karl Aloys Nack,
Pfarrer in Druisheim.

Augsburg,
bey Johann Baptist Merz, 1812.

Personen:

Hirtenknaben.	Hirtenmädchen.
Joseph.	Dina.
Aser.	Rachel.
Daniel.	Ester.
Jephte.	Judith.
Benjamin.	Sara.
Levi.	Agar.
Nephtali.	Anna.
Jacob.	

Bethlehemitisches Kinderlied.
bei der Krippe

Es kam die gna-den vol-le Nacht, es leuch-tete des Mon - des

Pracht, wie fun-kelte der Ster-ne Schaar, da unser Herr ge-

boh-ren war.

2. Froh jubelte des Engels Heer:
Gott sey im Himmel, Gott sey Ehr!
Und Friede, Freud' und Seligkeit
Herrsch' auf der Erde weit, und breit.

3. In goldnen Lüften sangen so
Die Engel Gottes himmlisch froh,
Und himmlisch froh, und ganz entzückt,
Hat sie, die Hirtenschaar erblickt.

4. Wir hocherfreuten Hirten geh'n
In Windeln Gottes Kind zu seh'n.
Erblicken in der Krippe ihn,
Und fallen auf die Kniee hin.

5. Und wer das holde Knäblein sah.
War froh, und sprach: der Herr war da.
Es kommt sein gnadenvolles Reich,
Welch Kind ist diesem Kinde gleich!

6. O, wie uns Gott, der Vater liebt,
Daß er dieß Kind uns Armen giebt!
All Heil, und Trost bringt dieser Knab
Vom Himmel auf die Welt herab. –

7. Ja, Gottes Lieb' ist unbeschränkt.
Ein Gott, der den Messias schenkt,
Schenkt alles, was uns heilsam ist.
O Gott! wie treu, wie gut du bist! –

49. Auf dem Berge, da gehet der Wind

Auf dem Ber - ge, da ge - het der Wind, ___ da wiegt die Ma - ri - a ihr

Kind ___ mit ih - rer schloh - en - gel - wei - ßen Hand, sie hat ___ da - zu ___ kein

Wie - gen - band. *Maria:* „Ach Jo - seph, lie - ber Jo - seph mein, ach hilf ___ mir wie - gen mein

Kin - de - lein." „Wie kann ich dir denn dein Kind - lein wie - gen? Ich

kann ja kaum sel - ber die Fin - ger bie - gen." Schum, schei, schum, schei.

In diesem idyllischen Wiegenlied kehren die Spielmotive des kirchlichen und weltlichen Wechselgesangs zwischen Maria und Joseph wieder, gewissermaßen als Refrain[20]. Das Lied hat sich bis in die Gegenwart erhalten und ist auch in die neueren Weihnachtsspiele eingegangen. Viele reizvolle Elemente des Kindelwiegens, Krippenlieds und Tanzes um die Wiege trägt es seit dem Mittelalter mit sich. In seinem tänzerischen Rhythmus – Reigentänze waren auch in der Kirche erlaubt – verrät es etwas vom damaligen fröhlich-festlichen Geist der Weihnachtszeit,

ehe religiöse Strenge und bürgerliche Familienbetulichkeit die sinnliche Freude des Festes einschränkten.

Aus dem Spielzusammenhang herausgelöst und zu einer Romanze verändert wurde das Lied 1804 durch Christoph August Tiedge (1752–1841).

Hoffmann S. 419 ff.
Klusen S. 108 und 188
Quempas S. 97

[20] Hoffmann von Fallersleben: *Geschichte des deutschen Kirchenliedes*, S. 419 ff.

50. Dort oben vom Berge

1. Dort o - ben vom Ber - ge, da we - het der Wind, da sit - zet Ma -
2. Es kom - men die Eng - lein und se - hen ihr zu und schüt - zen dem
3. Die Vö - gel um - sin - gen die Mut - ter gar fein und guk - ken zum

- ri - a und wie - get ihr Kind; sie wiegt es mit ih - rer schnee - wei - ßen
schlum - mern - den Kind - lein die Ruh'; sie brin - gen ihr Blu - men vom Pa - ra -
Kind - lein in die Wie - ge hin - ein. Sie flie - gen hin - zu und flie - gen em -

Hand, drum braucht sie ja im - mer zum Wie - gen ein Band.
- dies, drum schläft auch das Kind - lein so ru - hig und süß.
- por und sin - gen dann fröh - li - cher als zu - vor.

Worte und Weise dieses Liedes stammen aus
dem Böhmerwald.

Marienlied S. 114

96

3. MARTIN LUTHER
UND DAS PROTESTANTISCHE
WEIHNACHTSLIED

In Lesebüchern und weihnachtlichen Vorlesesammlungen wird gerne ein Gemälde von Carl A. Schwerdgeburth (1785–1878) wiedergegeben, auf dem die singende und musizierende Lutherfamilie unter dem Weihnachtsbaum zu sehen ist. Diesem Bild liegt jedoch eine Fehldeutung des 19. Jahrhunderts zugrunde: der Maler hat die bürgerliche Weihnachtsseligkeit seiner Zeit fälschlicherweise in das 16. Jahrhundert zurücktransponiert. Damals gab es weder einen Weihnachtsbaum in den Familien noch überhaupt ein ausgeprägtes weihnachtliches Familienfest[21]. Das Reformationsjahrhundert war auch zu Weihnachten kaum »gemütlich«, und gemeinschaftliches Singen galt oft weniger dem Familiengeist, als der Bezeugung von Standhaftigkeit in der reformatorischen Bewegung Martin Luthers. Es dient vielleicht dem zeitgeschichtlichen Verständnis, daran zu erinnern, daß z. B. zu Weihnachten 1524 eine Gerbersfrau Katherina Kreuter die Glocken zum Sturme gegen die Fürsten läutete, wofür sie manche Verfolgung und Gefängnisstrafe erdulden mußte und wovon ein unter der Hand verbreitetes Lied lange Zeit erzählte[22].

Dennoch ist es richtig, Luthers Rolle für das Weihnachtslied in Deutschland zu betonen. Das ständig wachsende Bedürfnis der Bevölkerung nach besserem Verständnis des kirchlichen Geschehens, nach einer Übersetzung der lateinischen Texte wurde von Martin Luther zu einem zentralen Programmpunkt seiner reformatorischen Bewegung erhoben. In die Weihnachtschoräle der Gemeinde brachte er einen neuen Geist mit ausdrucksstarken deutschen Texten. Es gehörte für ihn zu einer Art von Demokratisierung, wenn die Kirchenbesucher die christliche Botschaft in ihrer Sprache singen durften.

Ich wollt auch, daß wir viel deutsche Gesänge hätten, die das Volk unter der Messe sänge oder neben dem Gradual und neben dem Sanctus und Agnus Dei. Denn wer zweifelt daran, daß solche Gesänge, die nun der Chor allein singet, oder antwortet auf des Bischofs oder Pfarrherrs Segen oder Gebet, vorzeiten die ganze Kirche gesungen hat? Es können aber diese Gesänge durch den Pastor also geordnet werden, daß sie entweder zugleich nach den lateinischen Gesängen oder ein Tag um den andern, jetzt lateinisch, dann deutsch, gesungen würden, bis so lange die Messe ganz deutsch angericht würde. Aber es fehlet uns an deutschen Poeten und Musicis oder sind uns noch zur Zeit unbekannt, die christliche und geistliche Gesänge machen könnten, die es wert wären, daß man sie täglich in der Kirchen Gottes brauchen möchte.[23]

Zunächst allerdings, d. h. bis 1523, waren solche Vorstellungen schwer zu verwirklichen. Beliebige deutsche Lieder einzusetzen, hätte für die Gläubigen dieser Zeit eine Zerstörung der gesamten Liturgie bedeutet, die für jeden Sonn- und Festtag einen ganz bestimmten, nur diesem Tag zugehörigen Gedanken verkörperte. Luthers *Formula missae* von 1523, die der lateinischen Meßordnung noch sehr nahesteht, kann

[21] Erika Kohler: *Martin Luther und der Festbrauch*, Köln – Graz 1959, S. 71;
vgl. Ingeborg Weber-Kellermann: *Das Weihnachtsfest*, Luzern 1978, S. 47;
dies: *Die Familie*, ²1977, S. 66
[22] Hermann Strobach: *Lieder aus dem Bauernkrieg*, in: *Der arm man 1525*, Berlin 1975, S. 242 ff.; vgl. auch Detlef von Liliencron: *Die historischen Volkslieder der Deutschen*, Berlin 1867, Nr. 391
[23] Martin Luther: *Ausgewählte Werke*, München 1962, Bd. III, S. 124

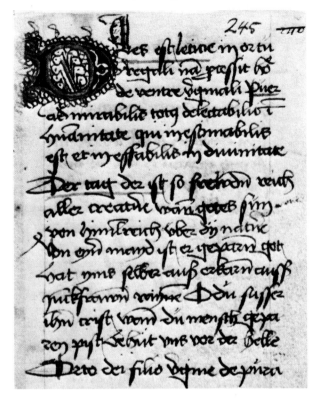

also nur einige deutsche Texte nach dem *Graduale, Sanctus* und *Agnus Dei* einfügen. So wurde z. B. in die Weihnachtssequenz *Grates nunc omnes* Strophe um Strophe eingeschoben: *Nun bitten wir den Heiligen Geist*[24]. Dieses Lied steht jedoch im EKG als Pfingstlied (Nr. 99) und wird auch von Erk-Böhme als Pfingstlied zitiert[25]. Für unseren Zusammenhang ist die

Methode von Interesse, mit der Luther hier vorging und der ersten Strophe, einem alten, aus dem 13. Jahrhundert überlieferten Lobgesang, drei weitere mit dem Kehrreim *Kyrieleis* hinzusetzte. Übrigens hatte bereits Thomas Müntzer (1468?–1525) die lateinische Weihnachtssequenz umgedichtet: *Der Heiligen Leben / tut stets nach Gott streben*[26].

Die erste große Liedwelle der Lutherzeit, erdacht vom Reformator selbst und dem ihn umgebenden Kreis, war von kämpferischem Geist geprägt und von dem Ziel, dem katholischen Kirchengesang ein kraftvolles eigenes Repertoire entgegenzustellen. Verfasser waren meist die streitbaren Pfarrer der neuen Kirche und ihre Kantoren. Die Angriffsrichtung deutete nach außen, und Christus erscheint als Held und Wundermann. In den außerkirchlichen und familiären Weihnachtsgesang ist außer *Vom Himmel hoch* nur weniges aus dieser Gruppe eingegangen.

Auch die zweite große protestantische Liedwelle, die mit dem Namen Paul Gerhardt (1607–1676) verbunden ist, hatte mit Krieg und Kriegsgeschrei wegen der 30jährigen Schrekkenszeit zu tun, und davon wird hier und da in den Liedtexten gesprochen. Aber die Richtung dieser Lieder wendet sich nun gemütvoll nach innen und bewegt die Gläubigen, Geist und Sinn in hingebungsvoller Liebe dem göttlichen Kind zu widmen.

[24] ebenda, S. 64
[25] III, Nr. 1980
[26] Blume: a. a. O., S. 35

51. Christum wir sollen loben schon

1. Chri - stum wir sol - len lo - ben schon, der rei - nen Magd Ma - ri - en Sohn,
2. Der se - lig' Schöp - fer al - ler Ding' zog an ein's knech - tes Leib ge - ring,
3. Er lag im Heu mit Ar - mut groß, die Krip - pen hart ihn nicht ver - droß.

so weit die lie - be Son - ne leucht' und an al - ler Welt En - de reicht.
daß er das Fleisch durch's Fleisch er - werb' und sein' Ge-schöpf'nicht gar ver -derb'.
Es ward ein' klei - ne Milch sein' Speis', der nie ein Vög - lein hun-gern ließ.

4. Des Himmels Chör' sich freuen d'rob,
und die Engel singen Gott Lob,
den armen Hirten wird vermeld't
der Hirt und Schöpfer aller Welt.

5. Lob, Ehr' und Preis sei dir gesagt,
Christ, geborn von der reinen Magd,
mit Vater und dem Heil'gen Geist
von nun an bis in Ewigkeit.

Nach dem altkirchlichen Hymnus *A solis ortus cardine* des Caelius Sedulius aus dem 5. Jahrhundert hat Luther den Text 1524 ins Deutsche übertragen – ähnlich wie bei *Nun komm, der Heiden Heiland* (s. S. 14). Auf diesem Wege wollte er bekannte Melodien mit einem verständlichen Inhalt erfüllen. Der Gattung nach gehört das Lied zu den feierlichen Gesängen in der Kirche, die im 1. Kapitel vorgestellt wurden.

In der heutigen Textfassung werden die ursprünglichen Strophen 3–5 ausgelassen, möglicherweise, um der als problematisch empfundenen Frage der Empfängnis Marias auszuweichen. Der vollständige Text in der Fassung Luthers lautet:

1. *Christum wir sollen loben schon,*
der reinen magd Marien Son,
so weit die liebe sonne leucht
vnd an aller welt ende reicht.

2. *Der selig schöpffer aller ding*
zog an eins knechtes leib gering,
das er das fleisch durchs fleisch erwörb,
und sein geschöpf nicht alls verdörb.

3. *Die Göttlich gnad von himel gros*
sich in die keusche Mutter gos,
ein meidlin trug ein heimlich pfand,
das der natur war vnbekand.

4. *Das züchtig haus des hertzen zart*
gar bald ein tempel Gottes ward,
die kein man rüret noch erkand
von Gotts wort sie man schwanger fand.

5. *Die edle Mutter hat geborn,*
den Gabriel verhies zuuorn,

den S. Johans mit springen zeigt,
da er noch lag in Mutter leib.

6. *Er lag im hew mit armut gros,*
die Krippen hart in nicht verdros,
es ward ein kleine milch sein speis,
der nie kein vöglin hungern lies.

7. *Des himels Chör sich frewen drob*
und die Engel singen Gott lob,
den armen hirten wird vermelt
der Hirt und schöpffer aller welt.

8. *Lob, ehr vnd danck sey dir gesagt*
Christ, geborn von der reinen magd,
mit Vater vnd dem heiligen Geist,
von nu an bis in ewigkeit. AMEN.

Klusen S. 118
Weihnachtslieder S. 57

Maria mit dem Kinde.
Holzschnitt um 1460

52. Der Tag, der ist so freudenreich

1. Der Tag, der ist so freu-den-reich al-ler Kre-a-tu-re;
denn Got-tes Sohn vom Him-mel-reich ü-ber die Na-tu-re
2. Ein Kin-de-lein so lö-be-lich ist uns ge-bo-ren heu-te
von ei-ner Jung-frau säu-ber-lich zu Trost uns ar-men Leu-ten.

1. von ei-ner Jung-frau ist ge-born, Ma-ri-a, du bist aus-er-korn,
2. Wär' uns das Kind-lein nicht ge-born, so wärn wir all-zu-mal ver-lorn; das

daß du Mut-ter wä-rest. Was ge-schah so wun-der-lich?
Heil ist un-ser al-ler. Ei, du sü-ßer Je-su Christ,

Got - tes Sohn vom Him - mel - reich, der ist Mensch ge - bo - - ren.
daß du Mensch ge - bo - ren bist, be - hüt uns vor der Höl - - le!

3. Groß' Wunderding sich bald begab,
wie uns die Schrift tut melden:
ein Engel kam vom Himmel herab
zu'n Hirten auf das Felde.
Ein großes Licht sie da umfing,
der Engel Gottes zu ihn' ging,
verkündt ihn' neue Märe,
daß zu Bethlehem in der Stadt
ein' Jungfrau den geboren hat,
der aller Heiland wäre.

4. Die Hirten wurden freudenvoll,
da sie den Trost empfingen.
Ein jeder das Kind sehen wollt',
gen Bethlehem sie gingen.
In einer Kripp', gewickelt ein,
da fanden sie das Kindelein,
wie ihn' der Engel sagte.
Sie fielen nieder all' zugleich
und lobten Gott vom Himmelreich,
der sie so hätt' begnadet.

5. Dem sollen wir auch danken schon
um seine großen Gaben,
die wir sein' allerliebsten Sohn
von ihm empfangen haben
in eines kleinen Kind's Gestalt,
der doch regiert mit aller G'walt
im Himmel und auf Erden.
Dem sei Lob, Ehr' und Preis bereit'
samt Heil'gem Geist in Ewigkeit
von allen Kreaturen.

Deutsche Textfassung des lateinischen Liedes *Dies est laetitia* aus vorreformatorischer Zeit (spätes 14. oder frühes 15. Jahrhundert). Die Übersetzung der ersten Strophe und die Zusatzstrophe *Ein Kindelein so löbelich* stammen ebenfalls bereits aus dem 15. Jahrhundert, die Strophen 3–5 erschienen in Leipzig 1525. Jene Strophe *Ein Kindelein so löbelich* wurde in der

Sammlung von Cyriakus Spangenberg *Zwölf christliche Lobgesänge*, Wittenberg 1545 zur Anfangsstrophe eines neuen Liedes mit derselben Melodie. Die heute noch gesungenen Strophen 3–5 aus dem Jahr 1525 ersetzen zwei andere, die auf die jungfräuliche Empfängnis Marias und den Kindermord des Herodes Bezug nehmen:

3. *Als die sonn durchscheint das glas*
mit irem klaren scheine
und doch nicht verseret das,
so merket all gemeine:
gleicher weis geboren ward
von einer jungfrau rein und zart
gotes son der werlde;
in ein kripp ward er geleit,
große marter für uns leit
hie auf diser erde.

4. *Die hirten auf dem felde warn,*
erfuren newe märe
von den engelischen scharn,
wie Christ geboren wäre,
ein könig über alle könig groß.
Herod die red gar ser verdroß:
auß sant er seine boten;
ei wie gar ein falsche list
erdacht er wider Jesum Christ!
die kindlein ließ er töten.

Luther hat das Lied oft in seinen Predigten erwähnt: es sei schon lange bekannt gewesen, aber nicht verstanden worden.

Blume S. 13
Erk-Böhme III, Nr. 1927
Hoffmann S. 197f.
Klusen S. 102f.
Liliencron S. 78ff. (Nr. 24)
Weihnachtslieder S. 69 und 84

53a. Vom Himmel hoch

1. Vom Him - mel hoch, da komm' ich her, ich bring' euch gu - te neu - e
2. Euch ist ein Kind - lein heut' ge - born von ei - ner Jung - frau, aus - er -
3. Es ist der Herr Christ, un - ser Gott, der will euch führn aus al - ler

Mär, der gu - ten Mär bring' ich so viel, da - von ich sing'n und sa - gen will.
korn; das Kin - de - lein so zart und fein, das soll eu'r Freud' und Won - ne sein.
Not, er will eu'r Hei - land sel - ber sein, von al - len Sün - den ma - chen rein.

4. Er bringt euch alle Seligkeit,
die Gott, der Vater, hat bereit',
daß ihr mit uns im Himmelreich
sollt leben nun und ewiglich.

5. So merket an das Zeichen recht,
die Krippen, Windelein so schlecht:
Da findet ihr das Kind gelegt,
das alle Welt erhebt und trägt.

6. Des laßt uns alle fröhlich sein
und mit den Hirten gehn hinein,
zu sehen, was Gott uns beschert,
mit seinem lieben Sohn verehrt.

7. Merk auf, mein Herz, und sieh dort hin:
Was liegt doch in dem Krippelein?
Was ist das schöne Kindelein?
Es ist das liebe Jesulein.

8. Sei uns willkomm'n, du edler Gast!
Den Sünder nicht verschmähet hast
und kommst ins Elend her zu mir,
wie soll ich immer danken dir?

9. Ach Herr, du Schöpfer aller Ding',
wie bist du 'worden so gering,
daß du da liegst auf dürrem Gras,
davon ein Rind und Esel aß.

10. Und wär' die Welt vielmal so weit,
von Edelstein und Gold bereit',
so wär' sie doch dir viel zu klein,
zu sein ein enges Wiegelein.

11. Der Sammet und die Seiden dein,
das ist grob' Heu und Windelein,
darauf du Kind, so groß und reich,
her prangst als wär's dein Himmelreich.

12. Das hat also gefallen dir,
die Wahrheit anzuzeigen mir:
Wie aller Welt Macht, Ehr' und Gut
vor dir nichts gilt, nichts hilft noch tut.

13. Ach, mein herzliebes Jesulein,
mach dir ein fein sanft' Bettelein,
zu ruhn in meines Herzens Schrein,
daß ich nimmer vergesse dein!

14. Davon ich all'zeit fröhlich sei,
zu springen, singen immer frei
das rechte Susaninne schon,
mit Herzens Lust den süßen Ton.

15. Lob, Ehr' sei Gott im höchsten Thron,
der uns schenkt' seinen ein'gen Sohn;
des freuen sich der Engel Schar'
und singen uns solch's neues Jahr.

Luther hat dieses Lied angeblich 1535 für seine Kinder zur Weihnachtsbescherung gedichtet, zu einem Zeitpunkt also, da kirchliches und häusliches Festritual nebeneinander herliefen.

Voraus kann diesem Verkündigungslied noch eine naive Strophe gehen, die Valentin Triller, Pfarrer aus Panthenau, in seinem *Schlesisch Singbüchlein aus göttlicher Schrift* 1555 hinzugefügt hat:

Es kam ein Engel hell und klar
von Gott auf's Feld zur Hirtenschar;
der war gar sehr von Herzen froh
und sprach zu ihnen fröhlich so:

Die heute gebräuchliche Choralmelodie stammt wahrscheinlich auch von Luther. Ursprünglich wurde das Lied auf die Weise des Spielmannslie-des *Ich komm' aus fremden Landen her* gesungen. Die von Luther oft angewandte Methode der Kontrafaktur, d. h. der Unterlegung neu verfaßter Liedtexte unter vorhandene und bekannte Melodien, entsprach seinem reformatorischen Bemühen um Erweiterung und Verbesserung des Liedbestandes.

53b. Vom Himmel hoch

1. Vom Him - mel hoch da komm' ich her, ich bring' euch gu - te neu - e Mär, der gu - ten Mär bring' ich so viel, da von ich sing'n und sa - gen will.

Die Weise, nach der Luther sein Weihnachtslied dichtete, gehörte zu einem dörflichen Brauchlied beim »Kränzelsingen«, d. h. die Burschen sangen dieses Lied, mitunter auch zum Tanz, um von den Mädchen einen Kranz zum Lohn zu erhalten. Möglicherweise hatte Luther zuerst an die Benutzung der Weise für Reigentänze bei weihnachtlichen Krippenspielen gedacht, die damals bei den Katholiken so beliebt waren. In einem Nürnberger Vierliederdruck von 1530, dann im Klugschen Gesangbuch von 1535 erscheint Luthers Text mit der Weise des Kränzelliedes, 1539 druckt das Schumannsche Gesangbuch Luthers heute noch übliche Melodie, 1541 schließlich verbindet der Verleger Johannes Petreius das Lied mit jener Melodie, die 1537 bei Johann Walter mit dem Text *All' Morgen ist ganz frisch und neu* von Johannes Zwick unterlegt worden war – ebenfalls in Kontrafaktur einer ursprünglich weltlichen Melodie. Aber noch weitere Wanderwege ging dieses »klassische« Weihnachtslied: die alte Volksliedweise und Luthers neue Melodie verbanden sich mit Luthers Text *Vom Himmel kam der Engel Schar* (s. u.), für den der Reformator gleich drei Tonangaben bereitstellte: *A solis ortus cardine,* (*Christum wir sollen loben schon*), *Vom Himmel hoch* und *Ein Kind geborn zu Bethlehem*[27]. Auf die Melodie Luthers werden in der evangelischen Kirche ferner die Weihnachtslieder *Wir singen dir, Immanuel* (Paul Gerhardt) und *Dies ist der Tag, den Gott gemacht* (Christian Fürchtegott Gellert) gesungen sowie die Lieder zur Jahreswende *Das alte Jahr vergangen ist* (Erfurt 1568/Johannes Steurlein) und *Nun wolle Gott, daß unser Sang.*

In Strophe 14 des Liedes *Vom Himmel hoch, da komm' ich her* erscheint der Begriff *Susaninne* und weist auf ein Übergangsphänomen dieser Epoche hin: noch war auch in den protestantischen Kirchen das »Kindelwiegen« mit den begleitenden *Eias* und *Susannis* weit verbreitet und wurde anfänglich auch von Luther anerkannt. Auswüchse und Vergröberungen, die Übernahme des Brauches in die kindliche Szene, die Betonung seiner Herkunft aus den Frauenklöstern veranlassen Luther später zur Ablehnung dieser »Papstkirchensitte«[28]. Doch in seinem schönsten Weihnachtslied ist die Möglichkeit, das Evangeliengeschehen in szenischem Spiel wiederzugeben, noch gegenwärtig.

EG Nr. 24
Erk-Böhme III, Nr. 1928
Gotteslob Nr. 138
Gottschick S. 109
Heyne S. 180 (für 6 Kinder
im Wechselgesang)
Hoffmann S. 425
Klusen S. 60
Liliencron S. 80
Müller-Blattau S. 154 und 159
Quempas S. 52
Schmidt S. 123, 202, 211
Weihnachtslieder S. 236
Wohlgemuth S. 10

---

[27] Blume: *Geschichte der evangelischen Kirchenmusik,* S. 18f.
[28] vgl. Erika Kohler: *Martin Luther und der Festbrauch,* Köln – Graz 1959, S. 77ff., die 2 Stränge für das Kindelwiegen historisch festlegen möchte: einmal aus dem *altdeutschen* weihnachtlichen *Lobetanz* und zum anderen aus dem klösterlichen Wiegenlied. vgl. auch Hoffmann von Fallersleben S. 425

54a. Vom Himmel kam der Engel Schar

Der Text des oben genannten, auf dieselbe Melodie gesungenen Liedes *Vom Himmel kam der Engel Schar* lautet:

1. Vom Himmel kam der Engel Schar,
erschien den Hirten offenbar;
sie sagten ihn': »Ein Kindlein zart,
das liegt dort in der Krippen hart

2. zu Bethlehem, in Davids Stadt,
wie Micha das verkündet hat;
es ist der Herre Jesus Christ,
der euer aller Heiland ist.«

3. Des sollt ihr billig fröhlich sein,
daß Gott mit euch ist 'worden ein';
er ist geboren eu'r Fleisch und Blut,
eu'r Bruder ist das ew'ge Gut.

4. Was kann euch tun die Sünd' und Tod?
Ihr habt mit euch den wahren Gott;
laßt zürnen Teufel und die Höll',
Gott's Sohn ist 'worden eu'r Gesell'.

5. Er will und kann euch lassen nicht,
setzt ihr auf ihn eu'r Zuversicht;
es mögen euch viel' fechten an:
dem sei Trotz, der's nicht lassen kann.

6. Zuletzt müßt ihr doch haben recht,
ihr seid nun 'worden Gott's Geschlecht.
Des danket Gott in Ewigkeit,
geduldig, fröhlich allezeit.

EG Nr. 25

Das Lied *Vom Himmel kam der Engel Schar* wird auch auf die folgende Melodie von David Wolder aus dem Jahre 1598 gesungen:

54b. Vom Himmel kam der Engel Schar

1. Vom Him - mel kam der En - gel Schar, er - schien den Hir - ten of - fen - bar; sie
2. zu Beth - le - hem, in Da - vids Stadt, wie Mi - cha das ver - kün - det hat; es
3. Des sollt ihr bil - lig fröh - lich sein, daß Gott mit euch ist 'wor - den ein'; er
4. Was kann euch tun die Sünd' und Tod? Ihr habt mit euch den wah - ren Gott. Laßt

1. sag - ten ihn': „Ein Kind - lein zart, das liegt dort in der Krip - pen hart
2. ist der Her - re Je - sus Christ, der eu - er al - ler Hei - land ist."
3. ist ge - born eu'r Fleisch und Blut, eu'r Bru - der ist das ew' - ge Gut.
4. zür - nen Teu - fel und die Höll', Gott's Sohn ist 'wor - den eu'r Ge - sell'.

Nach der Lutherschen Melodie des *Vom Himmel hoch, da komm' ich her* dichtete 1757 Christian Fürchtegott Gellert (1715–1769) dieses Kirchenlied, das zu einem der beliebtesten Chorlieder geworden ist.

1. Dies ist der Tag, den Gott gemacht,
sein werd' in aller Welt gedacht:
Ihn preise, was durch Jesum Christ
im Himmel und auf Erden ist.

2. Die Völker haben dein geharrt,
bis daß die Zeit erfüllet ward;
da sandte Gott von seinem Thron
das Heil der Welt, dich, seinen Sohn.

3. Wenn ich dies Wunder fassen will,
so steht mein Geist vor Ehrfurcht still;
er betet an und er ermißt,
daß Gottes Lieb' unendlich ist.

4. Damit der Sünder Gnad' erhält,
erniedrigst du dich, Herr der Welt,
nimmst selbst an unsrer Menschheit teil,
erscheinst im Fleisch und wirst uns Heil.

5. Herr, der du Mensch geboren wirst,
Immanuel und Friedefürst,
auf den die Väter hoffend sahn,
dich, Gott, Messias, bet' ich an.

6. Du, unser Heil und höchstes Gut,
vereinest dich mit Fleisch und Blut,
wirst unser Freund und Bruder hier,
und Gottes Kinder werden wir.

7. Durch eines Sünde fiel die Welt,
ein Mittler ist's, der sie erhält.
Was zagt der Mensch, wenn der ihn schützt,
der in des Vaters Schoße sitzt?

8. Jauchzt, Himmel, die ihr ihn erfuhrt,
den Tag der heiligsten Geburt;
und Erde, die ihn heute sieht,
sing ihm, dem Herrn, ein neues Lied!

9. Dies ist der Tag, den Gott gemacht,
sein werd' in aller Welt gedacht;
ihn preise, was durch Jesum Christ
im Himmel und auf Erden ist.

EG Nr. 42
Gotteslob Nr. 220

Gott schenkt uns seinen Sohn.
Ausschnitt aus Stephan Lochner:
Christgeburt (1405 ?–1451)

55. Lobt Gott, ihr Christen, alle gleich

1. Lobt Gott, ihr Chri - sten, al - le gleich in sei - nem höch - sten
2. Er kommt aus sei - nes Va - ters Schoß und wird ein Kind - lein
3. Er äu - ßert sich all' sei - ner G'walt, wird nied - rig und ge -
(6.)4. Heut' schleußt er wie - der auf die Tür zum schö - nen Pa - ra -

1. Thron, der heut' schließt auf sein Him - mel - reich und
2. klein, er liegt dort e - lend, nackt und bloß in
3. -ring und nimmt an sich ein's Knechts Ge - stalt, der
4. -deis; der Che - rub steht nicht mehr da - für, Gott

| Dm | F | Gm | C | Dm | Am | B | Gm | C⁴ | ³ | F |

1. schenkt uns_ sei - nen Sohn, und schenkt uns_ sei - nen Sohn.
2. ei - nem_ Krip - pe - lein, in ei - nem_ Krip - pe lein.
3. Schöp - fer_ al - ler Ding', der Schöp - fer_ al - ler Ding'.
4. sei Lob,_ Ehr' und Preis, Gott sei Lob,_ Ehr' und Preis.

4. Er wechselt mit uns wunderlich:
Fleisch und Blut nimmt er an
und gibt uns in sein's Vater Reich
die klare Gottheit dran.

5. Er wird ein Knecht und ich ein Herr;
das mag ein Wechsel sein!
Wie könnt' es doch sein freundlicher,
das herze Jesulein.

6. Heut schleußt er wieder auf die Tür
zum schönen Paradeis:
der Cherub steht nicht mehr dafür,
Gott sei Lob, Ehr' und Preis!

In der Nachfolge Luthers steht dieses Lied von Nicolaus Herman (1480–1561) aus dem Jahre 1554, das Anklänge an geistliche Bergreihen zeigt[29] und mit seiner schlichten Stimmführung für einen Gemeindegesang ohne Gesangbücher geeignet war. Herman benutzte die Weise eines Johannisreigens und gab dem Weihnachtslied den Rhythmus einer Allemande.

Dieses Lied – wie auch mehrere andere Lutherlieder – ist in Gesangbüchern beider Konfessionen enthalten.

Blume S. 28
EG Nr. 27
erwähnt bei Erk-Böhme II, S. 718
Gotteslob Nr. 134
Klusen S. 130
Müller-Blattau S. 166
Quempas S. 27
Weihnachtslieder S. 163

[29] vgl. Gerhard Heilfurth: *Das Bergmannslied,* Kassel und Basel 1954, S. 62 f.

56. Wie soll ich dich empfangen

1. Wie soll ich dich emp - fan - gen und wie be - gegn' ich dir,
o al - ler Welt Ver - lan - gen, o mei - ner See - len Zier?

2. Dein Zi - on streut dir Pal - men und grü - ne Zwei - ge hin,
und ich will dir in Psal - men er - mun - tern mei - nen Sinn.

O Je - su, Je - su, set - ze mir selbst die Fak - kel bei, da -
Mein Her - ze soll dir grü - nen in ste - tem Lob und Preis und

mit, was dich er - göt - ze, mir kund und wis - send sei.
dei - nem Na - men die - nen, so gut es kann und weiß.

3. Was hast du unterlassen
zu meinem Trost und Freud',
als Leib und Seele saßen
in ihrem größten Leid?
Als mir das Reich genommen,
da Fried' und Freude lacht,
da bist du, mein Heil, 'kommen
und hast mich froh gemacht.

4. Ich lag in schweren Banden,
du kommst und machst mich los;
ich stand in Spott und Schanden,
du kommst und machst mich groß
und hebst mich hoch zu Ehren
und schenkst mir großes Gut,
das sich nicht läßt verzehren,
wie irdisch' Reichtum tut.

5. Nichts, nichts hat dich getrieben
zu mir vom Himmelszelt
als das geliebte Lieben,
damit du alle Welt
in ihren tausend Plagen
und großen Jammerlast,
die kein Mund kann aussagen,
so fest umfangen hast.

6. Das schreib dir in dein Herze,
du hochbetrübtes Heer,
bei denen Gram und Schmerze
sich häuft je mehr und mehr;
seid unverzagt, ihr habet
die Hilfe vor der Tür;
der eure Herzen labet
und tröstet, steht allhier.

7. Ihr dürft euch nicht bemühen
noch sorgen Tag und Nacht,
wie ihr ihn wollet ziehen
mit eures Armes Macht.
Er kommt, er kommt mit Willen,
ist voller Lieb' und Lust,
all' Angst und Not zu stillen,
die ihm an euch bewußt.

8. Auch dürft ihr nicht erschrecken
vor eurer Sündenschuld;
nein, Jesus will sie decken
mit seiner Lieb' und Huld.
Er kommt, er kommt den Sündern
zum Trost und wahren Heil,
schafft, daß bei Gottes Kindern
verbleib' ihr Erb' und Teil.

9. Was fragt ihr nach dem Schreien
der Feind' und ihrer Tück'?
Der Herr wird sie zerstreuen
in einem Augenblick.
Er kommt, er kommt, ein König,
dem wahrlich alle Feind'
auf Erden viel zu wenig
zum Widerstande seind.

10. Er kommt zum Weltgerichte:
zum Fluch dem, der ihm flucht,
mit Gnad' und süßem Lichte
dem, der ihn liebt und sucht.
Ach komm, ach komm, o Sonne,
und hol uns all' zumal
zum ew'gen Licht und Wonne
in deinen Freudensaal.

Das große Jahrhundert des evangelischen Kirchenliedes wurde das 17. durch die Persönlichkeit des Pfarrers und Lieddichters Paul Gerhardt (1607–1676). Durchglüht von verinnerlichter, seelenvoll erregter Frömmigkeit, erfüllt von Zerknirschung und aufopferungsvoller Bereitschaft (Blume), wurden seine volkstümlich anmutenden Lieder zum beliebtesten Gut des Kirchengesanges. Bis 1662 vertonte sie sein Kantor an der Berliner Nikolaikirche, Johann Krüger (1598–1662), der 1640 das erste lutherische Gesangbuch herausgab. 1647 erschien die 2. Auflage unter dem bezeichnenden Titel *Praxis pietatis melica (Übung der Gottseligkeit in Gesängen)*; damit kündigte sich die pietistische Richtung an, in deren Verlauf die Gerhardt-Lieder ihre größte Verbreitung erreicht haben.

Blume S. 159ff.
EG Nr. 11

*Porträt
des Paul Gerhardt
(1607–1676)
nach einem Stich
von Ludwig Buchhorn*

57. Mit Ernst, o Menschenkinder

1. Mit Ernst, o Men-schen-kin-der, das Herz in euch be-stellt,
bald wird das Heil der Sün-der, der wun-der-star-ke Held,
2. Be-rei-tet doch fein tüch-tig den Weg dem gro-ßen Gast,
macht sei-ne Stei-ge rich-tig, laßt al-les, was er haßt,

den Gott aus Gnad' al-lein der Welt zum Licht und Le-ben ver-
macht al-le Bah-nen recht, die Tal' laßt sein er-hö-het, macht

-spro-chen hat zu ge-ben, bei al-len keh-ren ein.
nied-rig, was hoch ste-het, was krumm ist, gleich und schlicht.

3. Ein Herz, das Demut liebet,
bei Gott am höchsten steht,
ein Herz, das Hochmut übet,
mit Angst zugrunde geht,
ein Herz, das richtig ist
und folget Gottes Leiten,
das kann sich recht bereiten,
zu dem kommt Jesus Christ.

4. Ach mache du mich Armen
zu dieser heil'gen Zeit
aus Güte und Erbarmen,
Herr Jesu, selbst bereit.
Zeuch in mein Herz hinein
vom Stall und von der Krippen,
so werden Herz und Lippen
dir allzeit dankbar sein.

Abb. rechts oben:
Trauernder Engel.
Meister von Liesborn
(15. Jahrhundert)

110

Im Brauch der alten Kirche war die Adventszeit Bußzeit, und auf diese frühe Sinngebung weist das Adventslied über Lukas 3,4–5 hin. Eine ältere Fassung stammt von Valentin Thilo, dem Vater (✝ 1620), doch weitere Verbreitung fand die Umdichtung seines Sohnes Valentin Thilo (1607–1662). Er war Theologe in Königsberg wie sein Vater und später dort Professor der Rhetorik. Simon Dach stand er nahe. Sein Lied erscheint erstmals 1642 im ersten Teil der *Preußischen Festlieder* des Johann Stobäus[30], dann im Frankfurter Gesangbuch von 1670, S. 92. Kirchlich rezipiert wurde noch eine weitere Umarbeitung von David Denicke oder Justus Gesenius in *Hannoverisches, ordentliches, vollständiges Gesangbuch*, Lüneburg 1659, S. 68, die sich auf

Heinrich Müllers *Seelen-Musik*, Rostock 1659, S. 5 stützt[31].

Die Melodie stammt von einem französischen weltlichen Lied: *Une jeune fillette* (Lyon 1557) und war in Deutschland noch Anfang des 17. Jahrhunderts mit dem Text *Ich ging einmal spazieren* bekannt[32].

EG Nr. 10
Weihnachtsliederbuch S. 28f.

---

[30] Johannes Kulp: *Die Lieder unserer Kirche*, Göttingen 1958, S. 27f.

[31] A. F. W. Fischer: *Kirchenliederlexikon* I, Hildesheim 1967, S. 90f.

[32] Paul Gabriel: *Geschichte des Kirchenliedes*, Göttingen 1957, S. 89

58. Ermuntre dich, mein schwacher Geist

1. Er-mun-tre dich,_ mein schwa-cher Geist, und tra-ge groß' Ver-lan-gen,
ein klei-nes Kind,_ das Va-ter heißt, mit Freu-den zu emp-fan-gen.
2. Will-kom-men, sü-ßer Bräu-ti-gam, du Kö-nig al-ler Eh-ren!
Will-kom-men, Je-su, Got-tes Lamm, ich will dein Lob ver-meh-ren,

1. Dies ist die Nacht, dar-in_ es kam und menschlich'We-sen an sich nahm, da-
2. ich will dir all mein Le-ben lang von Her-zen sa-gen Preis und Dank, daß

- durch die Welt mit Treu-en als sei-ne Braut zu frei-en.
du, da wir ver-lo-ren, für uns bist Mensch ge-bo-ren.

3. O Freudenzeit, o Wundernacht,
dergleichen nie gefunden,
du hast den Heiland hergebracht,
der alles überwunden,
du hast gebracht den starken Mann,
der Feu'r und Wolken zwingen kann,
vor dem die Himmel zittern
und alle Berg' erschüttern.

4. Brich an, du schönes Morgenlicht
und laß den Himmel tagen!
Du Hirtenvolk, erschrecke nicht,
weil dir die Engel sagen,
daß dieses schwache Knäbelein
soll unser Trost und Freude sein,
dazu den Satan zwingen
und letztlich Frieden bringen.

5. O liebes Kind, o süßer Knab'
holdselig von Gebärden,
mein Bruder, den ich lieber hab'
als alle Schätz' auf Erden;
komm, Schönster, in mein Herz hinein,
komm eilend, laß die Krippen sein,
komm, komm, ich will beizeiten
dein Lager dir bereiten.

6. Lob, Preis und Dank, Herr Jesu Christ,
sei dir von mir gesungen,
daß du mein Bruder 'worden bist
und hast die Welt bezwungen,
hilf, daß ich deine Gütigkeit,
stets preis' in dieser Gnadenzeit
und mög' hernach dort oben
in Ewigkeit dich loben.

Der Holsteiner Pfarrer Johann Rist (1607–1667),
den der Kaiser mit dem Dichterlorbeer krönte
und in den erblichen Adelsstand erhob, ist der
Verfasser dieses langatmigen barocken Textes,
in dessen erster und letzter Strophe gleichfalls die
Vorstellung vom *Kind, das Ewig-Vater heißt,*
zum Ausdruck kommt.

Blume S. 160
EG Nr. 33
Weihnachtslieder S. 92

59. Ihr lieben Christen, freut euch nun

1. Ihr lie - ben Chri - sten, freut euch nun, bald wird er - schei - nen Got - tes Sohn,
2. Der Jüng - ste Tag ist nun nicht fern. Komm, Je - su Chri - ste, lie - ber Herr!
3. Du treu - er Hei - land Je - su Christ, die - weil die Zeit er - fül - let ist,

der un - ser Bru - der 'wor - den ist, das ist der lieb' Herr Je - sus Christ.
Kein Tag ver - geht, wir war - ten dein und woll - ten gern bald bei dir sein.
die uns ver - kün - det Da - ni - el, so komm, lie - ber Im - ma - nu - el!

4. Der Teufel brächt' uns gern zu Fall
und wollt' uns gern verschlingen all';
er tracht' nach Leib, Seel' Gut und Ehr'.
Herr Christ, dem alten Drachen wehr'.

5. Ach lieber Herr, eil zum Gericht.
Laß sehn dein herrlich Angesicht,
das Wesen der Dreifaltigkeit.
Das helf' uns Gott in Ewigkeit.

Der reformatorische Liedbestand, der zuerst die Übersetzungen der Hymnen und vorreformatorischen lateinischen Gesänge umfaßt hatte, erweiterte sich durch Neudichtungen auch aus Luthers Umkreis. Hierzu gehörte Erasmus Alber (1500–1553), Verfasser des vorliegenden Kirchenliedes, das auf die Weise eines früheren Textes: *Steht auf, Ihr lieben Kinderlein* gesungen wurde, die Nicolaus Herman komponierte.

Blume S. 27
EG Nr. 6

60. Auf, auf, ihr Reichsgenossen

1. Auf, auf, ihr Reichs-ge-nos-sen, eu'r Kö-nig kommt her-an! Emp-fan-get un-ver-dros-sen den gro-ßen Wun-der-mann. Ihr Chri-sten geht her-für, laßt uns vor al-len Din-gen ihm Ho-si-an-na sin-gen mit hei-li-ger Be-gier.

2. Auf, ihr be-trüb-ten Her-zen, der Kö-nig ist gar nah. Hin-weg all' Angst und Schmer-zen, der Hel-fer ist schon da. Seht, wie so man-cher Ort hoch-tröstlich ist zu nen-nen, da wir ihn fin-den kön-nen im Nachtmahl, Tauf' und Wort.

3. Auf, auf, ihr Viel-ge-plag-ten, der Kö-nig ist nicht fern. Seid fröh-lich, ihr Ver-zag-ten, dort kommt der Mor-gen-stern. Der Herr will in der Not mit reichem Trost euch spei-sen, er will euch Hilf' er-wei-sen, ja dämpfen gar den Tod.

114

4. Und wenngleich Krieg und Flammen
uns alles rauben hin,
Geduld! – weil ihm zusammen
gehört doch der Gewinn.
Wenngleich ein früher Tod
die Kinder uns genommen,
wohlan, so sind sie 'kommen
ins Leben aus der Not.

5. Frisch auf in Gott, ihr Armen,
der König sorgt für euch;
er will durch sein Erbarmen
euch machen groß und reich.
Der an das Tier gedacht,
der wird euch auch ernähren;
was Menschen nur begehren,
das steht in seiner Macht.

6. Frisch auf, ihr Hochbetrübten,
der König kommt mit Macht;
an uns, sein' Herzgeliebten,
hat er schon längst gedacht.
Nun wird kein' Angst noch Pein
noch Zorn hinfort uns schaden,
dieweil uns Gott aus Gnaden
läßt seine Kinder sein.

7. So lauft mit schnellen Schritten,
den König zu besehn,
dieweil er kommt geritten
stark, herrlich, sanft und schön.
Nun tretet all' heran,
den Heiland zu begrüßen,
der alles Kreuz versüßen
und uns erlösen kann.

8. Der König will bedenken
die, welch' er herzlich liebt,
mit köstlichen Geschenken,
als der sich selbst uns gibt
durch seine Gnad' und Wort'.
Ja, König, hoch erhoben,
wir alle wollen loben
dich freudig hier und dort.

9. Nun, Herr, du gibst uns reichlich,
wirst selbst doch arm und schwach;
du liebest unvergleichlich,
du jagst den Sündern nach.
Drum wolln wir all' in ein'
die Stimmen hoch erschwingen,
dir Hosianna singen
und ewig dankbar sein.

Von dem gleichen Verfasser Rist, einem Zeitgenossen Paul Gerhardts, stammt dieser vielstrophige Text von 1651, der in den Gesangbüchern unter die Adventslieder eingeordnet ist. Er verrät noch voll den Geist des 30jährigen Krieges, dessen Ängste und Plagen aufgezählt werden und durch die Ankunft des geistlichen Königs behoben werden sollen. Die Melodie komponierte Thomas Selle (1599–1663).

Blume S. 158ff.

*Hirten
eilen zum Stall
von Bethlehem
(Ausschnitt).
Hugo van der Goes
(1435–1482)*

115

61a. Ich steh' an deiner Krippe hier

1. Ich steh' an dei-ner Krip-pe hier, o Je-su, du mein Le-ben;
ich kom-me, bring' und schen-ke dir, was du mir hast ge-ge-ben.
2. Da ich noch nicht ge-bo-ren war, da bist du mir ge-bo-ren
und hast dich mir zu ei-gen gar, eh' ich dich kannt', er-ko-ren.

1. Nimm hin, es ist mein Geist und Sinn, Herz, Seel' und Mut, nimm
2. Eh' ich durch dei-ne Hand ge-macht, da hast du schon bei

al-les hin und laß dir's wohl ge-fal-len.
dir be-dacht, wie du mein woll-test wer-den.

3. Ich lag in tiefer Todesnacht,
du warest meine Sonne,
die Sonne, die mir zugebracht
Licht, Leben, Freud' und Wonne.
O Sonne, die das werte Licht
des Glaubens in mir zugericht',
wie schön sind deine Strahlen.

4. Ich sehe dich mit Freuden an
und kann mich nicht satt sehen;
und weil ich nun nichts weiter kann,
bleib' ich anbetend stehen.
O daß mein Sinn ein Abgrund wär'
und meine Seel' ein weites Meer,
daß ich dich möchte fassen.

Andacht an der Krippe.
Martin Schongauer
(um 1435–1491)

117

Paul Gerhardt, streitbarer Lutheraner und empfindsamer Pietist, hat unter dem Eindruck des dreißigjährigen Krieges dieses Lied geschaffen.

Die Melodie zählt zu jenen 69 geistlichen Gesängen aus dem 1736 bei Breitkopf & Härtel in Leipzig erschienenen »Schemellischen« Gesangbuch[33], zu denen Johann Sebastian Bach Generalbaßsätze lieferte. Georg Christian Schemelli war Kantor in Zeitz; sein Sohn, der vermutlich mit Bach bekannt war, studierte seit 1735 in Leipzig. Zwar gibt die Vorrede an, daß *die in diesem musikalischen Gesangbuche befindlichen Melodien von Sr. Hochedlen Herrn Johann Sebastian Bach, Hochfürstlich Sächsischem Capellmeister und Directore Chori musici in Leipzig, theils ganz neu componiret, theils auch von ihm im Generalbass verbessert* seien[34], mit Sicherheit können Bach jedoch nur drei Melodien – darunter nicht *Ich steh' an deiner Krippe hier* – zugewiesen werden. Das Gesangbuch Schemellis nach dem Muster des damals weit verbreiteten *Geistreichen Gesangbuches* von Johann Anastasius Freylinghausen (Halle 1704) war eher zur häuslichen Erbauung als für den kirchlichen Gemeindegesang bestimmt. Im Gegensatz zu jenem war das Schemellische Gesangbuch wenig erfolgreich. Zum beliebten Kirchenlied wurde *Ich steh' an deiner Krippe hier* erst im Zuge der Bach-Pflege unserer Zeit.

Ursprünglich wurde das Lied auf die Melodie *Es ist gewißlich an der Zeit* gesungen (ebenfalls Kontrafaktur eines weltlichen Liedes aus dem 15. Jahrhundert). Mit dieser Melodie, in leicht abgewandelter Fassung, hatte Bach es schon 1734 in den VI. Teil des *Weihnachtsoratoriums* aufgenommen:

[33] *Musicalisches Gesang-Buch, Darinnen 954 geistreiche, sowohl alte als neue Lieder und Arien, mit wohlgesetzten Melodien, in Discant und Baß befindlich sind* (außer den 69 Sätzen von J. S. Bach enthält das Gesangbuch nur Liedtexte).
[34] zitiert nach Philipp Spitta: *J. S. Bach*, Leipzig ²1916, Bd. II S. 590

61b. Ich steh' an deiner Krippe hier

1. Ich steh' an deiner Krip-pe hier, o Je-su, du mein Le - ben;
ich kom-me, bring' und schen-ke dir, was du mir hast ge - ge - ben.

Nimm hin, es ist mein Geist und Sinn, Herz, Seel' und Mut, nimm al - les hin und laß dir's wohl ge - fal - len.

Abb. links:
„Lilie ohnegleichen…"
Die Lilie galt als Sinnbild der Himmelskönigin,
der Reinheit Mariens.
Doch trat diese Bildsprache
nun in der protestantischen Erbauungsdichtung zurück.
Ludger tom Ring d.J.
(1522–1584)

EG Nr. 37 und 149
Gotteslob Nr. 141
Gottschick S. 112
Klusen S. 140
Weihnachten mit J. S. Bach S. 14
Weihnachtslieder S. 130

62. Fröhlich soll mein Herze springen

1. Fröh - lich soll mein Her - ze sprin - gen die - ser Zeit,
2. Heu - te geht aus sei - ner Kam - mer Got - tes Held,
(6.) 3. Ei, so kommt und laßt uns lau - fen, stellt euch ein,
(12.) 4. Ich will dich mit Fleiß be - wah - ren, ich will dir

1. da vor Freud' al - le En - gel sin - gen. Hört, hört, wie mit vol - len
2. der die Welt reißt aus al - lem Jam - mer. Gott wird Mensch, dir Mensch zu -
3. groß und klein, eilt mit gro - ßen Hau - fen! Liebt den, der vor Lie - be
4. le - ben hier, dir will ich ab - fah - ren; mit dir will ich end - lich

1. Chö - ren al - le Luft lau - te ruft: Chri - stus ist ge - bo - ren.
2. gu - te; Got - tes Kind, das ver - bind't sich mit un - serm Blu - te.
3. bren - net; schaut den Stern, der euch gern Licht und Lab - sal gön - net.
4. schwe - ben vol - ler Freud' oh - ne Zeit dort im an - dern Le - ben.

3. Sollt' uns Gott nun können hassen,
der uns gibt, was er liebt
über alle Maßen?
Gott gibt, unserm Leid zu wehren,
seinen Sohn aus dem Thron
seiner Macht und Ehren.

4. Er nimmt auf sich, was auf Erden
wir getan, gibt sich dran,
unser Lamm zu werden,
unser Lamm, das für uns stirbet
und bei Gott, für den Tod
Gnad' und Fried' erwirbet.

5. Nun er liegt in seiner Krippen,
ruft zu sich mich und dich,
spricht mit süßen Lippen:
»Lasset fahrn, o liebe Brüder,
was euch quält; was euch fehlt,
ich bring' alles wieder.«

6. Ei, so kommt und laßt uns laufen,
stellt euch ein, groß und klein,
eilt mit großen Haufen!
Liebt den, der vor Liebe brennet;
schaut den Stern, der euch gern
Licht und Labsal gönnet.

7. Die ihr schwebt in großem Leide,
sehet, hier ist die Tür
zu der wahren Freude;
faßt ihn wohl, er wird euch führen
an den Ort, da hinfort
euch kein Kreuz wird rühren.

8. Wer sich fühlt beschwert im Herzen,
wer empfind't seine Sünd'
und Gewissensschmerzen,
sei getrost: hier wird gefunden,
der in Eil' machet heil
die vergift'ten Wunden.

9. Die ihr arm seid und elende,
kommt herbei, füllet frei
eures Glaubens Hände.
Hier sind alle guten Gaben
und das Gold, da ihr sollt
euer Herz mit laben.

10. Süßes Heil, laß dich umfangen,
laß mich dir, meine Zier,
unverrückt anhangen.
Du bist meines Lebens Leben;
nun kann ich mich durch dich
wohl zufrieden geben.

11. Ich bin rein um deinetwillen:
Du gibst g'nug Ehr' und Schmuck,
mich darein zu hüllen.
Ich will dich ins Herze schließen,
o mein Ruhm! Edle Blum',
laß dich recht genießen.

12. Ich will dich mit Fleiß bewahren;
ich will dir leben hier,
dir will ich abfahren;
mit dir will ich endlich schweben
voller Freud' ohne Zeit
dort im andern Leben.

Johann Crüger (1598–1662) hat den Paul-Ger-hardt-Text 1653 kongenial vertont. Das prote-stantische Kirchenlied ist nun ganz in den Gemeindegottesdienst eingegangen.

EG Nr. 36
Quempas S. 90
Wohlgemuth S. 11
Weihnachtslieder S. 106

Engelskonzert.
Die Krönung der Maria (Ausschnitt).
Meister des Marienlebens (15. Jahrhundert)

63. Wir Christenleut' han jetzund Freud'

1. Wir Christenleut' han jetzund Freud', weil uns zu Trost Christus ist Mensch geboren, hat uns erlöst. Wer sich des tröst' und glaubet fest, soll nicht werden verloren.

2. Ein Wunderfreud': Gott selbst wird heut' ein wahrer Mensch von Maria geboren. Ein' Jungfrau zart sein' Mutter ward von Gott, dem Herren selbst dazu erkoren.

3. Die Sünd' macht Leid, Christus bringt Freud', weil er zu uns in diese Welt ist 'kommen. Mit uns ist Gott in dieser Not. Wer ist, der jetzt uns Christen kann verdammen?

4. Drum sag' ich Dank
mit mei'm Gesang
Christo dem Herrn, der uns zu gut' Mensch 'worden
daß wir durch ihn
nun all' los sind
von Sündenlast und unträglichen Bürden.

5. Halleluja
gelobt sei Gott!
singen wir all' aus unsers Herzens Grunde.
Denn Gott hat heut'
gemacht solch Freud',
der wir vergessen soll'n zu keiner Stunde.

Auf die Melodie von Johann Crüger schrieb Kaspar Füger (1530–1592) diesen fröhlichen Text.

Der Engel erscheint den Hirten. Französisches Stundenbuch um 1470

64a. Quem pastores laudavere

1. Quem pas - to - res lau - da - ve - re, qui - bus an - ge - li di - xe - re:

3. ab - sit vo - bis iam ti - me - re na - tus est rex glo - ri - ae.

Bei Valentin Triller (1555) und Johannes Leisentritt (1567) erscheint der berühmte »Quempas« mit der folgenden deutschen Textübertragung:

1. Preis sei Gott im höchsten Throne
und auch seinem lieben Sohne,
der ist uns ein Mensch geboren:
sonst wärn wir alle verloren.

2. Ein Kindlein ist uns heut' gegeben,
das erhält uns bei dem Leben,
welch's ist klärer denn die Sonne,
aller Engel Freud' und Wonne.

3. Der König Himmels und der Erden,
da er uns auch gleich sollt' werden,
ward geborn ein armes Kindlein
und nahm auf sich die Sünde mein.

4. Diesen König hoch dort oben
Wollen wir von Herzen loben
und ihn bitten allzugleich,
daß uns zukomm' sein Himmelreich.

Die Überschriften bei Leisentritt *Ein schön Lied vor die Knaben in der Kirchen zu singen auf vier Chor* weisen auf eine weitere Liedtradition der lutherischen Kirche hin, die besonders in Nord- und Ostdeutschland gebräuchlich war. Da die Gemeindemitglieder keine eigenen Liederbücher besaßen, wurde vom Chor der Schüler vorgesungen. Das obige Lied gab diesem Brauch den Namen »Quempas-singen« nach den ersten beiden Silben des weihnachtlichen Wechselgesanges.

Ein Bericht aus Züllichau in der Mark Brandenburg aus dem Anfang des 17. Jahrhunderts gibt lebendig wieder, was sich in den Kirchen zur Weihnachtsmesse abspielte[35]:

> *Kurz vor Weihnachten frewten wir uns auf das Quem pastores, wenn dasselbige beydes in der Schulen, mit Versuchen, als in der Kirchen, in der Christnacht, würde gesungen werden. Und da wurden die Quem-Pastores-Bücher unter der Zeit mit allerhand Farben gemahlet, zugerichtet und bereitet. Wenn der heilige Abend kam, waren wir bedacht auf die Christ-Fackeln, die wir bei dem Quem Pastores gebrauchen sollten. Und da war der Glöckner, der dieselben geschrenkt [gewickelt], von grün, roth und anderem Farben-Wachse machte, und den Knaben umb das Geld verkaufte. Gegen Abend nach der Vesper ging »der heilige Christ« ausgekleidet [verkleidet] von Haus zu Haus in der Stadt und in den Vorstädten umher mit einem lieblichen Räucherwerk eines Räucherfasses. Die Kinder wurden ihm vorgestellt, mußten beten, und einige bekamen ihr Christgeschenk in Kleidern, damit sie auch an der Feier in der Christnacht teilnehmen könnten. Umb neun Uhr des Abends ward zur Christnacht eingeläutet. Da alsdann alle Tore geöffnet worden, und kam eine große Menge Volckes zur Kirchen. Und da wurden den Jungfern Christ-Fackeln in ihren Gestühlen fürgestackt von allerhand Farben geschrenckt, von denen, die ihnen etwa gönstig waren: Vnd ward vor eine grosse Ehre gehalten. Die Knaben aber hatten ihre größte Freude, mit ihren Fackeln das Quem Pastores zu singen. Es währte aber dieser Gottesdienst drey gantzer Stunden mit singen und predigen, biß umb zwölff Uhr umb Mitternacht. Des Morgendes, wie auch den heiligen*

[35] nach Ingeborg Weber-Kellermann: *Das Weihnachtsfest*, Luzern 1978, S. 47 ff.

124

Fürcht euch fürbas nimer mehre.

Singet fröhlich laßt euch hören.
Wie die enger[?] heit vernehmen.
Fielen nieder auf ihre Knie.
...
Und die Palmen betrogen.
Da die Engel singen alle.
...
Und das Herz selbst absehten.
Uns zum Trost ist er gebohren.
...

Die Geburth Jesu.

Euch ist gebohren ein König der ehen.

...
...
Gelobet seist du Herr allzeit.
...
In dem höchsten Throhn mit Schall.
...
...
Lob und Ehr sei Gott dem Herrn.
...
...

Die Hirten auf dem Felde.

Adam u. Eva.

Herodes ruft den Weisen heimlich

Die Flucht nach Eggipten.

Balzer.

Kasper.

Der Gute Richanacht
Der heint Knescht.

Melchior.

Josua in dem der Wiestenis.

Abend zur Vesper und Christnacht, wenn die hohe Predigt anging, so sang der Cantor aus der Schulen mit den Schülern in die Kirche das Puer natus in Bethlehem und andere Weihnachts-Gesänge und ging die gantze Kirche herumb mit den Knaben, wie in einer Prozession und wieder zurücke in die Schule auff das Chor und fing sich alsdann erst der Gottesdienst an. Vnd wenn es in der Kirchen ganz aus war und der Segen schon gesprochen worden, ward es auch mit singen auf solche Weise gehalten: Vnd das währte alle drey Tage im Feste.

Die Organisation des Kindergesanges war so, daß die Knaben in drei Abteilungen vom Turm zum Altar schritten und von vier Teilen des Liedes drei sangen, während die Mädchen vom Orgelchor aus mit dem vierten erwiderten. Auch fielen die Männer, die früher zu diesem Schul-Knabenchor gehört hatten, mit ihren tiefen Stimmen ein.

Einen Bericht über den Quempasgesang um 1800 und das Anfertigen der Quempashefte erhalten wir von Karl Friedrich von Klöden (1786–1856), der aus seiner eigenen Jugendzeit in einer kleinen ostmitteldeutschen Stadt erzählt[36]:

Sechs Wochen vor Weihnachten fingen wir bereits an, in der Schule uns zum Weihnachtsfest vorzubereiten, und rüsteten uns, unsere »Parzen« anzufertigen. Eigentlich hätte es »Partes« heißen müssen [...] Es wurden nämlich Schreibebücher in Queroktav angefertigt; die Schüler wurden in vier Chöre abgeteilt und jedem Chor einige Liederverse und eine Anzahl von Aussprüchen der Propheten zugeteilt, die sich auf die Geburt Christi bezogen. Diese Verse hatte sich jeder Schüler in seine Parze einzuschreiben, und es war herkömmlich, daß das mit allem Aufwande kalligraphischer Kunst geschah. Auf jede Seite kam nur ein Spruch, und nur wenn er aus mehr als 6 Zeilen bestand, wurde die folgende Seite mit verwendet. Die erste Zeile mußte aus verzierter Frakturschrift bestehen, in den übrigen Zeilen wechselten die Schriftarten [...] Jede Zeile aber mußte mit Tinte von anderer Farbe geschrieben werden. [...] War die

Schrift nach großer Mühe und vielem Kopfzerbrechen fertig und wohlgeraten, dann wurden unter alle Sprüche die schönsten Husaren, Hirsche, Soldaten, auch wohl Häuser, Landschaften, ganze Jagden usw. gemalt, je nachdem der Inhaber sich Geschick genug zutraute, etwas recht Schönes zu liefern.

Endlich war der Weihnacht-Heiligabend erschienen, und wir wurden beschieden, uns in der Nacht um halb vier Uhr mit Gesangbuch und Parze im Schulhause einzufinden; auch sollte jeder ein möglichst großes Licht mitbringen und sich festlich zum ersten Christtage anziehen.

Um halb 4 Uhr war ich mit meiner Wachskerze im Schulhause. Mein Vater hatte sie für 4 Groschen erkauft, was mir ein großes Geld schien, und dennoch war meine Kerze eine der kleinsten. Der Himmel war bezogen, und es fiel ein leichter Schnee. Als es gegen 4 Uhr zum ersten Male läutete, setzten wir uns in Bewegung. Die Kerzen wurden angezündet, und paarweise nach der Rangordnung des Sitzens in der Klasse führte uns der Rektor zur Kirche, die bereits im Innern hell erleuchtet war.

Die Kirche bot einen festlichen Anblick dar. Sie war gedrängt voll geputzter Menschen, und jeder ohne Ausnahme hatte ein Licht vor sich oder in der Hand. Es begann das Lied: »Ein Kind geborn zu Bethlehem«; dann folgte: »Vom Himmel hoch da komm ich her.« Hierauf verließen wir Knaben den Orgelchor, und die vier Schülerchöre verteilten sich in die vier Emporkirchen, deren vorderste Bänke für uns freigelassen waren. Nunmehr begann das »Ejasingen« aus den Parzen, indem der erste Chor anfing: »Eja, Eja. Und du, Bethlehem Ephrata, die du bist die kleinste aus den Städten Juda, aus dir soll mir kommen der Herr« usw. Darauf antwortete der gegenüberliegende Chor mit einem anderen prophetischen Ausspruch; dann kam der dritte und hierauf der vierte Chor. In dieser Ordnung wurden auch die übrigen Stellen aus den Parzen mit untermischten Liederversen aus Weihnachtsgesängen vorgetragen. Das Ganze wurde leise von der Orgel begleitet, um den Ton nicht sinken zu lassen. Bei den Liederversen sang die Gemeinde meistens

[36] ebenda

127

mit, und mit einem Gesangbuchliede und der vollen Orgel schloß das Ejasingen, währenddessen die Schüler sich wieder nach dem Orgelchore begaben. Jetzt hielt der Prediger die Frühpredigt, bei deren Anfang viele die Kirche verließen und nach Hause gingen. Nach der Predigt schloß wieder der Gesang eines Liedes die Feier. Diese Art des Gottesdienstes war damals schon in vielen Städten abgeschafft wegen des groben Unfuges, der sich überall bei nächtlichen Gottesdiensten einzustellen pflegt und den man nirgends hatte beseitigen können.

Tatsächlich währten die Christmettenfeiern am Morgen des Weihnachtstages oft Stunden und arteten zuweilen in gewaltige Tumulte aus. Der Dampf von Wachsstöcken, Talglichtern und Kohlenbecken hätte die Kirche erfüllt und den Prediger als den nahezu einzigen nüchternen Mann fast erstickt! Das führte zu nachdrücklichen obrigkeitlichen Verboten.

Als Schülerbrauch erhielt sich das Quempassingen jedoch in der Mark Brandenburg bis in das 20. Jahrhundert. Die von den Kindern selbst geschriebenen und gemalten Quempashefte werden heute als Museumsstücke gesammelt (siehe Abbildung S. 124–126).

Blume S. 14
Erk-Böhme III, Nr. 1934
Klusen S. 120 und 191
Quempas S. 36
Weihnachtslieder S. 104

Hirte aus einem Ausschneidebogen
mit Krippenfiguren

64b. Den die Hirten lobeten sehre

1. Den die Hir-ten lo-be-ten seh-re und die En-gel noch viel meh-re: Fürcht' euch für-baß nim-mer meh-re, euch ist ge-bo-ren ein Kö-nig der Ehr'n.

1. Heut' sein die lie - ben En - ge - lein in hel - lem Schein er - schie - nen bei der
den Hir - ten, die_ ihr' Schä - fe - lein bei Mon - den-schein im wei - ten Feld be -

Nach - te
- wach - ten: „Gro - ße Freud' und gu - te Mär wolln wir euch of - fen -

- ba - ren, die euch und al - ler Welt soll wi - der - fah - ren: Got - tes Sohn ist

Mensch ge - born, ist Mensch ge - born, hat ver - söhnt des Va - ters Zorn, des Va - ters Zorn."

2. Zu dem die Könige kamen geritten,
Gold, Weihrauch, Myrrhen bracht'n sie mitte.
Sie fiel'n nieder auf ihre Knie:
»Gelobet seist du, Herr, allhie.«
»Sein' Sohn die göttlich' Majestät
euch 'geben hat,
ein' Menschen lassen werden.
Ein' Jungfrau ihn geboren hat
in Davids Stadt,
da ihr ihn finden werdet
liegend in ei'm Krippelein
nackend, bloß und elende,
daß er all euer Elend von euch wende.«
Gottes Sohn...

3. »Freut euch heute mit Maria
in der himmlischen Hierarchia,
da die Engel singen alle
in dem Himmel hoch mit Schall.«
Darnach sangen die Engelein:
»Gebt Gott allein
im Himmel Preis und Ehre.

Groß' Friede wird auf Erden sein,
des solln sich freun
die Menschen alle sehre
und ein' Wohlgefallen han:
Der Heiland ist gekommen,
hat euch zugut' das Fleisch an sich genommen.«
Gottes Sohn...

4. »Lobt, ihr Menschen, alle gleiche
Gottes Sohn vom Himmelreiche;
dem gebt jetzt und immer mehre
Lob und Preis und Dank und Ehr'.«
Die Hirten sprachen: »Nun wohlan,
so laßt uns gahn
und diese Ding' erfahren,
die uns der Herr hat kundgetan;
das Vieh laßt stahn,
er wird's indes bewahren.«
Da fand'n sie das Kindelein
in Tüchelein gehüllet,
das alle Welt mit seiner Gnad' erfüllet.
Gottes Sohn...

Nach heutigem Gebrauch der protestantischen Kirche wird das *Quem pastores laudavere* in der vorstehenden Fassung (nur noch mit dem deutschen Text *Den die Hirten lobeten sehre*) mit dem Lied *Heut' sein die lieben Engelein* (nach dem lateinischen *Nunc angelorum gloria* aus dem 14. Jahrhundert) und den beiden Anfangszeilen des *Magnum nomen Domini* (in einer Melodie-Variante, die sich aus dem *Resonet in laudibus* entwickelt, siehe S. 34 und 131) zu einem Wech-selgesang zwischen Kindern, Chor und Gemeinde verbunden. Dieser zweite Teil war ursprünglich ein selbständiges Lied, überliefert mit dem lateinischen Text und der heute üblichen Melodiefassung 1545 im Babst'schen Gesangbuch; der deutsche Text stammt von Nicolaus Herman (1480–1561).

EG Nr. 29
Erk-Böhme III, Nr. 1932
Gotteslob Nr. 139 (mit anderem Text)

130

65. Resonet in laudibus

Hell erschallt der Lobgesang

1. Re - so - net in lau - di - bus cum ju - cun - dis plau - si - bus:
2. Om - nes nunc con - ci - ni - te, na - to re - gi psal - li - te,
1. *Hell er - schallt der Lob - ge - sang, fröh - lich folgt der Wi - der - klang:*
2. *Al - le drum ge - mein - sam singt, Got - tes Lob in Psal - men klingt,*

Si - on cum fi - de - li - bus ap - pa - ru - it quem ge - nu - it Ma - ri - a.
vo - ce pi - a di - ci - te: Sit glo - ri - a Chris - to nos - tro in - fan - ti - a.
Zi - on ist der from - men Schar er - schie - nen heut', ge - bo - ren von Ma - ri - a!
ruft mit from - mer Stim - me all': Sei Lob und Ehr' dem Christ-kind dort im Stal - le!

Deutsche Textfassung: Hilger Schallehn
© 1982 Schott Musik International, Mainz

Nach der Leipziger Handschrift (aus dem Ende des 14. oder Anfang des 15. Jahrhunderts) wurde bei Weihnachtsaufführungen das *Magnum nomen Domini* (siehe S. 34) – mit dem *Resonet in laudibus* und einer Strophe *Angelus pastoribus* (aus dem *Dies est laetitiae* vgl. S. 100) abwechselnd mit dem Liede *Joseph, lieber neve min* (siehe S. 36) – gesungen. Im Quempasgebrauch folgte es dem Chor *Vom Himmel kam der Engel Schar* (siehe S. 104f.) und wurde von Gemeinde und Schuljugend im Wechsel gesungen.

Diese Art von Liedern und mehrstimmigen lateinischen Chören gehörte zum Repertoire der Lateinschüler am Weihnachtstag. Man nannte sie »Kurrendesänger« (von currere = laufen)[37].

Die alte Schülersitte, die auch Luther geübt hatte, belebte sich in der Reformationszeit insbesondere in Sachsen und Thüringen, der Heimat des Reformators. In schwarze Mäntel und Hüte gekleidet ging jeweils eine »Rotte« von 10 Knaben unter der Leitung eines Präzeptors den ganzen Nachmittag bis spät in die Nacht von Haus zu Haus singen, wofür sie Gaben einsammelten. Ihre Lieder bestanden aus mehrstimmi-

Abb. links:
Quempassänger in der Nikolaikirche
zu Berlin um 1935

[37] ebenda S. 48

gen, meist lateinischen Chören. Was diese musikalischen Betteltouren (in Nürnberg bis 1800, in Sachsen sehr viel länger belegt) moralisch und physisch für die Kinder bedeuteten, ist damals kaum bedacht worden.

Die Melodie des *Resonet in laudibus* wurde auch für das Wiegenlied *Joseph, lieber Joseph*

mein verwendet, und sie klingt an in den Schlußzeilen *Gottes Sohn ist Mensch geborn, hat versöhnt des Vaters Zorn* des vorstehenden Liedes (S. 129).

Blume S. 14
Erk-Böhme III, Nr. 1935
Schmidt S. 219, 223

66. Kommt und laßt uns Christum ehren

1. Kommt und laßt uns Christum ehren, Herz und Sinnen zu ihm kehren; singet fröhlich,
2. Sünd' und Hölle mag sich grämen, Tod und Teufel mag sich schämen: Wir, die unser
3. Sehet, was hat Gott gegeben: seinen Sohn zum ew'gen Leben. Dieser kam und

laßt euch hö-ren,	wer-tes Volk der	Chri-sten-heit!
Heil an-neh-men,	wer-fen al-len	Kum-mer hin.
will uns he-ben	aus dem Leid in's	Him-mels Freud'.

4. Seine Seel' ist uns gewogen,
Lieb' und Gunst hat ihn gezogen,
uns, die Satanas betrogen,
zu besuchen aus der Höh'.

5. Jakobs Stern ist aufgegangen,
stillt das sehnliche Verlangen,
bricht den Kopf der alten Schlangen
und zerstört der Höllen Reich.

6. O gebenedeite Stunde,
da wir das von Herzensgrunde
glauben und mit unserm Munde
danken dir, o Jesulein!

7. Schönstes Kindlein in dem Stalle,
sei uns freundlich, bring uns alle
dahin, da mit süßem Schalle
dich der Engel Heer erhöht!

Ebenfalls von Paul Gerhardt stammt der Text dieses weihnachtlichen Triumphgesanges über die Hölle in einer klaren Veranschaulichung der Glaubensgeheimnisse, wie sie dem Barock eigen war. Es handelt sich um eine Kontrafaktur auf die bei Valentin Triller, Breslau 1555 erstmals überlieferte Melodie.

EG Nr. 39
Gotteslob Nr. 139
Weihnachtslieder S. 160

Nürnberger Waisenkinder mußten zu Weihnachten durch Absingen von Weihnachtsliedern vor den Türen milde Gaben erbetteln. Holzschnitt aus dem 18. Jahrhundert

133

67. Macht hoch die Tür'

1. Macht hoch die Tür', die Tor' macht weit, es kommt der Herr der Herr-lich-keit, ein
2. Er ist ge-recht, ein Hel-fer wert, Sanft-mü-tig-keit ist sein Ge-fährt', sein'
3. O wohl dem Land, o wohl der Stadt, so die-sen Kö-nig bei sich hat! Wohl

Kö-nig al - ler Kö-nig-reich', ein Hei-land al - ler Welt zu-gleich, der
Kö-nigs-kron' ist Hei-lig-keit, sein Zep - ter ist Barm-her-zig-keit; all'
al - len Her-zen ins - ge-mein, da die-ser Kö-nig zie-het ein! Er

Heil und Se-gen mit sich bringt, der - hal - ben jauchzt, mit Freu - den singt: Ge-
uns-re Not zum End' er bringt, der - hal - ben jauchzt, mit Freu - den singt: Geist die rech - te Freu-den-sonn', bringt mit sich lau - ter Freud' und Wonn'. Ge-

- lo - bet sei mein Gott,_____ mein Schöp -fer reich von Rat._____
- lo - bet sei mein Gott,_____ mein Hei - land, groß von Tat._____
- lo - bet sei mein Gott,_____ mein Trö - ster früh und spat._____

4. Macht hoch die Tür', die Tor' macht weit,
eu'r Herz zum Tempel zubereit't;
die Zweiglein der Gottseligkeit
steckt auf mit Andacht, Lust und Freud';
so kommt der König auch zu euch,
ja Heil und Leben mit zugleich.
Gelobet sei mein Gott,
voll Rat, voll Tat, voll Gnad'.

5. Komm, o mein Heiland Jesu Christ,
mein's Herzens Tür dir offen ist;
ach zeuch mit deiner Gnade ein,
dein' Freundlichkeit auch uns erschein'.
Dein heil'ger Geist uns führ' und leit'
den Weg zur ew'gen Seligkeit.
Dem Namen dein, o Herr,
sei ewig Preis und Ehr'.

Im Pathos barocker Klanggebärde erklingt das Advents- und Weihnachtslied, dessen Text Georg Weißel (1590–1635) dichtete. Es steht seit 1704 im ersten Gesangbuch des Johann Anastasius Freylinghausen (1670–1739), eines Theologen und Mitarbeiters an Franckes Waisenhaus in Halle. Seine Gesangbücher gelten als die wichtigsten Liedersammlungen des Pietismus und haben das evangelische Kirchenlied nachhaltig beeinflußt.

EG Nr. 1
Gotteslob Nr. 107
Klusen S. 10
Quempas S. 5
Weihnachtslieder S. 25

*Kurrendesingen
der Waisenhauskinder
im 19. Jahrhundert.
Joseph Gottlieb Gautzsch*

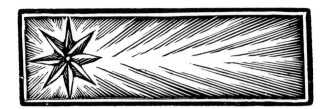

68. Wie schön leuchtet der Morgenstern

1. Wie schön leuchtet der Morgenstern voll Gnad' und Wahrheit von dem Herrn,
Du Sohn Davids aus Jakobs Stamm, mein König und mein Bräutigam,
2. Ei, meine Perl', du werte Kron', wahr' Gottes und Marien Sohn,
Mein Herz heißt dich ein' Himmelsblum', dein süßes Evangelium

1. die süße Wurzel Jesse.
hast mir mein Herz besessen. Lieblich, freundlich, schön und herrlich,
2. ein hoch geborner König!
ist lauter Milch und Honig. Ei, mein Blümlein, Hosianna!

1. groß und ehrlich, reich an Gaben, hoch und sehr prächtig erhaben.
2. Himmlisch' Manna, das wir essen, deiner kann ich nicht vergessen.

3. Geuß sehr tief in das Herz hinein,
du leuchtend Kleinod, edler Stein,
mir deiner Liebe Flamme,
daß ich, o Herr, ein Gliedmaß bleib'
an deinem auserwählten Leib,
ein Zweig an deinem Stamme.
Nach dir wallt mir
mein Gemüte,
ew'ge Güte,
bis es findet
dich, des Liebe mich entzündet.

4. Von Gott kommt mir ein Freudenschein,
wenn du mich mit den Augen dein
gar freundlich tust anblicken.
O Herr Jesu, mein trautes Gut,
dein Wort dein Geist, dein Leib und Blut
mich innerlich erquicken.
Nimm mich freundlich
in dein' Arme;
Herr, erbarme
dich in Gnaden;
auf dein Wort komm' ich geladen.

5. Herr Gott, Vater, mein starker Held,
du hast mich ewig vor der Welt
in deinem Sohn geliebet.
Dein Sohn hat mich ihm selbst vertraut,
er ist mein Schatz, ich seine Braut,
drum mich auch nichts betrübet.
Eia, eia,
himmlisch' Leben
wird er geben
mir dort oben;
ewig soll mein Herz ihn loben.

6. Zwingt die Saiten in Cythara*
und laßt die süße Musica
ganz freudenreich erschallen,
daß ich möge mit Jesulein,
dem wunderschönen Bräut'gam mein
in steter Liebe wallen.
Singet, springet, jubilieret,
triumphieret,
dankt dem Herren;
groß ist der König der Ehren.

7. Wie bin ich doch so herzlich froh,
daß mein Schatz ist das A und O,
der Anfang und das Ende.
Er wird mich doch zu seinem Preis
aufnehmen in das Paradeis,
des klopf' ich in die Hände.
Amen, Amen,
komm du schöne
Freudenkrone,
bleib nicht lange;
deiner wart' ich mit Verlangen.

Anbetung der heiligen drei Könige M. Schongauer (um 1470–1475)

Philipp Nicolai (1556–1608) ist der Verfasser dieses mystischen Jesusliedes, das zusammen mit seinem berühmten geistlichen Tagelied *Wachet auf, ruft uns die Stimme* im *Freudenspiegel des ewigen Lebens,* Unna 1598, gedruckt worden ist. Dieses Liederpaar motivierte Bach zu seinen Kantaten Nr. 1 und 140.

Blume S. 88
EG Nr. 70
Gotteslob Nr. 554

* bringt das Saitenspiel (Cithara) zum Klingen

4. Ländliche Umzugslieder

Stand im vorhergehenden Kapitel die protestantische Liedtradition seit Luther im Vordergrund, so soll damit nicht eine entscheidende konfessionelle Barriere aufgebaut werden. Ebenso wichtig wie die Konfession sind sozialgeschichtliche Zusammenhänge – gerade für die weihnachtlichen volkstümlichen Schauspiele. Sie gehörten – und gehören z. T. bis heute – zu den Verhaltensweisen der ländlichen Gesellschaft, wenn ihnen die Konfession auch sicherlich jeweils eine besondere Färbung verleiht. Der zentrale Ort für das Singen der Brauchlieder ist nicht die Familienstube, sondern die Außenwelt des Dorfes. Auf der Dorfgasse gehen die Spielgruppen von Haus zu Haus und kommen dann von außen in das Hausinnere hinein. Sie sind zu verstehen als ein Teil der Dorfgemeinde; mit ihren Aufführungen in jedem Haus des Dorfes (»Stubenspiele«) stellen sie eine Art von sozialem Ausgleich her, der alle Dorfbewohner umfaßt, den ärmsten und den reichsten. In dieser weihnachtlichen Festzeit sollen alle gleich sein vor Gott und dem neugeborenen Kinde, geborgen im Schutz der christlichen Dorfgemeinschaft, die von der Spielgruppe repräsentiert wird. Das war die Funktion dieser Spiele in einer einheitlichen ländlichen Gesellschaft, und das oft monotone Abhaspeln der Texte zeigt deutlich, daß es weniger auf schauspielerische Leistungen der Mitwirkenden ankam als vielmehr auf das freundlich schützende Band, das die spielende Gruppe um das Dorfganze schlang. Den Abschluß bildete meist eine letzte krönende Wiederholung in der Kirche.

Die bürgerlich städtische Gesellschaft entwickelte andere Spielformen (siehe Kapitel 8), die sich im Innern von Kindergarten, Schule, Kirche oder auch Familie entfalteten.

Welche Inhalte hatten die Umzugsspiele[38]? Der Brauchkalender beginnt mit den Nikolausspielen um den 6. Dezember, die kaum je die Legende des Heiligen zum Inhalt haben, sondern vielmehr Katechisierungsszenen, d. h. prüfende Befragungen der Kinder nach Artigkeit und schulisch-kirchlichem Wissen.

Fragt der Nicola:
Wie sich die Kinder das ganze Jahr verhalten haben?
Ob sie gerne beten?
Denen Eltern und Praeceptoribus gehorsam sein?
Ob zum Exempel der Hanserl und der Paul nicht zu faul?
Ob der Fränzerl und Ignazerl kein schlimmes Fratzerl?
Ob der Michel und der Six vielleicht gelernt nix?
Ob die Cätherl gern bei dem Räderl?
Ob die Sabindl gern bei der Spindl?
Ob die Lieserl und Thereserl nicht etwan zwei junge Eserl?

Abraham a Santa Clara (1644–1709)

Nikolaus und sein Begleiter Ruprecht erscheinen dabei als lobende und strafende Gestalten, der eine freundlich, der andere in gräulich erschreckender Maskierung[39]. – Die Weihnachtsspiele dagegen halten sich an die Evangelienerzählung:

---

[38] vgl. für das Folgende Leopold Schmidt: *Das deutsche Volksschauspiel. Ein Handbuch*, Berlin 1962, S. 50ff.
[39] Zu diesem Gestaltenpaar zusammenfassend Weber-Kellermann *Das Weihnachtsfest*, S. 24ff.

138

Herbergsuche – Verkündigung der Hirten – Anbetung der Hirten – Weg der 3 heiligen Könige und Begegnung mit Herodes – Anbetung der Könige. Gelegentlich wird der Verkündigung noch ein Vorspiel im Himmel vorausgeschickt.

Herbergsuche

Wirt: Wer klop-fet an? Joseph: O gar zwei
Was wollt ihr dann? Maria: O gebt uns

ar - me Leut'. – Durch Got-tes Liab_ wir
Her - berg heut'. –

bit-ten: Öff-net uns doch eu - re Hüt-ten.

Wirt: O, nein, nein, nein! Joseph: Ei doch, es
Vor heu - te nein! Maria: O Lie - ber,

kann_ ja sein._ Wirt: O nein, es
laß_ uns ein!_ Da geht nur

kann ein - mal_ nicht sein._
gleich! Ihr kommt_ nicht ein.

(siehe auch S. 56)

Die nachmittelalterlichen Hirtenspiele waren einerseits stark durch die spanischen »Hirteneklogen« (= Hirtenlieder) beeinflußt, die über das Ordenstheater der Jesuiten und Benediktiner nach Deutschland gelangten. Von hier aus wurde auch – besonders in Bayern und Österreich – die mundartliche Hirtenlyrik angeregt und gefördert mit dem volkserzieherischen Ziel einer naiven Verbreitung der Bibelinhalte. Das traf sich auf der anderen Seite mit dem Bedürfnis gerade der Bergbewohner, ihre eigenen schweren Lebensverhältnisse in die Weihnachtslegende an dominierender Stelle einzubringen. So haben gerade die alpinen, ostmitteldeutschen und slowakischen Hirtenspiele durch ihre lokalgefärbte Lebendigkeit eine weitreichende Berühmtheit erlangt[40]. Ihr Vorbild dürfte das deutsche Hirtenspiel der frühen Gegenreformation gewesen sein (vgl. die Ausführungen über das Oberuferer Christgeburtsspiel auf S. 223 ff.).

Im Stall von Bethlehem folgt die Anbetung der Hirten nach einer verhüllten Andeutung der Geburt. Die Gestalt des Joseph verändert sich vom altersschwachen Kindlwieger des Mittelalters zum würdigen Nährvater, als den ihn eine neue Josephsverehrung nach dem 17. Jahrhundert pries. Dem Volksgeschmack, besonders dem protestantischen, ist wohl der liebenswerte, gebrechliche Alte nähergeblieben.

Die Anbetungsszene kann dreifach gestaffelt auftreten: Eltern, Hirten, Könige, wobei die Beschenkung in Gestik und Text breit ausgespielt wird in Korrespondenz zur Bild- und Krippenkunst.

Oft hat sich die Verehrung der Könige zum eigenen Spiel verselbständigt mit der zentralen Gegenfigur des Bühnentyrannen Herodes[41].

Christkindlspiele bei den deutschen Donauschwaben in Ungarn um 1930 (Fotos Dr. Rudolf Hartmann / Laubach)

[40] vgl. Bruno Schier: *Die Hirtenspiele des Karpathenraumes*, Berlin 1943; und Weber-Kellermann, *Das Weihnachtsfest*, S. 63
[41] vgl. ebenda, ausführlich S. 192 ff.

Träger und Vermittler waren Bergleute oder Schüler mit organisierten Spielvereinen und schriftlich überlieferten, vom biblischen Inhalt geleiteten Rollenbüchern. Sie trugen und tragen auch heute Kostüme, die der Ministranten- und Priesterkleidung entlehnt sind, und Holzschwerter, die ebenso an Gesellentaufen erinnern wie an die in diesen Spielen häufig wiederkehrenden tänzerischen Schwertfechterspiele[42].

In einem deutschen *Dreikönigsspiel aus Klein-Betschkerek im rumänischen Banat, aufgezeichnet 1970*[43] sind die Spieler 5 Schuljungen von 10–14 Jahren: Drei Könige, Herodes (gleichzeitig der Herold) und das Jüdelein. Die Könige sind weiß kostümiert, tragen goldene Pappkronen und Holzschwerter; das »Jüdelein« kommt in Felljacke und Fellmütze. Es meldet die Gruppe in jedem Hause an und kassiert am Schluß die Belohnung.

Es kommt bei diesen Umgängen nicht auf die schauspielerische Leistung einzelner an; im Gegenteil: es »schickt sich«, den Text, den sowieso alle kennen, in einem für jede Rolle bestimmten Tonfall oder Sing-Sang herunterzuhaspeln. Das ist nicht Unvermögen, sondern gehört zu der Botschaft, die die Spieler in einem verfremdeten Sprechstil bringen. Sie bewegen sich auf einer nicht alltäglichen, festlich-zeremoniellen Ebene, verkörpern Gestalten aus einer mythischen Welt, sind ausgestattet mit religiös bestimmter Unantastbarkeit und mit der Fähigkeit, zu diesem Jahreswechseltermin das Gute in jedes Haus zu tragen. Das vollbringen sie durch die ständige Wiederholung des Spiels, die so lange fortgesetzt wird, bis sie alle Dorfbewohner besucht haben. Für die Spieler sind dabei auch ihre materiellen »Einnahmen« interessant, das was sie an jeder Tür beim Verlassen des Hauses erhalten.

Sie sind ein Teil der Dorfgemeinde, gehen von Haus zu Haus und klopfen an jede Tür. Zwar spielen sie – es ist Winter – zumeist in der Stube, die sie gewissermaßen als »Bühne« in Besitz nehmen und entsprechend durchschreiten (daher die Bezeichnung »Stubenspiele«). Die besuchte Familie steht oder sitzt als Zuschauer an den Wänden und belohnt die Spieler am Schluß mit Süßigkeiten und Geld. Wohl steckt die Mutter

zuweilen dem »Christkind« oder sonstigen Spielführer vor der Türe heimlich ein Geschenk für die eigenen Kinder zu, aber die eigentliche soziale Interaktion ist nicht der Dialog einer Einzelfigur mit den Kindern, sondern das Spiel der gesamten Gruppe vor der gesamten Familie als einem Teil des Dorfes. Dafür spricht auch die Tatsache, daß es als große Schande angesehen wird, wenn die Spielgruppe eine Hoftür ausläßt. Damit würde die betreffende Familie aus dem Kreis ausgeschlossen sein, der von den Spielern als »Dorf« mit der traditionellen Brauchhandlung glückwünschend erfaßt wird.

Als die weihnachtlichen Umzugsspiele als kultureller Bestandteil der alten Bauerngesellschaft noch fest in das Gemeindeleben gehörten, erfüllten sie also eine ganz bestimmte soziale Funktion. Unabhängig von den sonst gültigen Besitzhierarchien verbanden sie die Dorfgemeinde zu diesem wichtigen Jahrestermin: alle Dorfbewohner wurden bedacht. Damit war zu Weihnachten der Frieden hergestellt, verstärkt durch den christlichen Inhalt der Spiele, in denen die Hirten als die Ärmsten zuerst der verstoßenen Heiligen Familie ihre Aufwartung machten und die Könige ihnen soziale Anerkennung verschafften. Der schön geputzte vorangetragene Stern war oft gewissermaßen das Zeichen für all diesen Prestigezuwachs, auch für die ärmste Familie.

Den katholischen Weihnachtsspielen und -liedern mit den Inhalten des Kindleinwiegens, der Nikolauslegende und der Anbetung der Heiligen-Drei-Könige widersetzten sich zunächst Theologen und Pädagogen des protestantischen Deutschlands. Sie wandten sich sowohl gegen die Heiligenlegenden wie gegen die Kinderschreckgestalt des teuflischen Ruprecht. Später flossen die Texte des Südens und Nordens, die häufig durch wandernde Schülergruppen übermittelt wurden, in vieler Hinsicht zusammen, und die Umzüge von Haus zu Haus wurden ein Teil des ländlichen Heiligabendprogramms, ehe die bürgerliche Weihnachtsfeier vor etwa 100 Jahren auch die Dörfer zu erreichen begann.

Bis in die Mitte des 20. Jahrhunderts sind derartige Spiele besonders im Alpenraum und bei den deutschen Gruppen in Südosteuropa, den Donauschwaben, lebendig geblieben.

Neben den dörflichen Spielgemeinschaften gab es auch ungebundene mobile Gruppen, die den festlichen Termin als willkommenen Anlaß

[42] Schmidt *Das deutsche Volksschauspiel*, S. 53
[43] Ingeborg Weber-Kellermann: *Ein Banater Dreikönigsspiel im interethnischen Kontext*, in: *Jahrbuch für ostdeutsche Volkskunde* 14 (1971), S. 105–111, dort auch die Kommentierung

für ihre Bettelfahrten benutzten. Sie dürfen aber auch als Vermittler der Spiele und Lieder von Dorf zu Dorf, von Region zu Region betrachtet werden. So galten im Erzgebirge die »Königsscharen« als fragwürdiger Personenkreis, als arme Leute, die sich im Schutz des allbekannten Brauches etwas verdienen wollten. 1855 wurden sie mit einem Polizeiverbot belegt, agierten aber im geheimen weiter, getarnt als Puppenspieler. – Für Holland hat Felix Timmermans (1886–1947) in seinem *Triptychon von den Heiligen Drei Königen* 1924[44] das Armenrecht solcher Dreikönigsdarsteller geschildert. – In Thüringen verbot um 1780 die Polizei das übermäßige Sternsingerlaufen[45], was Goethe zu seinem Dreikönigslied motivierte (siehe S. 145f.).

Der Lehrerssohn und Jugendschriftsteller Gustav Nieritz (1795–1876) hat für die Mitte des 19. Jahrhunderts eine anschauliche Schilderung der damaligen Umgänge und Ansinge-Tätigkeit gegeben[46]:

In der Zeit zwischen dem Feste der Erscheinung Christi und dem Osterfeste pflegten die heiligen drei Könige ihren Umgang in Dresden zu halten. Dieselben waren sehr niedriger Herkunft: Jünglinge oder Männer des Proletariats und gewöhnlich frühere Zöglinge meines Vaters.

»Die heiligen drei Könige mit dem Stern – sie essen und trinken und bezahlen nicht gern«

paßte ganz und gar auf sie. Gewöhnlich erschienen sie erst in der Abenddämmerung, aus Bescheidenheit, oder weil sie am hellen Tage keine Verkleidung tragen durften. Diese bestand aus Gewändern von buntem, silbernem und goldigem Papier, daher man solche nicht derb anfassen durfte. Ihre Kronen flimmerten von bunten Glasbrillanten, ihre Scepter, Schwerter, Palmenzweige waren von Pappe gefertigt und ihre Gesichter theils mit Nußbraun, theils mit Kienruß und Milch gefärbt. Am schönsten nahm sich der Mohrenkönig, schwarz glänzend wie Ebenholz, aus, auch wurde seine eigentliche Person am schwersten von uns erkannt. Mit den heiligen 3 Königen zugleich stellte sich auch ein Jude mit großem Kinnbarte und

einem Sacke ein, in welchen letzteren er die erbetenen Geschenke einsammelte. Wenn es hieß: »Die heiligen 3 Könige sind da!« so befiel uns Knaben ein heiliger, ehrfurchtsvoller Schauer, und staunend betrachteten wir ihr Erscheinen, hörten wir stumm ihren Spruch mit an. Dabei drehte sich der goldige oder silberne Stern am Stengel, der Mohrenkönig fächelte mit seinem grünen Palmenzweige und zeigte dabei das Weiße der Augen in seinem rabenschwarzen Antlitze. Der Jude kauderwelschte in seinem Dialect und

Ein Sternsinger.
Aquarell aus der Salzburger Gegend
Ende des 18. Jahrhunderts

[44] Leipzig, Inselbuch 1924 u. ö.
[45] vgl. Goethes Epiphaniaslied aus dem Jahre 1781; siehe Weber-Kellermann, S. 201 und die Vertonung von Hugo Wolf
[46] Gustav Nieritz: *Selbstbiographie*, 1872, S. 44 ff.

141

erhielt viel königliche Püffe. Endlich sang das Quartett:

Wir woll'n uns wieder wenden –
die Elbe geht mit starkem Eis.
Herr Nieritz heißt sein Name,
er treibt sein Amt mit allem Fleiß.

In ähnlicher Weise ward jeder der Anwesenden angesungen, auch mancher unfeine Spaß mit eingeflochten. Das eine Mal hatten meine Aeltern ein armes Mädchen als Pflegetochter angenommen, an welches sich die heiligen 3 Könige zuletzt wendeten.

»Wir woll'n uns wieder wenden –« sangen sie –
»Die Elbe geht mit starkem Eis.
Jungfer Hilschmann ist ihr Name,
sie pißt in's Bett mit allem Fleiß«

Das war wirklich zuweilen der Fall und der einzige Fehler des Mädchens, von dessen Vorhandensein unser Dienstmädchen die heiligen 3 Könige heimlich in Kenntniß gesetzt hatte. Die Schuldige, welche bisher mit freudig lächelndem Antlitze zugehört hatte, war wie vom Donner gerührt. Beide Hände vor das hoch erröthende Gesicht schlagend, eilte sie laut aufweinend aus dem Zimmer. Die Lection war stark gewesen, aber von einem nie erwarteten, guten Erfolge.

Die allgewaltige Polizei hat es gewagt, ihre Hand sogar an die so lange angedauerten heiligen 3 Könige zu legen und ihnen ihren alljährlichen Umgang zu verwehren. Ja sie hat selbst die Widerstrebenden mit Gefängnißstrafe belegt und somit alle die schönen Grüße, Reime, Sinnsprüche und Gesänge der 3 Könige der Vergessenheit anheimfallen machen.

Aufzug der Könige.
Moritz von Schwind (1804–1871)

69. Drei König' führet göttlich' Hand

1. Drei Kö-nig' füh-ret gött-lich' Hand mit ei-nem Stern aus Mor-gen-land zum
2. Die Kö-nig' wa-ren Weis-heit voll, im Him-mels-lauf er-fah-ren wohl, und
3. Der Stern war groß und wun-der-schön, im Stern ein Kind mit ei-ner Kron', ein

Christ - kind durch Je - ru - sa - lem in ei - nem Stall nach Beth - le - hem.
gleich als Brü - der al - le drei sich ga - ben in ei - ne Kom - pa - nei.
gold - nes Kreuz sein Zep - ter war, und al - les wie die Ster - ne klar.

Gott führ uns auch zu die - sem Kind und mach aus uns sein Hof - ge - sind'!
Gott samm - le uns durch sei - ne Kraft in die - se ih - re Bru - der - schaft!
O Gott, er - leucht vom Him - mel fern die gan - ze Welt mit die - sem Stern!

4. Aus Morgenland in aller Eil',
kaum dreizehn Tag' viel' hundert Meil'
Berg auf, Berg ab durch Reif und Schnee
Gott suchten sie durch Meer und See.
Gott, laß uns auch nicht werden hart
kein Kirchengang noch auch Wallfahrt!

5. Herodes nicht ein' halbe Stund'
in seinem Hof sie halten kunnt':
Jerusalem sie lassen stehn
und eilends fort zur Krippen gehn.
Gott laß uns auch nicht halten ab
vom guten Weg bis zu dem Grab!

6. Sobald sie kamen zu dem Stall,
auf ihre Knie sie fielen all':
Die Schätz' heraus und Kisten auf:
Gold, Weihrauch, Myrrhen mit ganzem Hauf'.
O Gott, nimm an auch unser Gut,
Herz, Leib und Seel', Gut, Ehr' und Blut!

7. Mit Weihrauch und gebognem Knie
erkannten sie die Gottheit hie,
mit Myrrhen sein' Menschheit bloß,
mit rotem Gold ein' König groß.
Gott halt uns auch bei diesem Sinn,
kein Ketzerei laß schleichen in.

8. Maria hieß sie willkommen sein,
legt' ihn' ihr Kind ins Herz hinein:
Das tragen sie im Herzen mit,
kein' ander' Schatz begehrens' nit.
O Jungfrau rein, du göttlich'r Thron,
in unser Herz leg deinen Sohn!

9. Mit solchem Zehrgeld wohl versehn
zum Vaterland sie fröhlich gehn;
ihr Zehrgeld das süß' Kindlein war,
ihr frei' Geleit der Engel Schar.
Gott geb' uns auch am letzten Zug
der Zehrung und Beschützung g'nug!

Es handelt sich um ein verbreitetes Gesangbuch-
lied des 17. Jahrhunderts, das auch als Spieltext
durchaus denkbar ist.
Erk-Böhme III, Nr. 1955
Gotteslob (Anhang Aachen und Köln) Nr. 848 bzw. 846

70. Die heil'gen drei König' mit ihrigem Stern

1. Die heil'gen drei König' mit ihrigem Stern, die
2. Die heil'gen drei König' mit ihrigem Stern, sie
3. Die heil'gen drei König' mit ihrigem Stern knien

kom - men ge - gan - gen, ihr Frau - en und Herrn. Der Stern gab
brin - gen dem Kind - lein das Op - fer so gern. Sie rei - sen in
nie - der und eh - ren das Kind - lein, den Herrn. Ein' se - li - ge,

ih - nen den Schein; ein neu - es Reich geht uns her - ein.
schnel - ler Eil' in drei - zehn Tag' vier - hun - dert Meil'.
fröh - li - che Zeit ver - leih' uns Gott im Him - mel - reich!

Dieser Text steht als Muster für viele ähnliche aus der volkstümlichen Überlieferung und dürfte auch demjenigen aus Thüringen entsprochen haben, den Goethe in Weimar kennenlernte. Bekannt sind diese Brauchtexte und -melodien mindestens seit dem 16. Jahrhundert[47], wobei sich zuweilen in den Heischegängen die heiligen Könige zu geschwärzten Sündern und Sterndrehern wandelten.

Meist waren Schüler die Brauchausübenden, und von daher gingen in den Städten die

[47] vgl. Dietz-Rüdiger Moser: *Liedimmanenz und Brauchgeschichte. Beiträge zur Frühgeschichte des Sternsingens*, in: Forschungen und Berichte zur Volkskunde in Baden-Württemberg 1971–1973, S. 105–139.

Die Reise der heiligen drei Könige. Sassetta (um 1430)

Texte an Lehrlinge und Gesellen über, besonders an solche Handwerker, die im Winter wenig Arbeit hatten und zusätzlich kleine Einkünfte gebrauchen konnten[48].

> Erk-Böhme III, Nr. 1196–1200
> Klusen S. 156
> Komm, wir gehn nach Bethlehem S. 186

Schon 1789 schrieb das *Journal von und für Deutschland:*

Drei junge Burschen, die zum gemeinsamen Unternehmen und Verdienst sich vereinigt hatten, waren mit langen weißen Hemden bekleidet, die ein mit Goldpapier überzogener Gürtel zusammenhielt. Mit Goldpapier überzogene breite Wehrgehänge hingen über die Schultern und darin entweder hölzerne oder wirkliche Säbel. Zwei führten vergoldete Spieße in den Händen, und der dritte trug den sogenannten Stern. Der eine Bursche, welcher den Mohrenkönig vorstellte, war im Gesicht und an den Händen geschwärzt, hatte einen auf allerlei Art gezierten Turban auf, und hinten hing ihm ein langer steifer Zopf herab, der auch den beiden andern nicht fehlte zu ihren zackigen Kronen aus Goldpapier. Der Stern bestand aus einer Stange und einem darauf befestigten Brette. Auf diesem Brette sah man im Hintergrunde eine Art Schloß, mit Gold und Buchsbaum reichlich verziert. Auf der einen Seite war eine Laube von Buchsbaum, in welchem die kleinen drei Könige so lange verborgen blieben, bis das Lied ihre Erscheinung verlangte, an der anderen Seite des Schlosses befand sich der Stall mit Joseph, Maria und dem Kindlein in der Krippe, dabei ein Oechslein und ein Eselein. Im Schloß selbst war in der Mitte ein großes Fenster angebracht, hinter welchem Herodes gewöhnlich mit einem braunroten, fürchterlichen Gesichte stand; eine große schwarze Perücke deckte seinen Kopf. Alle Figuren waren durch Schnüre in Bewegung zu setzen. An der Stange befand sich noch ein großer vergoldeter Stern, aus Pappdekkel gemacht, den der Sternhalter herumdrehte. Die ganze Schaustellung war mit einigen Lichtern erleuchtet.

Epiphanias

Die heil'gen drei König' mit ihrem Stern,
Sie essen, sie trinken, und bezahlen nicht gern;
Sie essen gern, sie trinken gern,
Sie essen, trinken, und bezahlen nicht gern.

---

[48] Herbert Wetter: *Heischebrauch und Dreikönigsumzug im deutschen Raum*, Wiesbaden 1933

Die heil'gen drei König' sind gekommen allhier,
Es sind ihrer drei und sind nicht ihrer vier;
Und wenn zu dreien der vierte wär',
So wär' ein heil'ger drei König mehr.

Ich erster bin der weiß' und auch der schön',
Bei Tage solltet ihr erst mich sehn!
Doch ach, mit allen Spezerein
Werd' ich sein' Tag' kein Mädchen mehr erfrein.

Ich aber bin der braun' und bin der lang',
Bekannt bei Weibern wohl und bei Gesang.
Ich bringe Gold statt Spezerein,
Da werd' ich überall willkommen sein.

Ich endlich bin der schwarz' und bin der klein'
Und mag auch wohl einmal recht lustig sein.
Ich esse gern, ich trinke gern,
Ich esse, trinke und bedanke mich gern.

Die heil'gen drei König' sind wohlgesinnt,
Sie suchten die Mutter und das Kind;
Der Joseph fromm sitzt auch dabei,
Der Ochs' und Esel liegen auf der Streu.

Wir bringen Myrrhen, wir bringen Gold,
Dem Weihrauch sind die Damen hold;
Und haben wir Wein von gutem Gewächs,
So trinken wir drei so gut als ihrer sechs.

Da wir nun hier schöne Herrn und Fraun,
Aber keine Ochsen und Esel schaun,
So sind wir nicht am rechten Ort
Und ziehen unsers Weges weiter fort.

Johann Wolfgang von Goethe (1749–1832)

Die heiligen drei Könige mit ihrem Stern.
Nürnberger Holzschnitt um 1700
und Ludwig Richter (1803–1884)

1780 waren in Thüringen, wie schon erwähnt, die Dreikönigsumzüge wegen groben Unfugs polizeilich verboten worden, wogegen Goethe bei einer Weimarer Hofredoute am 6. Januar 1781 mit einer Variation des bei den Umzügen üblichen Liedes vergnüglich protestierte und damit beweist, wie stark das Polizeiverbot in seinen Kreisen diskutiert worden ist. In der Aufführung seines Epiphanias-Gedichtes spielte seine Freundin, die Sängerin Corona Schröter, den Ersten König.

Mehr als 100 Jahre später hat Hugo Wolf (1860–1903) das Goethegedicht vertont, eine Gelegenheitskomposition, welche zur Feier des Geburtstages der Frau Melanie Köchert geschrieben und von ihren Kindern Ilse, Hilde und Irmina am Tage Epiphanias im Kostüm der heiligen drei Könige gesungen und dargestellt wurde.

146

71. Als Jesus Christ geboren ward

1. Als Je - sus Christ ge - bo - ren ward, da war es kalt.
   Er ward ge-wickelt in Win - de -lein wohl in dem Stall. }
2. Jo - seph, der nahm sein E - se -lein wohl bei dem Zaum,
   er füh - ret es un - ter ein' Dat - tel -baum. }

Vor ein' E - sel und

„E - se -lein, du sollst

1. vor ein Rind da ward ge - legt Ma - ri - en Kind, Je - sus, der Her -
2. stil - le stehn, Ma - ri - a will zur Ru - he gehn, sie ist so mü -

- re, und wer dem dient auf die - ser Erd', dem lohnt es Gott, der Her - re.
- de": Da neig - te sich der Dat - tel - baum in Got - tes gro - ßer Gü - te.

Hochdeutsche Textfassung: Hilger Schallehn
© 1982 Schott Musik International, Mainz

3. Maria pflückt' die Datteln
in ihren Schoß,
und Joseph in derselben Weil'
sich nicht verdroß.
»Eselein, du sollst schneller gehn,
wir haben noch dreißig Meilen zu gehn,
es wird schon spate!«
Da neigte sich der Dattelbaum
in Gottes großer Gnade.

4. So zogen sie gemeinsam hin
in eine Stadt,
und Joseph hoffnungsvoll darin
um Herberg' bat.
Es war ein Wirt in diesem Ort,
trieb roh die Gäste wieder fort,
tat fort sie senden.
Maria aber spann das Garn
mit ihren frommen Händen.

5. Sie zogen weiter nun darum
wohl auf das Land,
und Joseph auf der Suche dann
ein' Herberg' fand.
»Wirtin, liebe Wirtin mein,
Behalt mich und das Kindelein
und auch die Fraue!«
Sie sprach: »Ich will es gerne tun,
auf euch ich ganz vertraue!«

6. Und als es dunkelt' abends spät,
da ward es kalt.
Gar müd' man in die Scheuer geht,
zum Stall alsbald.
Maria nahm ihr Kindelein,
und Joseph nahm sein Eselein,
sie lagen harte.
Da schauen Wirt und Wirtin zu
dem heil'gen Kindlein zarte.

7. Und dann herein um Mitternacht
die Kälte brach.
Der Wirt zu seiner Frau bedacht
die Worte sprach:
»Fraue, liebste Fraue mein,
steh auf und mach ein Feuerlein,
es muß uns rühren.
Das Kind find't keine Ruh' heut' Nacht,
es wird erfrieren!«

8. Die Frau stand auf und tat gar bald,
was man sie hieß.
Und in der Küche sie dann halt
das Feuer blies.
»Jungfrau, liebste Jungfrau mein,
trag doch herzu das Kindelein
zu meinem Herde!
Dein Kindlein findet keine Ruh'
auf dieser kalten Erde.«

9. Maria nahm ein Pfännelein,
das war gar klein.
Sie kocht' dem Kind ein Müselein
ganz süß und fein.
Und das Kind ißt's voller Ruh',
Maria singt ein Lied dazu
von schöner Weise:
»Du bist mir wie ein Spiegel klar,
den lieben Gott ich preise!«

10. Maria, die konnt' spinnen gut,
des freut' sie sich.
Und Joseph dazu zimmern tut;
so nährten sie sich.
Jesus ist der gute Hirt!
Es wurde arm der reiche Wirt
und reich der arme.
Wir bitten Gott zur letzten Stund':
»Nimm uns in deine Arme!«

Hier wird die Flucht nach Ägypten in einem spielhaften Text beschrieben mit vielen einfachen Dialogen und Spielanweisungen. Der Text stammt aus dem 16. Jahrhundert und ist über ganz Europa bis 1900 sehr bekannt gewesen, was für seinen Spielcharakter sprechen könnte. Das Original der Melodie steht in dem katholischen Gesangbuch von Haym von Themar, Augsburg 1590.

Erk-Böhme III, Nr. 1950

Abb. links:
Vorbereitung zur Flucht.
Hans Leonhard Schäufelein (um 1480–1539)
Abb. rechts:
Maria spinnt, und Joseph zimmert.
Hinterglasbild aus dem 19. Jahrhundert.

5. DIE WEIHNACHTLICHE HAUSMUSIK DES 19. JAHRHUNDERTS

Erst im 19. Jahrhundert entwickelte sich Weihnachten allmählich zum innigen Familienfest der Deutschen. Seit dem Biedermeier hatte das Bürgertum die soziale und kulturelle Führung übernommen. Das bedeutete, daß das häusliche Leben insgesamt intimer wurde und eine Verinnerlichung der familiären Beziehungen zur Folge hatte, die sich außer in Wohnkultur und neuer Kindererziehung auch in der freundlichen Ausgestaltung des Weihnachtsfestes ausdrückte [49]. Der Weihnachtsbaum und die Kinderbescherung rückten in das Zentrum der Familienfeier, und dabei spielten Hausmusik und Weihnachtslied eine große Rolle. Der mehrstimmige Kirchenchoral wurde als Sololied mit Klavierbegleitung in die »gute Stube« übernommen. Daneben entstand aber eine Fülle von Liedern, die dem neuen Charakter des Weihnachtsfestes als glücklicher Kinderbescherung entsprachen. Eine stabilisierte, deutsch-nationale Gesellschaft repräsentierte sich zu Ende des 19. Jahrhunderts auch im Weihnachtslied: immer weniger im strengen Sinne religiös, immer mehr im weiteren Sinne gemüthaft und stimmungsvoll.

Wichtig für diese Entwicklung war die große Rolle, die das Klavier für die Familienkultur übernommen hatte [50]. Seine zunehmende Verbreitung aufgrund der Serienfabrikation seit Anfang des 19. Jahrhunderts brachte eine Ausweitung volkstümlicher und trivialer Notenliteratur für eine ständig wachsende Zahl musikausübender Eltern und Kinder, vor allem der Töchter, und das Weihnachtsliederpotpourri gehörte bald zum Familienprogramm des Heiligen Abends. Das Musizieren wurde mehr und mehr zum Teil einer neuen standesbewußten bürgerlichen Erziehung. – So entstand neben den modernisierten alten Gesängen eine neue Schicht des familienfreundlichen Weihnachtsliedes für den Hausgebrauch, die das Bild der bürgerlichen Gesellschaft getreulich widerspiegelte, »hausbacken« wie die selbstgefertigten Süßigkeiten.

Eine klassische Darstellung dieser kulturellen Situation findet sich im 1901 erschienenen Roman *Buddenbrooks* von Thomas Mann (1875–1955), wenn es sich dabei auch um sehr gehobenes Bürgertum handelt. Die Schilderung des Weihnachtsfestes bei der Frau Konsulin bildet im Roman einen dramaturgischen Drehpunkt: festlich-zeremonielle Zeichen großbürgerlicher Brauchtradition dienen einer alten Patrizierfamilie zur glanzvollen Repräsentation ihres gesellschaftlichen und kulturellen Status; zugleich aber wird mit dem Ablauf des Festes der Untergang dieser Großbürgerfamilie ahnungsvoll angedeutet. Dabei spielt der weihnachtliche Gesang eine charakterisierende Rolle [51].

[...] *den Heiligen Abend hielt die Konsulin fest im Besitz, und zwar für die ganze Familie* [...]

[...] *»Mein Gott, du fieberst ja, Mutter!« sagte der Senator, als er mit Gerda und Hanno eintraf... »Alles kann doch ganz gemütlich vonstatten gehen.« Aber sie flüsterte, indem sie alle drei küßte: »Zu Jesu Ehren... Und dann mein lieber seliger Jean...«*

In der Tat, das weihevolle Programm, das der verstorbene Konsul für die Feier-

[49] Ingeborg Weber-Kellermann: *Die Familie*, Frankfurt/M. 1976, S. 300ff.
[50] Walter Salmen: *Haus- und Kammermusik. Privates Musizieren und gesellschaftlicher Wandel zwischen 1600 und 1900*, Leipzig 1969, S. 21f.
[51] Thomas Mann: *Buddenbrooks*, Berlin 1909, S. 508ff.

*lichkeit festgesetzt hatte, mußte aufrecht-
erhalten werden, und das Gefühl ihrer Ver-
antwortung für den würdigen Verlauf des
Abends, der von der Stimmung einer tiefen,
ernsten und inbrünstigen Fröhlichkeit erfüllt sein mußte, trieb sie rastlos hin und her
– von der Säulenhalle, wo schon die Marien-
Chorknaben sich versammelten, in den Eß-
saal [...] hinaus auf den Korridor, wo
scheu und verlegen einige fremde alte Leut-
chen umherstanden, Hausarme, die ebenfalls an der Bescherung teilnehmen sollten,
und wieder ins Landschaftszimmer, wo sie
mit einem stummen Seitenblick jedes über-
flüssige Wort und Geräusch strafte. Es war
so still, daß man die Klänge einer entfernten
Drehorgel vernahm, die zart und klar wie
die einer Spieluhr aus irgendeiner beschnei-
ten Straße den Weg hierher fanden [...]*

In diesen Kontext ist die Buddenbrooksche
Großbürgerweihnacht verwoben: eine patriar-
chal geordnete Familienfeier, die die Witwe ganz
im Sinne des Verstorbenen und nach dem von
ihm festgelegten Programm ablaufen läßt. Die im
unteren Hausflur wartenden Chorknaben der
nahen Kirche zeigen, daß man sich den altehr-
würdigen protestantischen Kirchengesang ins
Haus bestellen kann wie alle anderen materiellen
und geistigen Güter, und die anwesenden Hausarmen belegen die Gültigkeit der christlichen
Weltordnung, nach der Wohltätigkeit die
Tugend der Reichen ist. Mit den fernen Drehor-
gelklängen aber entsteht die Großstadtatmo-
sphäre, hatte doch jeder Leierkastenmann in
diesen Wochen die Weihnachtswalze aufgelegt.

*Christian fehlte! Wo war Christian? [... Die
Konsulin] instruierte eilig Mamsell Severin,
und die Jungfer begab sich an den Chorknaben vorbei durch die Säulenhalle, zwischen
den Hausarmen hin über den Korridor und
pochte an Herrn Buddenbrooks Tür.*

*Gleich darauf erschien Christian. Er
kam [...] ganz gemächlich ins Landschaftszimmer, indem er sich mit der Hand die
kahle Stirne rieb.*

*»Donnerwetter, Kinder«, sagte er,
»das hätte ich beinahe vergessen!«*

*»Du hättest es...«, wiederholte seine
Mutter und erstarrte...*

Die Harmonie wird gestört durch Christian, das
sympathische schwarze Schaf der Familie, dem
die weihnachtliche Haustradition nicht mehr ist
als ein sentimentaler Zwang, den er der Mutter
zuliebe über sich ergehen läßt.

*»Tochter Zion, freue dich!« sangen die
Chorknaben, und sie, die eben noch da
draußen so hörbar Allotria getrieben, daß
der Senator sich einen Augenblick an die
Tür hatte stellen müssen, um ihnen Respekt
einzuflößen – sie sangen nun ganz wunder-
schön. Diese hellen Stimmen, die sich, ge-
tragen von den tieferen Organen, rein, jubelnd und lobpreisend aufschwangen, zogen aller Herzen mit sich empor, ließen das
Lächeln der alten Jungfern milder werden
und machten, daß die alten Leute in sich
hineinsahen und ihr Leben überdachten,
während die, welche mitten im Leben standen, ein Weilchen ihrer Sorgen vergaßen
[...]*

*»Jauchze laut, Jerusalem!« schlossen
die Chorknaben, und die Stimmen, die fu-
genartig nebeneinander hergegangen waren, fanden sich in der letzten Silbe friedlich
und freudig zusammen. Der klare Akkord
verhallte, und tiefe Stille legte sich über Säulenhalle und Landschaftszimmer. Die Mit-
glieder der Familie blickten unter dem
Drucke der Pause vor sich nieder [...] Die
Konsulin aber schritt langsam zum Tische
und setzte sich inmitten ihrer Angehörigen
auf das Sofa [...] Sie rückte die Lampe*

*zurecht und zog die große Bibel heran [...
und] schlug dort auf, wo das Zeichen lag,
[...] nahm einen Schluck Zuckerwasser
und begann, das Weihnachtskapitel zu
lesen.*

Nachdem sich die Festgesellschaft durch den
schönen Gesang der Chorknaben hat erbauen
lassen, übernimmt nun die Konsulin als die
Seniorin die Leitung der familiären Liturgie.

*Sie las die altvertrauten Worte langsam und
mit einfacher, zu Herzen gehender Betonung, mit einer Stimme, die sich klar, bewegt und heiter von der andächtigen Stille
abhob. »Und den Menschen ein Wohlgefallen!« sagte sie. Kaum aber schwieg sie, so
erklang in der Säulenhalle dreistimmig das
»Stille Nacht, heilige Nacht«, in das die
Familie im Landschaftszimmer einstimmte.
Man ging ein wenig vorsichtig zu Werke
dabei, denn die meisten der Anwesenden
waren unmusikalisch, und hie und da vernahm man in dem Ensemble einen tiefen
und ganz ungehörigen Ton... Aber das
beeinträchtigte nicht die Wirkung dieses
Liedes ... Frau Permaneder sang es mit
bebenden Lippen, denn am süßesten und
schmerzlichsten rührt es an dessen Herz,
der ein bewegtes Leben hinter sich hat und
im kurzen Frieden der Feierstunde Rück-
blick hält ... Madame Kethelsen weinte still
und bitterlich, obgleich sie von allem fast
nichts vernahm.*

Stille Nacht, heilige Nacht, das die deutsche Bürgerfamilie des 19. Jahrhunderts zum rührenden
und feierlichen Höhepunkt ihres Heiligabends
emporstilisiert hat, verbindet nun die gewissermaßen professionellen Darbietungen der Chorknaben mit dem ungeübten Gesang des Fami-
lien- und Freundeskreises. Das Öffentliche wird
mit dem Intimen verflochten, die innerfamiliäre
Kulturbetätigung gewinnt die Oberhand, und die
Aktivität des Singens, sei sie auch noch so unge-
konnt, umschließt als Zeichen sozialer Gemeinsamkeit die Familiengruppe.

*Und dann erhob sich die Konsulin. Sie er-
griff die Hand ihres Enkels Johann und die
ihrer Urenkelin Elisabeth und schritt durch
das Zimmer. Die alten Herrschaften schlossen sich an, die jüngeren folgten, in der
Säulenhalle gesellten sich die Dienstboten*

*und die Hausarmen hinzu, und während
alles einmütig »O Tannebaum« anstimmte
und Onkel Christian vorn die Kinder zum
Lachen brachte, indem er beim Marschie-
ren die Beine hob wie ein Hampelmann und
albernerweise »O Tantebaum« sang, zog
man mit geblendeten Augen und ein Lächeln auf dem Gesicht durch die weitgeöff-
nete hohe Flügeltür direkt in den Himmel
hinein [...]*

*Singend, geblendet und dem altver-
trauten Raum ganz entfremdet umschritt*

*Das Weihnachts-
potpourri.
Aufstellbild
aus dem
19. Jahrhundert*

152

man einmal den Saal, defilierte an der Krippe vorbei, in der ein wächsernes Jesuskind das Kreuzeszeichen zu machen schien, und blieb dann, nachdem man Blick für die einzelnen Gegenstände bekommen hatte, verstummend an seinem Platze stehen.

Den Übergang zum Geschenkesegen unter dem Weihnachtsbaum begleitet das schlichte *O Tannebaum*, weltlich und kindlich zugleich als Einleitung des privaten Teiles der Familienfeier.

Die Paraphrasierung eines wichtigen Romankapitels durch stimmige Weihnachtsgesänge, die an ihrer Stelle die passende identifizierende Wirkung auf den Leser ausüben, sagt deutlich etwas aus über die Bedeutung der Lieder im Sinne gesellschaftlicher Kommunikation. Thomas Mann hat dieses Wissen bei seinen bürgerlichen Lesern als bekannt vorausgesetzt und es für den Aufbau seines Romans benutzt: Widerspiegelung gesellschaftlicher Realitäten in Festablauf und Lied.

72. Tochter Zion

1. Toch - ter_____ Zi - on, freu - - e dich!
2. Ho - si - an - na, Da - - vids Sohn,
3. Ho - si - an - na, Da - - vids Sohn!

Jauch - - ze laut, Je - ru - - sa - lem!
sei_____ ge - seg - net dei - - nem Volk!
Sei_____ ge - grü - ßet, Kö - - nig mild!

Sieh,_____ dein Kö - nig kommt_____ zu dir!
Grün - - de nun_____ dein ew' - ges Reich.
E - - wig steht_____ dein Frie - dens - thron,

Ja, _____ er kommt, der Frie- -dens-fürst.
Ho- -si- an- na in _____ der Höh'.
du, _____ des ew'- gen Va- -ters Kind.

Toch -ter_____ Zi - on, freu - -e dich!
Ho - si - an - na, Da- -vids Sohn,
Ho - si - an - na, Da- -vids Sohn!

Jauch- -ze laut, Je - ru - -sa- lem!
sei _____ ge- seg- net dei- -nem Volk!
Sei _____ ge- grü- ßet, Kö- -nig mild!

„Feiert, Posaunen, den Empfang"!
Fra Angelico da Fiesole
(1387–1455)

Der hymnische Text dieses populären Weihnachtsliedes stammt von Johann Escheburg (1743–1820) oder Friedrich Heinrich Ranke (1798–1876), dem Bruder des berühmten Historikers, und wurde in Kontrafaktur der Melodie von Georg Friedrich Händel (1685–1759) unterlegt. Ursprünglich ist die Komposition ein in mitreißendem, dramatischem Stil geschriebener Siegeschor zum Preis des alttestamentarischen Helden aus dem Oratorium *Josua* (1747); er wurde später von Händel auch in das Oratorium *Judas Maccabäus* übernommen, das im Jahr zuvor (1746) entstanden war. Der ursprüngliche Text *See the conqu'ring hero comes* lautet in der geläufigen deutschen Übersetzung:

> 1. *Seht! er kommt, mit Preis gekrönt,*
> *fei'rt, Posaunen, den Empfang!*
> *Rings um den Erretter tönt*
> *der Befreiten Sieg'sgesang!*
>
> 2. *Seht! er kommt, mit Sieg umringt,*
> *Flöten tönt, belebt den Tanz!*
> *Myrtenzweig' und Rosen schlingt*
> *in des Jünglings Lorbeerkranz!*

In Deutschland wurde der *Judas Maccabäus* erstmals 1786 in Berlin von Johann Adam Hiller (1728–1804) aufgeführt – als Geiger wirkte dabei u. a. Karl Friedrich Zelter mit. Zusammen mit diesem Oratorium, das nach den napoleonischen Kriegen zum Lieblingsstück bei patriotisch-militärischen Feiern wurde[52], erlangte besonders auch der nachträglich eingefügte Chor *Seht! er kommt, mit Preis gekrönt* Berühmtheit. Vermutlich 1796 schrieb kein Geringerer als Beethoven 12 Variationen für Violoncello und Klavier (WoO 45) über das Thema *Tochter Zion*; als Weihnachtslied hat sich der Chor bis in die Gegenwart lebendig gehalten und gehört zum weihnachtlichen Standard-Repertoire, seit dem 19. Jahrhundert besonders durch Knabenchöre verbreitet. Auch Thomas Mann läßt ja die Budenbrooksche Hausfeier mit *Tochter Zion*, gesungen von einem Knabenchor, beginnen (s. o.).

EG Nr. 13
Lechner, S. 40
vgl. Hartmann, S. 69
Weihnachtslieder S. 40

---

[52] Paul Henry Lang: *Georg Friedrich Händel*, Basel 1979, S. 400

*Weihnachtsabend
in der Biedermeierfamilie.
Aus: 12 Blätter,
Kinderbilder
bei G. N. Renner u. Co.
(1833–1840)*

73. O heilig' Kind, wir grüßen dich

1. O heilig' Kind, wir grüßen dich, o heilig' Kind wir grü-ßen dich mit Har-fen-klang und Lob-ge-sang, mit Har-fen-klang und Lob-ge-sang.

2. Du liegst in Ruh', du hei-lig' Kind, du liegst in Ruh', du hei-lig' Kind, wir hal-ten Wacht in dunk-ler Nacht, wir hal-ten Wacht in dunk-ler Nacht.

3. O Heil dem Haus, in das du kehrst, o Heil dem Haus, in das du kehrst! Es wird be-glückt und hoch ent-zückt, es wird be-glückt und hoch ent-zückt.

Dieses Lied gehört zu den Weisen aus dem Kreis der erneuerten Brüdergemeinde, die Christian Gregor (1723–1801) herausgegeben hat als *Brüdergesangbuch,* in Gebrauch geblieben von 1778–1927. Mit der Entstehung der Herrnhuter Siedlung in der Niederlausitz (1722) hatte sich nämlich eine erneuerte Brüderkirche gebildet, die vor allem durch den Grafen Zinzendorf (1700–1760) ihr Gepräge erhielt. Das vorliegende Lied aus der Zeit um 1800 fand Eingang in das weihnachtliche Liedgut des 19. Jahrhunderts.

Blume S. 408 ff.
Hirtenbüchel Nr. 32
Komm, wir gehn nach Bethlehem S. 111
Unsere Weihnachtslieder S. 20

Das gleiche Lied wird auch in der folgenden Textfassung gesungen; sie stammt von dem Zeichner, Schriftsteller und Musiker Franz Graf von Pocci (1807–1876), und man merkt dem etwas pompösen Begrüßungshymnus an, daß der Verfasser Zeremonienmeister und Hofmusikintendant König Ludwigs I. von Bayern war. Die Erhöhung und Heiligung des Kindes ist bezeichnend für den Zeitgeist dieses Liedes.

Weihnachtsgesang.
Franz Graf von Pocci
(1781–1876)

1. O heil'ges Kind.
wir grüßen dich
mit Harfenklang
und Lobgesang.

2. O heil'ges Haus,
du leuchtest ja
so hell und rein
wie Sonnenschein.

3. O heil'ges Haus,
in das du kehrst,
es wird beglückt
und hochentzückt.

Weihnachtslieder S. 190

74. O du fröhliche

```
C      F      C              C     F     C              C    G    D   G  Am/C
```

1. O du frö - li - che,— o du se - li - ge,— gna - den - brin - gen - de
2. O du frö - li - che,— o du se - li - ge,— gna - den - brin - gen - de
3. O du frö - li - che,— o du se - li - ge,— gna - den - brin - gen - de

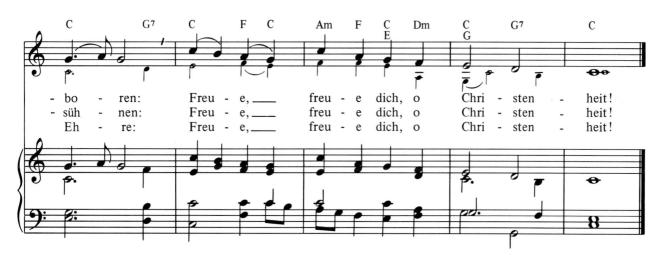

Als weihnachtliches Freudenlied hat Johannes Daniel Falk (1768–1826), Erbauer des Weimarer »Lutherhofs« für verwahrloste und gefährdete Kinder, den Text 1819 einer Melodie unterlegt, die Johann Gottfried Herder (1744–1803) aus Sizilien mitgeteilt hatte und zwar 1788 als *sizilianisches Schifferlied*[53]. Strophe 2 und 3 hat ein Mitstreiter Falks, Heinrich Holzschuher, hinzugefügt; in dieser dreistrophigen Form wurde *O du fröhliche* zu einem der beliebtesten Weihnachtslieder in Kirche und Familie.

Die Popularität des Liedes veranlaßte die folgende parodistische Umdichtung des Textes von Uwe Wandrey, mit der die weihnachtliche Geschäftemacherei unserer Zeit kritisch beleuchtet wird:

1. O du fröhliche, o du selige,
dollarbringende Weihnachtszeit…
Geld ward geboren
Welt ging verloren
verloren, verloren die Christenheit.

2. O du fröhliche, o du selige
dollarbringende Weihnachtszeit
Geld ist erschienen, daß wir ihm dienen
dienen, dienen der Marktfreiheit.

3. O du fröhliche, o du selige
dollarbringende Weihnachtszeit
Re- und Aktionäre
jauchzen dir Ehre
jauchzen dir, jauchzen dir, Christenheit.

EG Nr. 44
Gotteslob (Paderborner Anhang) Nr. 836
Heyne S. 179
Klusen S. 35 und 194
Lechner S. 4
Stern S. 266 (Parodie Uwe Wandrey)
Weihnachtslieder S. 182
Wohlgemuth S. 14

[53] *Stimmen der Völker in Liedern* [1807] *Das zweite Buch. Lieder aus dem Süd. Nr. 7. An die Jungfrau Maria. Ein sizilianisches Schifferlied* (zitiert nach der Reclam-Ausgabe, Leipzig o. J., S. 69).

Weihnachtsabend in der Gründerzeitfamilie.
F. B. Doŭbek (um 1910)

75. O Tannenbaum, wie grün sind deine Blätter

1. O Tan - nen - baum, o Tan - nen - baum, wie grün sind dei - ne Blät - ter! Du
2. O Tan - nen - baum, o Tan - nen - baum, du kannst mir sehr ge - fal - len. Wie
3. O Tan - nen - baum, o Tan - nen - baum, dein Kleid kann mich was leh - ren: Die

grünst nicht nur zur Som-mer-zeit, nein, auch im Win - ter, wenn es schneit. O
oft hat doch zur Weih-nachts-zeit ein Baum von dir mich hoch er-freut. O
Hoff-nung und Be-stän-dig-keit gibt Trost und Kraft zu je-der Zeit. O

Tan-nen-baum, o Tan-nen-baum, wie grün sind dei - ne Blät - ter.
Tan-nen-baum, o Tan-nen-baum, du kannst mir sehr ge - fal - len.
Tan-nen-baum, o Tan-nen-baum, dein Kleid kann mich was leh - ren.

Zum ersten Mal in der Weihnachtsliedgeschichte erscheint der Tannenbaum als Weihnachtssymbol. Doch ist auch das wiederum eine Kontrafaktur: der Leipziger Lehrer Ernst Anschütz nahm sich 1824 dieses Lied aus den *Volksliedern* von A. Zarnack vor[54] und behielt die Melodie und die erste Strophe des munteren Liebesliedes bei, dem er zwei brave Strophen zum Gesang für seine Schulkinder anfügte – ein Beleg dafür, daß sich damals der Weihnachtsbaumbrauch in der Stadt Leipzig zu verbreiten begann[55]. Die Melodie ist die eines alten Studentenliedes.

Einen schönen Abschlußbrauch mit dem Tannenbaumlied, der bei den Baltendeutschen üblich war, berichtet ein 1930 geborener Pfarrerssohn: das »Baumaussingen«. Wenn der Weihnachtsbaum am 6. Januar zum letzten Mal angezündet wurde, ließ man die Kerzen unter dem Gesang von »O Tannenbaum« ausbrennen. Eine Kerze jedoch wurde ausgelöscht und sorg-

fältig für das nächste Jahr zum Anzünden der Weihnachtsbaumlichter aufgehoben, gewissermaßen um die Kette der Familien-Weihnachtsbäume lebendig zu erhalten. Wenn nun aber die anderen Kerzen zu flackern und auszugehen begannen, so sang die Familie so lange, bis alle Kerzen verlöscht waren, auf die Tannenbaummelodie:

Im nächsten Jahr zur Weihnachtszeit
kommt wieder her und bringt uns Freud'!
Ade, du lieber Weihnachtsbaum,
Ade, ihr lieben Lichtchen.

Am nächsten Morgen wurde der abgeschmückte Weihnachtsbaum dann in den Garten gestellt und mit Speckschwarten für die Vögel behängt.

Nicht nur Christian Buddenbrook nimmt den schlichten Text des Liedes zum Anlaß für spaßhafte Verballhornung. Aus der Fülle von Spottversen seien hier Texte verschiedener Herkunft zitiert. Als nach dem I. Weltkrieg der Kaiser nach Doorn emigrierte, hieß es:

[54] Berlin 1820, Bd. II, S. 29
[55] Ingeborg Weber-Kellermann: *Das Weihnachtsfest*, S. 104ff.

O Tannebaum, o Tannebaum,
Der Kaiser hat in' Sack gehaun,
Er kauft sich einen Henkelmann
Und fängt bei Krupp in Essen an.

oder

Er selber muß jetzt hamstern gehn
und seine Frau Granaten drehn![56]

Solche Verkehrung der bisher gültigen gesellschaftlichen Verhältnisse betrifft in der Kinder-
poesie die eigene Situation in Beziehung zum
Lehrer, was sich wieder am besten mit dem Tannenbaumlied machen läßt[57]:

O Tannebaum, o Tannebaum,
Der Lehrer hat mir'n Arsch verhaun,
O Tannebaum, o Tannebaum,
Dafür schiff' ich ihm an den Zaun!

Am eindrucksvollsten ist vielleicht in der Gegenwart ein Angriff in der Form des Tannenbaumliedes auf die Person des Weihnachtsmannes, auf
die allmögende Gestalt des mythischen Gaben-
bringers, der im Spott der Kinder nicht einmal
über genügend Äpfel verfügt:

O Tannebaum, o Tannebaum,
der Weihnachtsmann will Äpfel klaun,
er zieht sich die Pantoffeln an,
damit er besser schleichen kann!

Der Text des Tannenbaumliedes ähnelt einem
älteren, in schöner Mollmelodie gefaßten Lied
(vgl. Kap. 7, S. 234f.).

Erk-Böhme I, Nr. 176
Heyne S. 183
Klusen S. 50 und 192
Lechner S. 6
Rühmkorf S. 162, 104, 51
Weihnachtslieder S. 202
Wohlgemuth S. 26

[56] zu den politischen Parodien s. Wolfgang Steinitz: *Deutsche Volkslieder demokratischen Charakters aus sechs Jahrhunderten*, Berlin 1962, Bd. II, S. 576f. Vgl. auch als Quelle: *Arbeitstexte für den Unterricht. Deutsche Volkslieder. Texte, Variationen, Parodien.* Hrsg. von Wolfgang Mieder, Stuttgart 1980
[57] Peter Rühmkorf: *Über das Volksvermögen*, Reinbek b. Hbg. 1969, S. 51, 104, 162

„Der Christbaum ist der schönste Baum".
Moritz von Schwind (1804–1871)

76. Der Christbaum ist der schönste Baum

1. Der Christbaum ist der schönste Baum, den wir auf Erden kennen. Im Garten klein, im engsten Raum, wie lieblich blüht der Wunderbaum, wenn seine Lichter brennen, wenn seine Lichter brennen, ja brennen!
2. Denn sieh, in dieser Wundernacht ist einst der Herr geboren, der Heiland, der uns selig macht. Hätt' er den Himmel nicht gebracht, wär' alle Welt verloren, wär' alle Welt verloren, verloren.
3. Doch nun ist Freud' und Seligkeit, ist jede Nacht voll Kerzen. Auch dir, mein Kind, ist das bereit't; dein Jesus schenkt dir alles heut', gern wohnt er dir im Herzen, gern wohnt er dir im Herzen, im Herzen.
4. O laß ihn ein! Es ist kein Traum, er wählt dein Herz zum Garten, will pflanzen in den engen Raum den allerschönsten Wunderbaum und seiner treulich warten, und seiner treulich warten, ja warten.

Der Weihnachtsbaum als Symbol für die Christgeburt ist das Thema dieses Liedes. Christus wählt nach einem mystischen Gedankengang des Kindes Herz zum Garten für seinen Wunderbaum. Textdichter ist der 1887 verstorbene Johannes Karl; das Lied wird gesungen nach einer Melodie von G. Eisenbach 1842 und ist in fast allen Weihnachtspotpourris zu finden.

Lechner S. 30
Weihnachtslieder S. 64

77. Stille Nacht

1. Stil - le Nacht! Hei - li - ge Nacht! Al - les schläft, ein - sam wacht
2. Stil - le Nacht! Hei - li - ge Nacht! Got - tes Sohn, o, wie lacht
(6.) 3. Stil - le Nacht! Hei - li - ge Nacht! Hir - ten erst Kund ge - macht.

nur das trau - te hoch hei - li - ge Paar. „Hol - der Kna - be im lok - ki - gen Haar,
Lieb' aus dei - nem gött - li - chen Mund, da uns schlägt die ret - ten - de Stund',
Durch der En - gel Hal - le - lu - ja tönt es laut von fern und nah:

schlaf in himm - li - scher Ruh', schlaf in himm - li - scher Ruh!"
Christ, in dei - ner Ge - burt, Christ, in dei - ner Ge - burt.
„Christ, der Ret - ter ist da, Christ, der Ret - ter ist da!"

3. Stille Nacht! Heilige Nacht,
die der Welt Heil gebracht;
aus des Himmels goldenen Höhn,
uns der Gnade Fülle läßt sehn:
|: Jesum in Menschengestalt. :|

4. Stille Nacht! Heilige Nacht!
Wo sich heut' alle Macht
väterlicher Liebe ergoß,
und als Bruder huldvoll umschloß
|: Jesus die Völker der Welt. :|

5. Stille Nacht! Heilige Nacht!
Lange schon uns bedacht,
als der Herr, vom Grimme befreit,
in der Väter urgrauer Zeit
|: aller Welt Schonung verhieß. :|

6. Stille Nacht! Heilige Nacht!
Hirten erst kundgemacht.
Durch der Engel Halleluja
tönt es laut von fern und nah:
|: Christ, der Retter ist da! :|

Am Ursprung dieses berühmtesten deutschen Weihnachtsliedes steht wahrscheinlich ein lateinischer Text, der auf einer Dorfkirchenempore im Bayerischen Wald gefunden wurde.

1. *Alma nox, tacita nox!*
Omnium silet vox,
Sola virgo nunc beatum
Ulnis fovet dulcem natum.
Pax tibi puer, pax!

2. *Alma nox, tacita nox!*
Angeli sonat vox
Halleluja! O surgite
Pastores hic accurrite!
Christus Deus adest.

3. *Alma nox, tacita nox!*
O Jesus tua vox
Amorem redemtos esse clamat
In tuo natali.

In einer Art von authentischem Bericht ist die Chronik des Liedes festgehalten (im handschriftlichen Nachlaß des Volksliedforschers Franz Magnus Böhme, 1827–1898)[58]:

Es war am 24. Dezember des Jahres 1818, als der damalige Hilfspriester Herr Joseph Mohr bei der neu errichteten Pfarrkirche (St. Nicola) in Oberndorf (bei Laufen an der Salzach) dem Organistendienst versehenden Franz Gruber (damals zugleich auch Schullehrer in dem nahe gelegenen Arnsdorf) ein Gedicht überbrachte mit dem Ansuchen, eine hierauf passende Melodie für 2 Solostimmen samt Chor und für eine Guitarrenbegleitung (statt der miserablen Orgel daselbst) setzen zu wollen. Letztgenannter überbrachte noch am selben Abende die Composition dem Dichter, der musikalische und sonstige Bildung in nicht minderem Grade besaß, und war sehr erfreut, daß selbe als gelungen bezeichnet wurde. Herr J. Mohr ließ nun gleich die etlichen Sängerinnen rufen, welche beim Chor ein-

zufallen hatten; das Solo sangen Dichter (vortrefflicher Tenorist) und Tonsetzer (Bassist). Nachdem es entsprechend geübt war, wurde beschlossen, es bei dem heil. Christ-Amte in der Nacht um 12 Uhr zur Aufführung zu bringen.

Herr Mohr besaß eine schöne Guitarre, welche er auch besonders gut, mit vollem Tone zu spielen verstand. (Die ländliche Bevölkerung, die nie ein solches Instrument gesehen haben mochte, hielt es anfänglich für eine Schwaben-[d. h. Insekten-]Falle. Erst als sie die schönen Töne hörte, wurde es ihr begreiflich, zu was das »Ding« gehörte.) Das Lied fand ungeteilten Beifall. Die größte Stille herrschte, als die beiden Stimmen begannen: »Stille Nacht«. Der Chor, nach dem Gehör gesungen, war recht brav vorgetragen und erhöhte den Eindruck.

Der Dichter des Textes Joseph Mohr (1792–1848) wählte für seine Übertragung die dreistrophige lateinische Vorlage, um den an seinem Pfarrort üblichen derben Mundartliedern einen hochdeutschen »bürgerlichen« Text gegenüberstellen zu können. Der Tonsetzer Franz Gruber (1787–1863) war Schullehrer und Organist, später Stadtpfarr-Chorregent in Hallein.

Verhältnismäßig genau läßt sich der weitere Weg des Liedes nachzeichnen. Ein Orgelbauer Karl Mauracher aus Fügen im Zillertal reparierte 1825 die Oberndorfer Orgel und erfuhr dabei von dem schönen neuen Lied. Er verfertigte sich eine Abschrift, die er in seinem Heimatort einer Sängergruppe übergab, den vier Geschwistern Straßer, Amalie, Karoline, Anna und Josef, wobei er die Oberndorfer Verfasser wissentlich oder unwissentlich verschwieg. Die Straßers nun konnten nicht nur schön singen, sondern vertrieben als Handschuhmacher ihre Erzeugnisse auf weiten Wanderfahrten bis auf die Leipziger Messe, und dort sollen sie 1832 in einem »volkstümlichen Konzert« zur Aufbesserung ihrer Verkaufseinnahmen zum ersten Mal das »neue« Weihnachtslied gesungen haben. Zum zweiten Mal erklang es während der Christmette in der königlichen Hofkapelle der Pleißenburg und im nächsten Jahr auf Veranlassung des *Leipziger Tageblatts* in einem Konzert des Hotel de Pologne.

1833 erschien in Dresden ein Druck des Liedes als Faltblatt mit dem Titel: *Vier ächte*

[58] ebenda, S. 55 ff.; Alois Schmaus und Lenz Kriss-Rettenbeck (Hg.): *Stille Nacht, Heilige Nacht. Geschichte und Ausbreitung eines Liedes*, Innsbruck – München 1968

165

„Stille Nacht". Autograph des Komponisten um 1855 (Museum Carolino Augusteum, Salzburg)

Tyroler Lieder für Sopran-Solo oder für vier Stimmen mit willkürlicher Begleitung des Piano-Forte; gesungen von den Geschwistern Straßer aus dem Zillerthale. Treu diesen trefflichen Natursängern nachgeschrieben. Diese erste Veröffentlichung kennzeichnete es nicht als Weihnachtslied, sondern als »Tiroler Lied«. Damit geriet es in eine damals moderne tirolerische Folklorismusbewegung, galten doch die Tiroler, die als Händler und Handwerker überall herumkamen, mit ihren Trachten und Tänzen als typisch »älplerisch«.

So erscheint *Stille Nacht* auch in der ersten wissenschaftlichen Veröffentlichung, im *Musikalischen Hausschatz der Deutschen,* 1843 herausgegeben von Gottfried Wilhelm Fink, als *Tyrolische Volksweise* ohne Angabe des Dichters und Komponisten, wobei »Tirol« als eine Art Gütemarke für Volkstümlichkeit galt. 1854 wandte sich die Königliche Hofkapelle zu Berlin an das Benediktinerstift St. Peter in Salzburg mit der Bitte um eine Abschrift des Weihnachtsliedes *Stille Nacht, heilige Nacht* von Michael Haydn!

Diese spekulative Zuordnung verrät, daß das Lied damals schon fast hoffähig war. Der zufällig in Salzburg anwesende Sohn Felix des Komponisten Gruber konnte den Irrtum aufklären und sandte mit der Abschrift wohl jenen Brief nach Berlin, der später in die Böhme-Akten gelangt ist. Der Volksliedsammler Ludwig Erk (1807–1883) erhielt eine Kopie und dessen Sohn veröffentlichte das Lied 1893 in *Schorers Familienblatt* Nr. 51. Damit erreichte es einen bürgerlich gebildeten Leserkreis, wie ihn sich der junge Joseph Mohr vielleicht erträumt hatte: kirchlich und überregional zugleich sollte es sein, aber kein Zillertaler Volkslied. Nun ging es ein in den Schatz bürgerlich weihnachtlichen Liedgutes und eroberte sich eine unangefochtene Spitzenstellung. Nicht nur im Familienkreise, sondern auch bei allen Schul- und Betriebsfeiern bildet sein Absingen den Höhepunkt. In Berlin legen die Leierkastenspieler in den Weihnachtswochen die Walzen von *Stille Nacht* und *O du fröhliche* auf. Bei den Weihnachtsfeiern der Kirche war es oft üblich, daß bei *Stille Nacht* die Lichter am Baum entzündet und der Saal verdunkelt wurde –, also fast eine liturgische Funktion. Vom einfachen Dorfgesang wurde es zum Gesellschaftslied des 19. Jahrhunderts, das sich den 1. Platz im Ritus der Weihnachtsfeier eroberte und in keinem Medienprogramm fehlt.

Neben der großen Beliebtheit dieses Liedes in einer mehr und mehr verbürgerlichten Welt darf aber auch seine Funktion im sozialkritischen Protestlied nicht übersehen werden, ein weiteres Zeichen seines Bekanntheitsgrades.

Im Streik der Crimmitschauer Textilarbeiter um 1900 sangen die Streikenden nach einem behördlich ausgesprochenen Verbot von Weihnachtsfeiern auf die bekannte Melodie:

Heilige Nacht!
Heiß tobt die Schlacht,
und es blitzt und kracht.
Friede auf Erden die Christenheit singt,
während der Arm das Schwert mutig schwingt,
kämpfend für Freiheit und Recht!

Der Streik hatte die Durchsetzung des 10-Stundentags zum Ziel, und das Sächsische Kirchen- und Schulblatt klagte in gewohntem Mißverstehen über die »Verwirrung« des menschlichen Geistes, der ein heiliges Fest der Christenheit benutzt, um Unfrieden zu stiften[59]!

Aber auch in anderen Protestliedern, so z. B. in dem folgenden Arbeiterlied von Boleslaw Strzelewicz, hat gerade diese eingängige Melodie den Kontrast zu anklägerischen Texten in einer ausgeprägten Klassengesellschaft geliefert[60]:

Arbeiter-Stille-Nacht

1. Stille Nacht, traurige Nacht,
ringsumher Lichterpracht!
In der Hütte nur Elend und Not,
kalt und öde, kein Licht und kein Brot,
|: schläft die Armut auf Stroh. :|

2. Stille Nacht, traurige Nacht,
hast du Brot mitgebracht?
fragen hungrige Kinderlein.
Seufzend spricht der Vater: »Nein.
|: Bin noch arbeitslos!« :|

3. Stille Nacht, traurige Nacht,
drunten tief in dem Schacht
schlagen Wetter, welch gräßliche Fron!
Gräbt der Bergmann für niedrigen Lohn
|: für die Reichen das Gold. :|

4. Stille Nacht, traurige Nacht,
Henkersknecht hält die Wacht;
in dem Kerker gefesselt, geächt',
leidet schmachtend für Wahrheit und Recht
|: mutige Kämpferschar. :|

5. Stille Nacht, traurige Nacht,
Arbeitsvolk, aufgewacht!
Kämpfe mutig mit heiliger Pflicht.
bis die Weihnacht der Menschheit anbricht,
|: bis die Freiheit ist da. :|

In den von Uwe Wandrey herausgegebenen Weihnachtsliedpersiflagen *Stille Nacht allerseits* (1972) muß gerade das hier besprochene Lied zu vielerlei bitterem Spott herhalten. Dieter Süverkrüp hat in dem titelgebenden Text den Geist einer von äußeren Konflikten sorgfältig abgeschirmten bürgerlichen Gesellschaft treffend und knapp zusammengezogen:

Stille Nacht allerseits!
Heilig Abend zusammen!
Macht die Tür zu!
Das Licht aus!
Die Kerzen an!
Amen!!!

Am Schluß des Buches nimmt er das Thema nochmals auf[61]:

Stille Nacht, heilige Nacht

1. Stille Nacht, heilige Nacht!
Weihnachtsgeld wird gebracht
durch Herrn Ruprecht vom Lo-hohnbüro.
Schweigend geht die Belegschaft aufs Klo,
zählend, wie viele Krümel
gnädig vom Herrntisch gefalln.

2. Stille Nacht, heilige Nacht!
Falscher Trost. Oh, wie lacht
der Direktor mit randvollem Mund,
singt uns gnädig zu göttlicher Stund':
»Arbeitsfriede auf Erden!«
Wir fall'n mal wieder drauf rein.

3. Billige Nacht, eilige Nacht!
Ratenkauf, leichtgemacht
durch der Engel Alleluja.
Die gehören zum Werbe-Etat.

[59] Klusen, S. 197
[60] Inge Lammel: *Das Arbeiterlied*, Leipzig 1980, S. 116f.
[61] Zu den politischen Parodien s. Wolfgang Steinitz: *Deutsche Volkslieder demokratischen Charakters aus sechs Jahrhunderten*, Berlin 1962, Bd. II, S. 288

167

Denn der Vater im Himmel
ist Präsident vom Konzern.

4. *Stille Nacht, heilige Nacht!*
Lichterbaum angemacht.
Und ein liebliches Liedlein gesingt!
Und ein Eierlikörchen getrinkt!
Und die Kinder geprügelt,
bis sie hübsch andächtig sind.

5. *Gute Nacht, peinliche Nacht!*
Fernsehspiel ausgemacht.
Und im Magen ein flaues Gefühl,
weil die Liebe nicht hochkommen will.
Noch zwei Nächte zum Schlafen.
Dann wieder rinn in' Betrieb!

6. *Stille Nacht, heilige Nacht!*
Weihnachtsfest rumgebracht.
Großes Gähnen im Portemonnaie.

Überstunden tun immer noch weh.
Falschen Frieden auf Erden
feierten wir mit den Herrn.

7. *Wilde Nacht, streikende Nacht!*
Eines Tages, nicht ganz sacht,
pfeifen wir auf die Gnade der Herrn,
übernimmt mal das Volk den Konzern
und die Führung im Staate.
Das wird ein Weihnachtsfest wer'n!!!

EG Nr. 46
Gotteslob Nr. 145
Heyne S. 189ff.
Klusen S. 90 und 195ff.
Lechner S. 2
Wandrey S. 121
Weihnachtslieder S. 222
Wohlgemuth S. 32

– Es gibt sogar ein »Stille-Nacht-Archiv« (Standort Keltenmuseum Hallein bei Salzburg) und eine »Stille-Nacht-Gesellschaft« (in Grödig/Salzburg) –

78. Heiligste Nacht

1. Hei - lig - ste Nacht! Hei - lig - ste Nacht!
2. Gött - li - ches Kind! Gött - li - ches Kind!

1. Fin - ster - nis wei - chet, es
   En - gel er - schei - nen, ver-
2. Du, der gott - se - li - gen
   laß dich mit in - ni - ger

strah - let her - nie - der lieb - lich und präch - tig vom Him - mel ein Licht.
kün - den den Frie - den, Frie - den den Men - schen, wer freu - et sich nicht?
Vä - ter Ver - lan - gen, Zweig, so der Wur - zel des Jes - se ent - sprießt,
Lie - be um - fan - gen, sei uns mit herz - li - cher De - mut ge - grüßt:

168

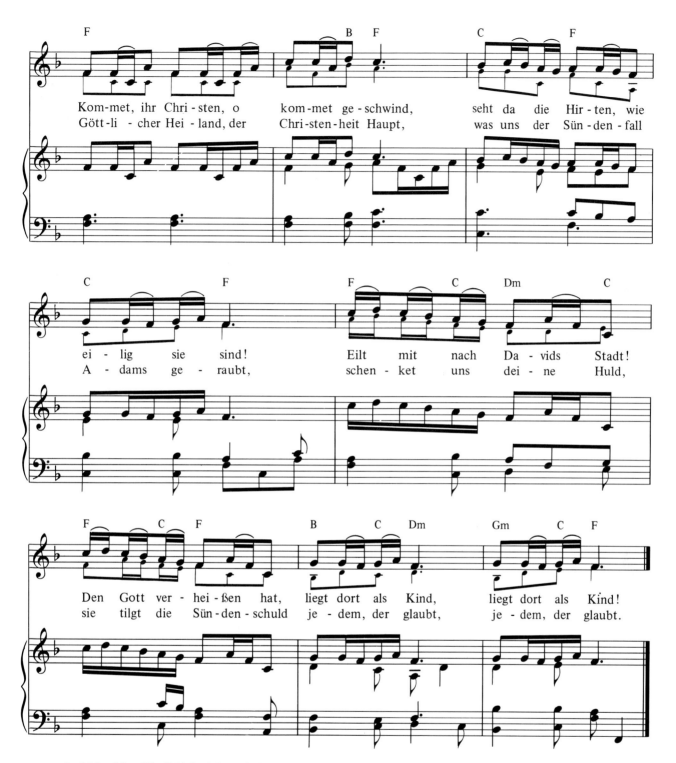

Kom-met, ihr Chri-sten, o kom-met ge-schwind, seht da die Hir-ten, wie
Gött-li-cher Hei-land, der Chri-sten-heit Haupt, was uns der Sün-den-fall

ei-lig sie sind! Eilt mit nach Da-vids Stadt!
A-dams ge-raubt, schen-ket uns dei-ne Huld,

Den Gott ver-hei-ßen hat, liegt dort als Kind, liegt dort als Kind!
sie tilgt die Sün-den-schuld je-dem, der glaubt, je-dem, der glaubt.

3. Liebreiches Kind! Liebreiches Kind!
Reu' und Zerknirschung, die bring' ich zur Gabe,
will nie mehr lassen von Gott, meinem Heil.
Jesus, dich lieb' ich! O wenn ich dich habe,
hab' ich den besten, den göttlichen Teil.
Außer dir möge mich nichts mehr erfreun;
denn ich verlange vereinigt zu sein
nur mit dir, Göttlicher!
Du bist mein Gott und Herr
und ich bin dein.

Dieses Lied wird als »Volkslied« aus Tirol bezeichnet (was wenig glaubwürdig erscheint) oder
fälschlich auch Franz X. Gruber (1787–1863)
zugeschrieben, was zumindest mit der Angabe
Tirol übereinstimmt. Es ist bei weitem nicht so
beliebt wie *Stille Nacht, heilige Nacht*, findet sich
aber in Potpourris und Gesangbüchern.

Es spielt eine wichtige Rolle im katholischen Weihnachtsgottesdienst. Nach Hartmann

(S. 136) entstammt es dem römisch-katholischen Kirchengesang und wurde zuerst 1783 in der Waisenhausbuchhandlung und in dem *Churfürstlichen Intelligenzcomptoir* zu München gedruckt. Unter der Überschrift *Kirchenlied am hohen Feste der gnadenreichen Geburt unsers Herrn Jesu Christi bey der ersten Messe in der Nacht* steht dort auf S. 13 ein etwas urwüchsigerer Text mit einer nach der zweiten eingefügten zusätzlichen Strophe:

Christen! bedenkt:
Zitternd vor Kälte, in Windeln gebunden
liegt hier der große gewaltige Gott!
Ach, soll dies Kindlein einstens voll Wunden
leiden am Kreuze den schmählichen Tod?
Hört, wie beweglich er Menschen zuspricht:
Sündige Seele, erbarm' ich dir nicht?
Der mich beleidiget,
von neuem kreuziget,
liebet mich nicht.

Gotteslob Nr. 811
Hartmann S. 134
Klusen S. 92 (mit der Angabe: *Aus dem Rheinland*)
Lechner S. 32 (mit der Angabe: *Volkslied aus Tirol*)

Kinder vor ihrer Weihnachtskrippe. Ludwig Emil Grimm (1790–1863)

79. Ihr Kinderlein, kommet

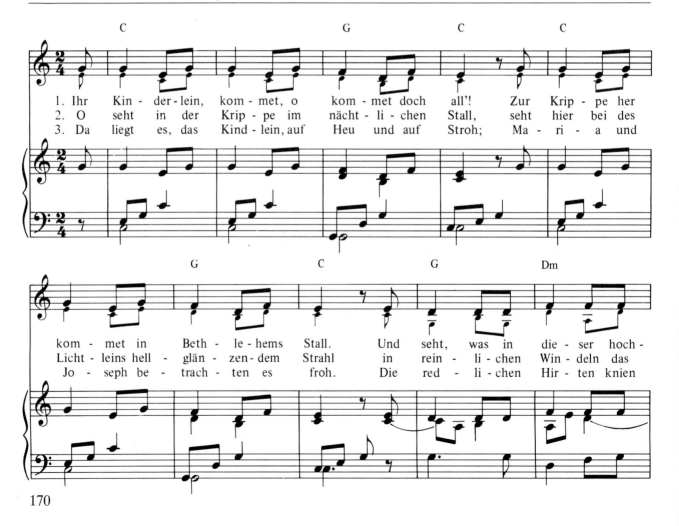

1. Ihr Kin-der-lein, kom-met, o kom-met doch all'! Zur Krip-pe her kom-met in Beth-le-hems Stall. Und seht, was in die-ser hoch-
2. O seht in der Krip-pe im nächt-li-chen Stall, seht hier bei des Licht-leins hell-glän-zen-dem Strahl in rein-li-chen Win-deln das
3. Da liegt es, das Kind-lein, auf Heu und auf Stroh; Ma-ri-a und Jo-seph be-trach-ten es froh. Die red-li-chen Hir-ten knien

170

| Am | | F | | G⁷ | | C | | G *Variante* | | C |

-hei - li - gen Nacht der Va - ter im Him - mel für Freu - de uns macht.
himm - li - sche Kind viel schö - ner und hol - der, als En - gel es sind.
be - tend da - vor; hoch o - ben schwebt ju - belnd der En - ge - lein Chor.

4. O beugt wie die Hirten anbetend die Knie,
erhebet die Händlein und danket wie sie.
Stimmt freudig, ihr Kinder – wer sollt' sich nicht freun? –
stimmt freudig zum Jubel der Engel mit ein!

5. Du liebes, du gutes, du göttliches Kind,
was leidest du alles für unsere Sünd'!
Ach, hier in der Krippe schon leidest du Not,
am Kreuze dort gar noch den bittern Tod.

6. Was geben wir Kinder, was schenken wir dir,
du bestes und liebstes der Kinder, dafür?
Nichts willst du von Schätzen und Reichtum der
Welt, ein Herz nur voll Demut allein dir gefällt.

7. »So nimm unsre Herzen zum Opfer denn hin;
wir geben sie gerne mit fröhlichem Sinn;
und mache sie heilig und selig wie deins,
und mach sie auf ewig mit deinem in eins.«

Ein spätes Krippenlied wurde hier geschaffen für die Kinderwelt des Biedermeier, noch bestimmt von der pädagogischen Morallehre der Aufklärung. Der Text stammt von dem katholischen Theologen und Verfasser moralischer Jugendschriften Christoph von Schmid (1768–1854) und soll der Legende nach 1798 oder 1810 in Erinnerung an die heimatliche Dinkelsbühler Weihnachtskrippe entstanden sein[62]. Er wurde einer Weise von Johann Abraham Peter Schulz (1747–1800) unterlegt, einem weltlichen Lied mit dem Anfang: *Wie reizend, wie wonnig* (1794). Auch dieses Lied hat manch parodistische Umdichtung erlebt. Sein Einsatz bei jeder Familienfeier, der Kontrast des banal-freundlichen Textes zur abgeschafften Nervosität der Familienmutter wird von Agnes Hüfner persiflierend angegangen:

Weihnachten zu Hause

1. Ihr Kinderlein kommet, o kommet doch all',
zur Krippe her kommet in Bethlehems Stall
Pst!
Und seht, was in dieser hochheiligen Nacht
Ruhe! Könnt ihr nicht mitsingen
Der Vater im Himmel
Na wirds bald
für Freude uns macht.

2. O seht in der Krippe
leg die Puppe jetzt endlich weg
im nächtlichen Stall
Hände auf den Tisch
seht hier
Kopf hoch
bei des Lichtleins hellglänzendem,
zieh nicht so'n Gesicht
Strahl!
In reinlichen Windeln
du wäschst dir aber gleich mal die Hände
das himmlische Kind
Schmutzfink
viel schöner
abscheulich
und holder
und die Fingernägel
als Englein
pfui Teufel
es sind.

---

[62] vgl. Kurt Arnold Findeisen: *Volksliedgeschichten und Geschichten in Volksliedern*, Berlin – Leipzig o. J., S. 55 ff.

3. Da liegt es
lümmel dich nicht so rum
ihr Kinder auf Heu
das gute Sofa
und auf Stroh
war teuer genug
Maria
ich muß das schließlich wieder sauber machen
und Josef
du könntest deinen Kindern auch mal was sagen
betrachten es froh
immer hab ich den Ärger
Die redlichen
ich geb mir doch bei Gott genug Mühe
Hirten
racker mich ab

knien betend
auf den Knien
davor
für euch
hoch oben
aber ihr
schwebt jubelnd
rotzfrech
der Engelein
Flegel
Chor.

EG Nr. 43
Klusen S. 96 und 195
Lechner S. 20
Wandrey S. 40f.
Weihnachtslieder S. 138
Wohlgemuth S. 8

Weihnachtspostkarte um 1925

80. Herbei, o ihr Gläubigen

1. Her-bei, o ihr Gläu-bi-gen, fröh-lich tri-um-phie-rend, o kom-met, o
1. Ad-es-te, fi-de-les, lae-ti tri-um-phan-tes, ve-ni-te, ve-

kom-met nach Beth-le-hem! Se-het das Kind-lein,
ni-te in Beth-le-hem! Na-tum vi-de-te

uns zum Heil ge - bo - ren! O las - set uns an - be - ten, o las - set uns an -
re - gem an - ge - lo - rum, ve - ni - te ad - o - re - mus, ve - ni - te ad - o -

- be - ten, o las - set uns an - be - ten den Kö - - nig.
- re - mus, ve - ni - te ad - o - re - mus Do - mi - num.

2. Du König der Ehren,
Herrscher der Heerscharen
verschmähst nicht, zu ruhen in Mariens Schoß.
Gott, wahrer Gott, von Ewigkeit geboren!
O lasset uns anbeten, o lasset uns anbeten,
o lasset uns anbeten den König.

3. Kommt, singet dem Herren,
o ihr Engelchöre,
frohlocket, frohlocket, ihr Seligen:
Ehre sei Gott im Himmel und auf Erden!
O lasset uns anbeten, o lasset uns anbeten,
o lasset uns anbeten den König.

4. Dir, der du bist heute
Mensch für uns geboren,
o Jesu, sei Ehre und Preis und Ruhm!
Dir, Fleisch gewordnes Wort des ew'gen Vaters!
O lasset uns anbeten, o lasset uns anbeten,
o lasset uns anbeten den König.

2. *Deum de Deo, Lumen de lumine,*
gestant puellae viscera;
natum videte regem angelorum:
Venite, adoremus, venite adoremus.
Venite, adoremus Dominum!

3. *Cantet nunc 'Io!' Chorus angelorum,*
cantet nunc aula caelestium.
Gloria in excelsis Deo!
Venite, adoremus, venite adoremus.
Venite, adoremus Dominum!

4. *Ergo qui natus, die hodierna,*
Jesu, tibi sit gloria;
Patris aeterni, Verbum caro factum!
Venite, adoremus, venite adoremus.
Venite, adoremus Dominum!

Friedrich Heinrich Ranke (1798–1876), der Dichter von *Tochter Zion,* hat diesen Text nach dem lateinischen Weihnachtshymnus *Adeste fideles* gedichtet und einer Melodie aus Portugal von ca. 1815 unterlegt.

EG Nr. 45
Gloria in excelsis Deo Nr. 12
Gotteslob Nr. 143
Klusen S. 138 (mit anderem Text)
Unsere Weihnachtslieder S. 6

81. Der Heiland ist geboren

1. Der Hei - land ist — ge - bo - ren, freu dich — o Chri - sten - heit, —
   sonst wärn wir gar ver - lo - ren, in al - le E - wig - keit. —
2. Das Kind - lein aus - er - ko - ren, freu dich — o Chri - sten - heit, —
   so in — dem Stall ge - bo - ren, hat Him - mel und Erd' er - freut. —

1.-4. Freut euch von Herzen, ihr Chri - sten all', kommt her — zum Kind - lein in — dem Stall, freut

euch von Her - zen ihr Chri - sten all', kommt her — zum Kind - lein in — dem Stall.

Weise aus Oberösterreich und dem Salzkammergut; Text aus der Grafschaft Glatz: ein volkstümliches Lied, das auch mit einer Krippenspiel-
handlung vorstellbar ist.

EG Nr. 49
Der Freudenquell S. 32
Inmitten der Nacht S. 27
Komm, wir gehn nach Bethlehem S. 151
Quempas S. 96

82. Schlaf wohl, du Himmelsknabe du

1. Schlaf wohl, du Him - mels - kna - be du, schlaf wohl, du sü - ßes Kind!___ Dich fä - cheln En - ge - lein in Ruh' mit sanf - tem Him - mels - wind.___ Wir ar - men Hir - ten sin - gen dir ein her - zig's Wie - gen - lied - chen für: Schla - fe, schla - fe, Him - mels - söhn - chen, schla - fe!

175

2. Maria hat mit Mutterblick
dich leise zugedeckt,
und Joseph hält den Hauch zurück,
daß er dich nicht erweckt.
Die Schäflein, die im Stalle sind,
verstummen vor dir, Himmelskind:
Schlafe, schlafe, Himmelssöhnchen, schlafe.

3. Bald wirst du groß, dann fließt dein Blut
von Golgatha herab,
ans Kreuz schlägt dich der Menschen Wut,
da legt man dich ins Grab.

Hab immer deine Äugelein zu,
denn du bedarfst der süßen Ruh':
Schlafe, schlafe, Himmelssöhnchen, schlafe.

4. So schlummert in der Mutter Schoß
noch manches Kindlein ein,
doch wird das arme Kindlein groß,
so hat es Angst und Pein.
O Jesulein, durch deine Huld
hilf's ihnen tragen mit Geduld:
Schlafe, schlafe, Himmelssöhnchen, schlafe.

Das angeblich elsässische Volkslied ist durch ansprechende Chorsätze weit verbreitet worden. Der poetische Text stammt 1786 von Christian Friedrich Daniel Schubart (1739–1791), die Melodie von Karl Neuner 1814.

Lechner S. 35
Weihnachtslieder S. 208

83. Fröhliche Weihnacht überall

1.-3. „Fröh-li-che Weih-nacht ü-ber-all!" tö-net durch die Lüf-te fro-her Schall.

Weih-nachts-ton, Weih-nachts-baum, Weih-nachts-duft in je-dem Raum!

„Fröh - li - che Weih - nacht ü - ber - all!" tö - net durch die Lüf - te fro - her Schall.

Fine

1. Dar - um al - le stim - met in den Ju - bel - ton,
2. Licht auf dunk - lem We - ge, un - ser Licht bist du,
3. Was wir an - dern ta - ten, sei ge - tan für dich,

denn es kommt das Licht der Welt von des Va - ters Thron.
denn du führst, die dir ver - traun, ein zu sel' - ger Ruh'.
daß be - ken - nen je - der muß, Christ - kind kam für mich.

nach Strophe 3 D. C. al Fine

Fröhliche Weihnacht überall S. 52

84. Alle Jahre wieder

1. Al - le Jah - re wie - der kommt das Chri - stus - kind
2. Kehrt mit sei - nem Se - gen ein in je - des Haus,
3. Steht auch mir zur Sei - te, still und un - er - kannt,

auf die Er - de nie - der, wo wir Men - schen sind.
geht auf al - len We - gen mit uns ein und aus.
daß es treu mich lei - te an der lie - ben Hand.

Wohl durch die Komposition im Volkston von Friedrich Silcher (1789–1860) hat sich dieses Lied mit dem Text des Fabeldichters Wilhelm Hey (1789–1854) so lange erhalten. Seine Hauptperson ist das gabenbringende Christkind.

Heyne S. 58
Klusen S. 34 und 195
Lechner S. 12
Weihnachtslieder S. 46
Wohlgemuth S. 9

Abb. links:
Das Christkind als Gabenbringer.
Eduard Geselschap (1814–1878)

Abb. rechts:
Weihnachtspostkarte von 1908

85. Du lieber, heil'ger, frommer Christ

1. Du lieber, heil'ger, frommer Christ, der für uns Kinder 'kommen ist, damit wir sollen weis' und rein und rechte Kinder Gottes sein.

2. Du Licht, vom lieben Gott gesandt in unser dunkles Erdenland, du Himmelskind und Erdenschein, damit wir sollen himmlisch sein.

3. Du lieber, heil'ger, frommer Christ, weil heute dein Geburtstag ist, drum ist auf Erden weit und breit bei allen Kindern frohe Zeit.

4. O segne mich, ich bin noch klein,
o mache mir das Herze rein!
O bade mir die Seele hell
in deinem reichen Himmelsquell!

5. Daß ich wie Engel Gottes sei,
in Demut und in Liebe treu,
daß ich dein bleibe für und für,
du heil'ger Christ, das schenke mir!

Ernst Moritz Arndt (1769–1860) hat 1818 dieses Kinderlied gedichtet, und Gottlob Siegert (1789–1868) hat es 1822 vertont. Es soll den Kindern das Bewußtsein vermitteln, mit dem Jesuskind gemeinsam Geburtstag zu feiern, und ihnen damit eine Identifikationsmöglichkeit bieten.

Weihnachtslieder S. 82

86. Ich danke Gott und freue mich

1. Ich dan-ke Gott und freu-e mich wie's Kind zur Weih-nachts-ga-be, daß
2. Ich dan-ke Gott mit Sai-ten-spiel, daß ich kein Kö-nig 'wor-den: Ich
3. Und all das Geld und all das Gut ge-währt zwar vie-le Sa-chen; Ge-

ich bin, bin! und daß ich dich, schön mensch-lich' Ant-litz! ha-be; daß
wär' ge-schmei-chelt wor-den viel und wär' viel-leicht ver-dor-ben. Auch
-sund-heit. Schlaf und gu-ten Mut kann's a-ber doch nicht ma-chen. Und

ich die Son-ne, Berg und Meer und Laub und Gras kann se-hen und
bet' ich ihn von Her-zen an, daß ich auf die-ser Er-de nicht
die sind doch, bei Ja und Nein!, ein rech-ter Lohn und Se-gen! Drum

Matthias Claudius (1740–1816), der Dichter dieses Liedes, wurde als Sohn eines Pfarrers im holsteinischen Reinfeld geboren. Am 15. März 1772 heiratete er die 15 Jahre jüngere Gastwirtstochter Rebecca Behn. In den folgenden 22 Jahren brachte sie zwölf Kinder zur Welt – sechs Söhne und sechs Töchter. Den vorstehenden Liedtext versah er mit der Vorschrift *täglich zu singen!* – also auch zu Weihnachten.

87. Es läuft ein fremdes Kind

1. Es läuft ein frem-des Kind am A-bend vor Weih-nach-ten durch ei-ne Stadt ge-schwind, die Lich-ter zu be-trach-ten, die an-ge-zün-det sind.

2. Es steht vor je-dem Haus und sieht die hel-len Räu-me, die drin-nen schaun her-aus, die lam-pen-vol-len Bäu-me; weh wird's ihm ü-ber-aus.

3. Das Kind-lein weint und spricht: „Ein je-des Kind hat heu-te ein Bäum-chen und ein Licht und hat dran sei-ne Freu-de, nur bloß ich ar-mes nicht."

4. An der Geschwister Hand,
als ich daheim gesessen,
hat es mir auch gebrannt;
doch hier bin ich vergessen
in diesem fremden Land.

5. Läßt mich denn niemand ein?
Ich will ja selbst nichts haben;
ich will ja nur am Schein
der fremden Weihnachtsgaben
mich laben ganz allein.«

6. Es klopft an Tür und Tor,
an Fenster und an Laden,
doch niemand tritt hervor,
das Kindlein einzuladen; –
sie haben drin kein Ohr.

7. »O lieber heil'ger Christ,
nicht Mutter und nicht Vater
hab' ich, wenn du's nicht bist;
o sei du mein Berater,
weil man mich hier vergißt!«

8. Das Kindlein reibt die Hand,
sie ist vor Frost erstarret;
es kriecht in sein Gewand
und in dem Gäßlein harret,
den Blick hinausgewandt.

9. Da kommt mit einem Licht
durchs Gäßlein hergewallet,
im weißen Kleide schlicht,
ein ander' Kind; wie schallet
es lieblich, da es spricht:

10. »Ich bin der heil'ge Christ,
war auch ein Kind vordessen,
wie du ein Kindlein bist;
ich will dich nicht vergessen,
wenn alles dich vergißt!

11. Ich will dir deinen Baum,
fremd' Kind, hier lassen schimmern
auf diesem offnen Raum, –
so schön daß die in Zimmern
so schön sein sollen kaum.«

12. Da deutet mit der Hand
Christkindlein auf zum Himmel,
und droben leuchtend stand
ein Baum voll Sterngewimmel
vielästig ausgespannt.

13. So fern und doch so nah:
Wie funkelten die Kerzen,
wie ward dem Kindlein da,
dem fremden, still zu Herzen,
das seinen Christbaum sah!

14. Es ward ihm wie ein Traum;
da langten hergebogen
Englein herab vom Baum
zum Kindlein, das sie zogen
hinauf zum lichten Raum. –

15. Das fremde Kindlein ist
zur Heimat nun gekehret
bei seinem heil'gen Christ,
und was hier wird bescheret,
es dorten leicht vergißt.

Der Text gehört in die etwas triviale, lyrisch-biedermeierliche Produktion von Friedrich Rükkert (1788–1866), doch widerspiegelt das 1816 entstandene Kindergedicht inmitten der damals erwachenden Bescherungsseligkeit doch ein gewisses soziales Bewußtsein. Den Balladencharakter unterstreicht die Melodie von Carl Löwe (1796–1869).

Weihnachtslieder S. 100

Bürgerkinderseligkeit. Moritz von Schwind (1804–1871)

88. Morgen, Kinder, wird's was geben

1. Mor - gen, Kin - der, wird's was ge - ben, mor - gen wer - den wir uns freun!
2. Wie wird dann die Stu - be glän - zen von der gro - ßen Lich - ter - zahl!
3. Wißt ihr noch mein Rä - der - pferd - chen, Mal - chens net - te Schä - fe - rin,
4. Welch ein schö - ner Tag ist mor - gen! Vie - le Freu - de hof - fen wir,

1. Welch ein Ju - bel, welch ein Le - ben wird in un - serm Hau - se sein!
2. Schö - ner als bei fro - hen Tän - zen ein ge - putz - ter Kro - nen - saal.
3. Jett - chens Kü - che mit dem Herd - chen und dem blank - ge - putz - ten Zinn?
4. uns - re lie - ben El - tern sor - gen lan - ge, lan - ge schon da - für.

1. Ein - mal wer - den wir noch wach, hei - ßa, dann ist Weih - nachts - tag!
2. Wißt ihr noch, wie vor' - ges Jahr es am Heil' - gen A - bend war?
3. Hein - richs bun - ten Har - le - kin mit der gel - ben Vi - o - lin?
4. O ge - wiß, wer sie nicht ehrt, ist der gan - zen Lust nicht wert.

Nach einer Berliner Volksweise (von Carl Gottlieb Hering) 1809 getextet von Philipp von Bartsch (1770–1833); vgl. auch Karl Friedrich Splittegarbs *Lieder zur Bildung des Herzens*[63], dies wiederum nach dem Hamburger Lied *Morgen, morgen wird's was geben*, 1779. Bürgerliche Wohnkultur, reicher Geschenkesegen und Dankbarkeitspflichten zeigen sich am unbefangensten in diesem Lied, das also aus Berlin stammen soll. *Einmal werden wir noch wach* trifft ganz die Erwartungsfreude glücklicher Kinder. Kein Wunder, daß dieser Pracht hundert Jahre später das Anti-Weihnachtslied von Erich Kästner (1899–1974) entgegensteht:

Weihnachtslied, chemisch gereinigt

(Nach der Melodie:
»Morgen, Kinder, wird's was geben!«)

Morgen, Kinder, wird's nichts geben!
Nur wer hat, kriegt noch geschenkt.
Mutter schenkte euch das Leben.
Das genügt, wenn man's bedenkt.
Einmal kommt auch eure Zeit.
Morgen ist's noch nicht soweit.

Doch ihr dürft nicht traurig werden.
Reiche haben Armut gern.
Gänsebraten macht Beschwerden.
Puppen sind nicht mehr modern.
Morgen kommt der Weihnachtsmann.
Allerdings nur nebenan.

Lauft ein bißchen durch die Straßen!
Dort gibt's Weihnachtsfest genug.
Christentum, vom Turm geblasen.
macht die kleinsten Kinder klug.
Kopf gut schütteln vor Gebrauch!
Ohne Christbaum geht es auch.

Tannengrün mit Osrambirnen –
lernt drauf pfeifen! Werdet stolz!
Reißt die Bretter von den Stirnen,
denn im Ofen fehlt's an Holz!
Stille Nacht und heil'ge Nacht –
weint, wenn's geht, nicht! Sondern lacht!

Morgen, Kinder, wird's nichts geben!
Wer nichts kriegt, der kriegt Geduld!
Morgen, Kinder, lernt fürs Leben!
Gott ist nicht allein dran schuld.
Gottes Güte reicht so weit . . .
Ach, du liebe Weihnachtszeit!

Anmerkung: Dieses Lied wurde vom Reichsschulrat für das Deutsche Einheitslesebuch angekauft.

Heyne S. 61
Klusen S. 48 und 195, 197
Lechner S. 14
Wandrey S.33 f.
Weihnachtslieder S. 168
Wohlgemuth S. 6

[63] Berlin 1795

Arme-Leute-Weihnacht.
Ludwig Emil Grimm (1790–1863)

89. Morgen kommt der Weihnachtsmann

1. Mor - gen kommt der Weih-nachts-mann, kommt mit sei - nen Ga - ben.
2. Bring uns, lie - ber Weih-nachts-mann, bring auch mor - gen, brin - ge
3. Doch du weißt ja un - sern Wunsch, kennst ja uns - re Her - zen.

Bun - te Lich - ter, Sil - ber - zier, Kind mit Krip - pe, Schaf und Stier,
ei - ne schö - ne Ei - sen - bahn, Bau - ern - hof mit Huhn und Hahn,
Kin - der, Va - ter und Ma - ma, auch so - gar der Groß - pa - pa,

Zot - tel - bär und Pan - ter - tier möcht' ich ger - ne ha - ben.
ei - nen Pfef - fer - ku - chen - mann, lau - ter schö - ne Din - ge.
al - le, al - le sind wir da, war - ten dein mit Schmer - zen.

Textfassung der Strophen 1 und 2: Hilger Schallehn
© 1982 Schott Musik International, Mainz

Die ursprüngliche Fassung der beiden ersten Strophen von Heinrich Hoffmann von Fallersleben (1798–1874) lautet:

1. Morgen kommt der Weihnachtsmann,
kommt mit seinen Gaben.
Trommel, Pfeifen und Gewehr,
Fahn' und Säbel und noch mehr,
ja, ein ganzes Kriegesheer
möcht' ich gerne haben.

2. Bring uns, lieber Weihnachtsmann,
bring auch morgen, bringe
einen Stall mit viel Getier,
Zottelbär und Panthertier,
Roß und Esel, Schaf und Stier,
lauter schöne Dinge.

Was sich Heinrich Hoffmann von Fallersleben, der Dichter des Deutschlandliedes und ein aufrechter Demokrat, beim Reimen dieses Textes (etwa 1835) gedacht hat, ist schwer zu verstehen. Es ist wohl das Weihnachtslied, das dem christlichen Gedanken und der Botschaft »Friede auf Erden« am weitesten entfernt sein dürfte. In einer süddeutschen Fassung heißt es sogar: *Morgen kommt das Christkindlein*[64], das dann die gleichen Aufrüstungsgeschenke an die Kinder verteilt. Wenn es dennoch zu einem der beliebtesten Kinderlieder des 19. Jahrhunderts wurde, so sagt das etwas aus über die wachsende Funktion des Weihnachtsmannes als Verkörperung des familiären Patriarchalismus und die begehrten Weihnachtsgeschenke, ja über die Heiligabendstimmung im Bürgerhaus überhaupt. In neueren Liederausgaben, so auch in der oben stehenden Fassung, werden die ersten beiden Strophen gern vermischt, um die fatale Aufzählung von Kriegsspielzeug zu vermeiden.

Die Melodie ist ebenfalls alles andere als christlicher Herkunft: sie entstammt einem frivolen französischen Salonlied, das schon Mozart kannte und für seine Klavier-Variationen KV 265 benutzte (eine Singspielmelodie von Dezède, 1740–1792: *Ah, vous dirai – je Maman!*).

Auch dieses Lied wurde Gegenstand parodierender, politisch engagierter Umdichtungen. Um Mißverständnissen vorzubeugen, sei betont, daß es sich bei der Wiedergabe der beiden folgenden Parodien um Zitate handelt, die Verbreitung und Beliebtheit der betreffenden Melodien und Texte beweisen und damit ihre Eignung zur

[64] *Der Kleinen Sang und Spiel. Für Haus und Kindergarten gesammelt und ausgewählt von Joseph Lipp.* München 1911, S. 116

„Trommeln, Pfeifen und Gewehr..!"
Anonym (19. Jahrhundert)

Satire. Das zweite Beispiel von einem anonymen Verfasser wurde vom Deutschen Volksliedarchiv Freiburg i. Br. aufgezeichnet.

1. Morgen kommt der Weihnachtsmann,
kommt mit seinen Gaben:
Goldnes Armband, goldne Clips,
Socken, Oberhemden, Schlips,
Schnäpschen, Bierchen. Weihnachtsschwips –
Will man schließlich haben.

2. Drum erhöht der Weihnachtsmann
heute schon die Preise.
Ist ihm selbst nicht angenehm.
Doch in unserem System
kann man sonst nicht unternehm'
allbekannterweise.

3. Denn der flinke Weihnachtsmann
denkt auch an's Verdienen.
Gehen unsre Löhne rauf,
schlägt er's auf die Kosten drauf.
Er frißt unsren Vorrat auf –
wir sind seine Bienen.

4. So macht's jeder Weihnachtsmann
und nicht nur der eine:
Industrie und das Finanz-
kapital mit Rattenschwanz
spielen auf zum selben Tanz,
machen uns schon Beine.

5. Seht, da kommt der Weihnachtsmann
und vereinnahmt Steuer.
Schöne blanke Bundeswehr,
Fernraketen und noch mehr
ist den Weihnachtsmännern sehr
lieb – und uns sehr teuer.

6. Über unserm Lande herrscht
eine Weihnachtsmannschaft.
Leben alle sanft und gut
unter Gottes großem Hut
und kassieren frohgemut,
was das Volk heranschafft.

7. Drum versöhnt der Weihnachtsmann
oft mit bunten Dingen.
Bringt uns neue Kanzler mit
und so manchen neuen Trick.
Nur die neue Politik
mag er uns nicht bringen.

8. Und die neue Politur
macht er nur zum Schein her.
Finge nämlich irgendwann
wirklich große Änd'rung an –
bringt sie nicht der Weihnachtsmann,
denn dann wär' er keiner!

                                       Dieter Süverkrüp

1. Morgen kommt der Weihnachtsmann,
bietet uns sein Wahlprogramm:
Kernkraftwerke, Militär,
Wirtschaftswachstum und noch mehr.
Doch der deutsche Michel spricht:
Der Geschichte trau' ich nicht!

2. Morgen kommt der Helmut Schmidt
und bringt Wahlgeschenke mit:
Rentenschmus und Butterberg,
Rüstung, Strom von Kernkraftwerk.
Nur die allergrößten Kälber
wählen ihre Metzger selber.

3. Morgen kommt der Helmut Kohl.
Der hat auch die Taschen voll:
Nato-Bündnis, starke Hand,
Zucht und Ordnung muß ins Land.
Nur die allergrößten Kälber
wählen ihre Metzger selber.

4. Genscher schenkt – ganz liberal –
seine Freiheit uns zur Wahl:
Frei sind Wirtschaft, Umweltschmutz

und auch der Verfassungsschutz.
Nur die allergrößten Kälber
wählen ihre Metzger selber.

5. Nun kommt auch Franz-Josef Strauß,
stellt sich vor als Nikolaus:
Todesstrafe, Todesschuß
und dazu der deutsche Gruß.
Nur die allergrößten Kälber
wählen ihre Metzger selber.

6. Aber wir, wir müssen lachen,
wenn sie solche Mätzchen machen.
Heute reden sie noch groß.
Morgen sind sie arbeitslos.
Denn wir sind nicht dumme Kälber
und wir wählen jetzt uns selber.

7. Leute, wollt ihr euch nicht schaden,
wählt nicht den Parteienladen.
Sprecht für Schmidt, Kohl, Genscher, Strauß
die Berufsverbote aus.
Denn wir sind nicht dumme Kälber
und wir wählen jetzt uns selber.

Gott sei Dank, dann ists vorbei
mit der Übeltäterei.

Deutsches Volksliedarchiv Freiburg i. B.
Dotzler S. 7 (mit gereinigtem Text)
Klusen S. 48 und 194 f.
Lechner S. 16 (mit gereinigtem Text)
Stern S. 262 (Parodie) vgl. *Denkzettel. Politische Lyrik aus der BRD und West-Berlin*, Frankfurt/Main 1974, S. 161–163
Wandrey S. 61 (mit parodistischem Text von Dieter Süverkrüp)

Weihnachtskarte von 1912

90. Am Weihnachtsbaum die Lichter brennen

1. Am Weih-nachts-baum die Lich-ter bren-nen, wie glänzt er
2. Die Kin-der ste-hen mit hel-len Blik-ken, das Au-ge
3. Zwei En-gel sind her-ein-ge-tre-ten, kein Au-ge

fest-lich, lieb und mild, als spräch' er: „Wollt in mir er-
lacht, es lacht das Herz; o fröh-lich se-li-ges Ent-
hat sie kom-men sehn; sie gehn zum Weih-nachts-tisch und

-ken-nen ge-treu-er Hoff-nung stil-les Bild!"
-zük-ken! Die Al-ten schau-en him-mel-wärts.
be-ten und wen-den wie-der sich und gehn.

4. Gesegnet seid, ihr alten Leute,
gesegnet sei, du kleine Schar!
Wir bringen Gottes Segen heute
dem braunen wie dem weißen Haar.

5. »Zu guten Menschen, die ihn lieben,
schickt uns der Herr als Boten aus,
und seid ihr treu und fromm geblieben,
wir treten wieder in dies Haus.«

6. Kein Ohr hat ihren Spruch vernommen;
unsichtbar jedes Menschen Blick
sind sie gegangen wie gekommen:
Doch Gottes Segen blieb zurück.

Der sentimentale Text von Hermann Kletke (1841) beschreibt, ohne die Christgeburt zu erwähnen, die fromme Familienszene unter dem Weihnachtsbaum, der damals noch etwas Besonderes war, und die friedvolle Harmonie zwischen den Generationen. Das wird von nun an zur normierten Stimmung der deutschen Weihnacht.

Klusen S. 52
Lechner S. 24
Rühmkorf S. 110 – bringt eine Parodie in hessischer Mundart –
Wohlgemuth S. 29
Weihnachtslieder S. 49

Unterm Weihnachtsbaum
(Foto um 1920)

91. Kling, Glöckchen, klingelingeling

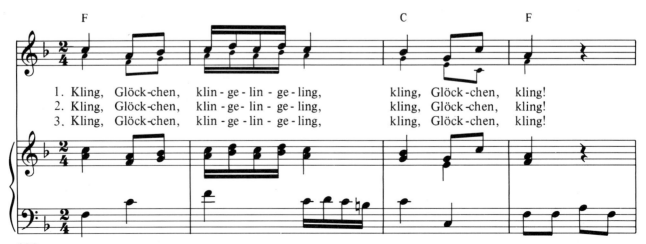

1. Kling, Glöck-chen, klin - ge - lin - ge - ling, kling, Glöck-chen, kling!
2. Kling, Glöck-chen, klin - ge - lin - ge - ling, kling, Glöck-chen, kling!
3. Kling, Glöck-chen, klin - ge - lin - ge - ling, kling, Glöck-chen, kling!

Laßt mich ein, ihr Kin - der, s'ist so kalt der Win - ter,
Mäd - chen, hört, und Büb - chen, macht mir auf das Stüb - chen,
Hell er - glühn die Ker - zen, öff - net mir die Her - zen,

öff - net mir die Tü - ren, laßt mich nicht er - frie - ren!
bring' euch vie - le Ga - ben, sollt euch dran er - la - ben!
will drin woh - nen fröh - lich, from - mes Kind, wie se - lig.

1.-3. Kling, Glöck - chen klin - ge - lin - ge - ling, kling, Glöck - chen, kling!

Das Lied ist für die Kinder aller Regionen Deutschlands geeignet, denn es bleibt offen, ob Weihnachtsmann oder Christkind die Gaben bringen. Der Text stammt von Karl Enslin (1814–1875) und soll auf eine Volksweise gedichtet sein. – Auch hierzu gibt es zahlreiche parodistische Umdichtungen, die das Glöckchenklingeln aufnehmen, wie z. B. die Fassung der »Fans« von Eintracht Frankfurt[65]:

Kling Glöckchen, klingelingeling,
kling, Glöckchen, kling,
die Eintracht, die wird Meister,
Schalke wird nur Zweiter,
Bayern wird nur Dritter,
oh wie ist das bitter,
kling, Glöckchen...

[65] mitgeteilt von Herrn Bertold Marohl, Stuttgart

Klusen S. 40 u. 195
Lechner S. 22
Weihnachtslieder S. 22

92. Süßer die Glocken nie klingen

1. Sü - ßer die Glok - ken nie klin - gen als zu der Weih - nachts - zeit:____
2. O, wenn die Glok - ken er - klin - gen, schnell sie das Christ - kind - lein hört:____
3. Klin - get mit lieb - li - chem Schal - le ü - ber die Mee - re noch weit,____

S'ist, als ob En - ge - lein sin - gen wie der von Frie - den und Freud'.____
Tut sich vom Him - mel dann schwin - gen ei - lig her - nie - der zur Erd'. ____
daß sich er - freu - en doch al - le se - li - ger Weih - nachts - zeit. ____

Wie sie ge - sun - gen in se - li - ger Nacht, wie sie ge - sun - gen in se - li - ger Nacht,
Seg - net den Va - ter, die Mut - ter, das Kind, seg - net den Va - ter die Mut - ter, das Kind,
Al - le auf - jauch - zen mit herr - li - chem Klang, al - le auf - jauch - zen mit herr - li - chem Klang!

Auch dieses süßliche Kinderlied von Friedrich Wilhelm Kritzinger (1816–1890) ist auf die Melodie eines älteren Volksliedes gedichtet: *Seht, wie die Sonne dort sinket* (1826 aus Thüringen). Hier wird das Symbol Glockenklang für Friede, Freude und weltweite Weihnachtswonne benutzt. Die ersten beiden Zeilen werden gern spöttisch als die klingenden Kassen der Kaufhäuser gedeutet.

Heyne S. 186
Klusen S. 38 und 195
Lechner S. 28
Stern S. 41 (Parodie)

93. Schneeflöckchen, Weißröckchen

1. Schnee - flöck - chen, Weiß - röck - chen, da kommst du ge-
2. Komm, setz dich ans Fen - ster, du lieb - li - cher
3. Schnee - flöck - chen, du deckst uns die Blü - me - lein

-schneit; du kommst aus den Wol - ken, dein Weg ist so weit.
Stern; malst Blu - men und Blät - ter, wir ha - ben dich gern.
zu, dann schla - fen sie si - cher in himm - li - scher Ruh'.

Dieses volkstümliche Lied gehört in den Bereich des Kindergartenliedes für die Winterzeit, hat also eigentlich mit dem Weihnachtsfest selbst wenig zu tun. Es wird aber zusammen mit weihnachtlichen Kinderliedern gern gesungen, zumal es den Naturvorgang des Schneiens in einer kindertümlichen Bildsprache beschreibt.

Unsere Weihnachtslieder S. 24

Die lieben alten Weihnachtslieder!
(Foto 1916)

94. Leise rieselt der Schnee

1. Lei - se rie - selt der Schnee, still und starr liegt der See,
2. In den Her-zen ist's warm, still schweigt Kum-mer und Harm,
3. Bald ist hei - li - ge Nacht, Chor der En - gel er - wacht,

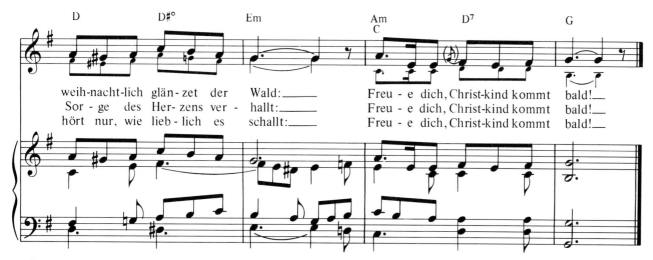

weih-nacht-lich glän-zet der Wald:_____ Freu - e dich, Christ-kind kommt bald!_
Sor - ge des Her-zens ver - hallt:_____ Freu - e dich, Christ-kind kommt bald!_
hört nur, wie lieb-lich es schallt:_____ Freu - e dich, Christ-kind kommt bald!_

Als letztes der mehr oder weniger banalen Potpourrilieder sei diese Komposition des Geistlichen Eduard Ebel (1839–1905) um 1900 genannt. Naturschwärmerei verbindet sich mit der Vorfreude auf das gabenbringende Christkind. In zahllosen Klaviersätzen, zweihändig und vierhändig, wurden solche Weihnachtslieder von Generation zu Generation überliefert.

Die Kinder benutzen die Liedform für Schulspötteleien:

Leise rieselt die Vier
auf das Zeugnispapier;
horcht nur wie lieblich es schallt,
wenn mir mein Vater 'n paar knallt!

Auch dieses Lied findet sich unter den gesellschaftskritischen Parodien von Dieter Süverkrüp:

1. Leise schnieselt der Re-
aktionär seinen Tee,
sitzt bei der Lampe noch spät,
blättert im Aktienpaket.

2. Ordnend Scheinchen auf Schein
fällt Erinnerung ihm ein.
»Kriegsweihnacht vierzig war still,
dennoch sehr stark im Gefühl!«

3. »Heut' geht alles zu glatt;
alle Welt frißt sich satt!
Und zu der Innerlichkeit
ist keine Sau mehr bereit!«

4. »Leider lief der Krieg schief.
Trotzdem tröstet es tief:
Hatte man schlau investiert,
hat sich der Hitler rentiert.«

5. »So ein Krieg, wenn er klappt,
wirft er unerhört ab.
Nicht allein Bomben auf's Feld,
nein, auch bezahlt und Geld!«

6. Aus dem Aktienpaket
steigt ein heißes Gebet:
»Mache, du gütiger Gott
Unser Geschäft nicht kapott!«

7. »Sieh', wir wurden verkeilt.
Unser Land ist geteilt.
Zwar sind wir heut' übern Berg,
aber: politisch als Zwerg!«

8. »Herr, es ist dir doch klar:
diese rote Gefahr
tritt nicht nur uns in den Bauch,
sondern der Frömmigkeit auch!«

9. »Denk mal dran, wie der Krieg
dir die Menschen zutrieb!
Haste da nich 'ne Idee??
Mach doch nicht immer nur Schnee!!«

10. Leise schnieselt der Re-
aktionär seinen Tee.
Horcht nur, wie lieblich es knallt!
Fürchtet euch, Kriegskind kommt bald!

Dieter Süverkrüp

Klusen S. 45 und 194f.
Lechner S. 10
Rühmkorf S. 105
Stern S. 264 (Parodie von Dieter Süverkrüp)
Weihnachtslieder S. 24
Wohlgemuth S. 3

95. Drei Kön'ge wandern aus Morgenland

Das Lied des Dichter-Komponisten Peter Cornelius (1824–1874) ist als Kunstlied von anderer Qualität als die typischen 19.-Jahrhundert-Weihnachtslieder. Der empfindungsstarke Text und die ihm entsprechende Melodie berühren besonders diejenigen – auch in unserem Jahrhundert –, denen die Weihnachtsseligkeit von Stille-Nacht zu viel wurde. Doch erreichte das Lied von Cornelius nicht den Verbreitungsgrad der bekannten Familienlieder.

Weihnachtssingen
auf dem Marktplatz zu Jena.
Heinrich G. Arnold (1785–1854)

Langsam, der begleitende Choral sehr breit

Drei Kön'-ge wan - dern aus Mor - gen - land; ein Stern-lein führt sie zum
-glän - zet des Ster - nes Schein, zum Stal - le ge - hen die

Jor - dan - strand. In Ju - da fra - gen und for - schen die drei, wo der
Kön' - ge ein; das Knäb - lein schau - en sie won - nig - lich, an - be - tend

neu - ge - bo - re - ne Kö - nig sei? Sie wol - len Weih - rauch, Myr - rhen und
nei - gen die Kön' - ge sich; sie brin - gen Weih - rauch, Myr - rhen und

Gold dem Kin - de spen - den zum Op - fer - sold. Und hell er -
Gold zum Op - fer dar dem

Knäb - lein hold. O Men - schen - kind! hal - te treu - lich Schritt!

Die Kön'- ge wan - dern, o wan-dre mit! Der Stern der Lie- be, der Gna - de

Stern, er - hel - le dein Ziel, so du suchst den Herrn, und feh - len Weih - rauch, Myr - rhen und

Gold, schen-ke dein Herz dem Knäb-lein hold! schenk' ihm dein Herz!

Es entwickelt sich also im Verlauf des 19. Jahrhunderts eine neue Gattung von Weihnachtsliedern, die nicht mehr mit dem Kirchengesang zusammenhängt, sondern – der Sozialgeschichte folgend – ganz von der bürgerlichen Familie und deren Hausmusik bestimmt ist. Der Verlauf des Heiligen Abends war ziemlich übereinstimmend so gestaltet, wie ihn Hans Fallada (1893–1947) in seinen Lebenserinnerungen beschreibt[66]:

Mutter ruft: Vater, wir sind soweit, und fast augenblicklich ertönt das silberne Bimmeln eines kleinen Glöckchens. Sofort nehmen wir Aufstellung, und zwar ist nach dem Alter anzutreten, was auch genau der Größe entspricht. Wir stehen hintereinander wie die Orgelpfeifen, nur die zu kurz geratene Minna zwischen Christa und der Mutter stört [...]

Die Tür zum Bescherungszimmer fliegt auf, eine strahlende Helligkeit begrüßt uns. Geführt von Ede rücken wir im Gänsemarsch ein. Vater, am Flügel sitzend, sieht uns mit einem glücklichen Lächeln entgegen.

[66] Hans Fallada: *Damals bei uns daheim*, Reinbek b. Hamburg 1978, S. 163

Nach geheiligtem Gesetz dürfen wir weder rechts noch links schauen, wir haben schnurstracks auf den Baum loszumarschieren und vor ihm Aufstellung zu nehmen, nach dem Satz: erst kommt die Pflicht, dann das Vergnügen. Die Pflichterfüllung aber besteht darin, daß Vater nach einem kurzen Vorspiel das Lied »Stille Nacht, heilige Nacht« spielt, nun setzen wir ein, und es wird gesungen. Das heißt, wir sind natürlich nicht wir, ich brumme nur so mit, und auch das gebe ich gleich wieder auf: die klettern ja auf alle Gipfel.

Freilich gab es solche ausgeformten Familienfeiern mit festlich geschmücktem Baum, Hausmusik und Geschenken, vom guten Essen und Trinken ganz zu schweigen, nur in der privilegierten Bürgerschicht. Es gehört nicht viel Phantasie dazu, sich den gleichzeitigen Mangel bei den Armen vorzustellen[67] und daran zu zweifeln, ob das liebe Christuskind tatsächlich »in jedes

Haus« einkehrte. Nun handelt es sich nicht mehr um die soziale Balance in einem Dorf, sondern um die Abgrenzung nach unten in einer Klassengesellschaft – glücklich, wer am Lichterglanz der Oberen teilnehmen darf!

Und hier (in der Halle des Hauses) stand auch alljährlich der große, dem Garten entnommene Weihnachtsbaum, hier wurde »Vom Himmel hoch« gesungen, wozu einer von uns im Nebenzimmer, auf dem Flügel spielte. Im Hintergrund standen die Dienstboten aufgereiht, am rechten Flügel der breite bärtige Gärtner Hermann mit seiner Familie. Weihnachten ist gewiß nicht für alle, aber doch für recht viele fast nur ein Kinderfest. Bis etwa zum zwölften Jahre fand ich Weihnachten »sehr schön«, dann »ganz hübsch«[68].

[67] Ingeborg Weber-Kellermann: *Das Weihnachtsfest*, S. 229, Stichwort *Armut*
[68] Marie von Bunsen: *Die Welt, in der ich lebte*, (1860–1912), Biberach 1959, S. 36

Ausschnitte aus einem Münchner Bilderbogen des 19. Jahrhunderts

6. JUGENDBEWEGUNG UND WEIHNACHTSLIED

Das bürgerliche Weihnachtslied-Repertoire der Gründerzeit wurde bald für die junge Generation dieser Epoche zum Reizobjekt. Es hatte keinen Kommunikationswert für sie; die patriarchalische Familie war nicht ihre sozialkulturelle »Heimat«. In den Jahren der Reform- und Jugendbewegung um die Jahrhundertwende und verstärkt nach dem Ersten Weltkrieg wendete sich gerade diese bewußte Jugend gegen die Potpourris ihrer Eltern, die ihren Lebensvorstellungen nicht entsprachen[69]. Es gab Erneuerungsversuche verschiedener Art: man kehrte gern zu alten Liedsätzen zurück, und frühe Krippen- und Marienlieder gehörten bald zum bevorzugten Liedschatz mit Klampfenbegleitung. Daneben wurden die alten Instrumente Blockflöte, Gambe, Clavichord, Cembalo neu gebaut und wieder gespielt. Fritz Jöde (1887–1970) war führend in der Jugendmusikbewegung, in der sich seit 1919 Singkreise bildeten. Diese Singkreise wurden in die 1924 unter Jödes Mitwirkung in Lobeda gegründete Musikantengilde einbezogen. Das »offene Singen« war Ausdruck einer neuen musikalischen Betätigung, Volksmusikschulen begleiteten die Reformbewegung der Zeit und beeinflußten die Schulmusik.

Der *Zupfgeigenhansl*, das von Hans Breuer (1883–1918) herausgegebene, 1908 zuerst erschienene Liederbuch dieser Jugend, enthält auch eine ganze Reihe schöner alter Weihnachtslieder. Daneben entstanden neue Sätze auf der Grundlage altüberlieferter Melodien – so der Kanon von Walter Rein (1893–1955) *Nun sei uns willkommen, Herre Christ* nach dem ältesten Weihnachtsgesang in deutscher Sprache (vgl. Nr. 1).

[69] Walther Hensel spricht diese Stimmung aus im *Finkensteiner Liederbuch* (Neudruck Kassel 1962), Jg. 1, S. 24

Neben Jöde ist Walther Hensel (1887–1956) zu nennen, der in den »Singwochen« des »Finkensteiner Bundes« die erneuernde Wirkung des Liedes erprobte und im Bärenreiterverlag zu Kassel das *Finkensteiner Liederbuch* herausgab. Das musikalische Wirken um Fritz Jöde und Walther Hensel war bedeutend; sie und ihre Freunde sahen in der Musik ein Grundelement der Erziehung überhaupt.

Für das Weihnachtssingen trafen sie eine Auswahl, die in bewußtem Gegensatz zu den Kinderliedchen und Klaviersätzen der vorangegangenen Generation stand. Zum einen wählte man alte Krippen- und Marienlieder im Kontext zum biblischen Geschehen und genoß die bilderreiche Sprache um Marias Schwangerschaft. Zum anderen wurden neue ernste und freudige Lieder geschaffen (vgl. auch Kapitel 10). Wenn die Erneuerer so gern an die katholische Marienlyrik des Mittelalters anknüpften, die seit Luther aus dem protestantischen Weihnachtsgesang verschwunden war, dürften die Gründe jenseits von konfessionellen Vorlieben liegen und eher in der musikalischen Qualität und den mystischen Texten zu suchen sein. Es handelt sich um ein säkula-

200

risiertes Weihnachtserlebnis, das als allgemein zugänglicher religiöser Gegenstand für das Gemeinschaftsmusizieren junger Menschen besonders geeignet war. Tatsache ist das Entstehen einer Fülle von Weihnachtskantaten zu alten Liedern von Komponisten wie Heinrich Spitta, Karl Marx, Armin Knab, Paul Höffer, Gerhard Schwarz, Cesar Bresgen und anderen[70]. Der Ort dieses Weihnachtsgesanges ist zunächst weder Kirche noch Familie, sondern die Jugendgruppe, der Heimabend. Später, als die Generation der Wandervögel selbst Familien gründet, wechselt die Funktion häufig wieder zum kulturellen Familienleben.

[70] vgl. Friedrich Blume: *Geschichte der evangelischen Kirchenmusik*, S. 310f.

96. Es kommt ein Schiff, geladen

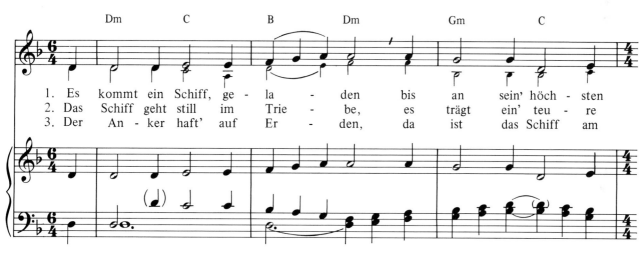

1. Es kommt ein Schiff, ge - la - den bis an sein' höch - sten
2. Das Schiff geht still im Trie - be, es trägt ein' teu - re
3. Der An - ker haft' auf Er - den, da ist das Schiff am

Bord, trägt Got - tes Sohn voll Gna - den, des Va - ters e - wig's Wort.
Last; das Se - gel ist die Lie - be, der Hei - lig' Geist der Mast.
Land. Das Wort tut Fleisch uns wer - den, der Sohn ist uns ge - sandt.

4. Zu Bethlehem geboren
im Stall, ein Kindelein
gibt sich für uns verloren;
gelobet muß es sein.

5. Und wer dies Kind mit Freuden
umfangen, küssen will,
muß vorher mit ihm leiden
groß' Pein und Marter viel,

6. danach mit ihm auch sterben
und geistlich auferstehn,
ewig's Leben zu erben,
wie an ihm ist geschehn.

Dieses schöne, von mystischen Metaphern erfüllte Weihnachtslied, das von der Jugendbewegung wiederentdeckt wurde, ist mindestens seit dem 15. Jahrhundert bekannt, ja es wird sogar Johannes Tauler (1300–1361) zugeschrieben. Mit wechselnden Texten war es wohl im Mittelalter und in der frühen Neuzeit weit verbreitet und wurde zuletzt abgedruckt im katholischen Andernacher Gesangbuch von 1608. Der heute gesungene Text stammt von Daniel Sudermann (1550–1631) um 1626. Die ältere Textfassung nach dem Andernacher Gesangbuch sei zum Vergleich wiedergegeben:

1. Uns kompt ein Schiff gefahren,
es bringt ein' schöne Last,
darauf viel' Engelscharen,
und hat ein' großen Mast.

2. Das Schiff kompt uns geladen,
Gott Vater hat's gesandt,
es bringt uns großen Staden*:
Jesum, unsern Heiland.

3. Das Schiff kompt uns geflossen,
das Schifflein geht am Land,
hat Himmel aufgeschlossen,
den Sohn herausgesandt.

4. Maria hat geboren
aus ihrem Fleisch und Blut
das Kindlein, auserkoren,
wahr' Mensch und wahren Gott.

5. Es liegt hier in der Wiegen,
das liebe Kindelein,
sein G'sicht leucht' wie ein Spiegel,
gelobet mußt du sein!

6. Maria, Gottes Mutter,
gelobet mußt du sein!
Jesus ist unser Bruder,
das liebste Jesulein.

7. Möcht' ich das Kindlein küssen
an sein' lieblichen Mund,
und wär' ich krank, für g'wisse
ich würd darvon gesund!

8. Maria, Gottes Mutter,
dein Lob ist also b'reit:
Jesus ist unser Bruder,
gibt dir groß' Würdigkeit

* niederdeutsch: Hilfe, Schätze, Güter

EG Nr. 8
Erk-Böhme III, Nr. 1921
Finkensteiner Liederbuch, Jg. 3, S. 24
Gotteslob Nr. 114
Heyne S. 59
Hoffmann Nr. 35 und 36
Klusen S. 12
Müller-Blattau S. 155, 161
Quempas S. 5
Weihnachtslieder S. 13

97. Es flog ein Täublein weiße

1. Es flog ein Täub-lein wei - ße vom Him - mel her - ab im
2. „Ge - grü - ßet seist, ein Kön' - gin, der Herr ist mit dir! Du
3. „Hast du dein Keusch ver - spro - chen dem all - mächt'-gen Gott, so

en-ge-li-schen Klei - de zu ei-ner Jung-frau zart: „Ge-
sollst ein Kind ge-bä - ren, das sollst du glau-ben mir." Sie
wird er zu dir kom-men wohl durch das gött-lich' Wort. Er

-grü-ßet seist du, wun-der-schö-ne Magd! Dein' Seel' ist hoch-ge-
ant-wort' ihm, dem him-me-li-schen Bot': „Ich hab' mein Keusch ver-
kommt zu dir gar oh-ne ar-ge List, ein' Jung-frau wirst du

-zie-ret, ge-seg-net ist dein Leib." Ky - ri-e-lei - son.
-spro-chen dem all-mäch-ti-gen Gott." Ky - ri-e-lei - son.
blei-ben im-mer und e-wig-lich." Ky - ri-e-lei - son.

4. »G'scheh' mir nach deinem Willen
und nach dem Willen Gott's,
so geb' ich meinen Willen,
weil ich gebären soll.«
Sie schloß wohl auf ihr's Herzens Fensterlein:
Wohl zu derselben Stunde
der heilig' Geist ging ein.

5. Da wohnten's bei einander,
Maria und Jesus Christ,
bis an den Weihnachtsmorgen,
da er geboren ist:
Der wahre Gottes Sohn die Menschheit an sich nahm,
des sag'n wir arme Sünder
ihm ewig Lob und Dank.

203

6. Da ward er uns geboren,
der wahre Gottessohn,
der uns zu Trost ist 'worden,
den Sündern allesamt.
Ach Gott, warum tät' er aber das?
Er wollt' herwieder bringen,
was Adam und Eva verlorn.

7. Die Eva hat zerbrochen
und Adam das Gebot:
Maria hat Gnad' gefunden,
hat uns Heil wieder'bracht.
Wohl durch Frucht des Leibs, Herrn Jesum Christ,
das Heil ist uns entsprungen,
der Himmel aufgeschlossen ist.

8. Der Himmel ward aufgeschlossen
durch Gottes Schlüssel klar,
Maria ist der Garten,
da der Schlüssel gewachsen war;
der heilig' Geist den Garten besäet hat:
gar schön ist er gezieret
mit göttlicher Majestat.

9. Also hat es der Ruf ein End'
wohl hie zu dieser Stund',
so wolln wir Gott nur bitten
aus unsers Herzens Grund,
daß er uns allen woll' gnädig sein
und woll' uns auch behüten
vor der heißen Höllen Pein.
Kyrieleison.

Der Verkündigungsengel erscheint in diesem Lied als weißes Täublein, wie überhaupt Blumen und Vögel zur Symbolwelt des Mittelalters gehören – ganz im Sinne klösterlich mystischer Weltsicht. Text und Melodie stammen aus der Zeit um 1600.

Erk-Böhme III, Nr. 1924
Finkensteiner Liederbuch Jg. 5, S. 20
Hoffmann Nr. 314
Klusen S. 20
Liliencron S. 67
Marienlied S. 50
Quempas S. 18

Mariä Verkündigung.
Johann Christian Marschand
(1680–1711)

98. Es flog ein Vöglein leise

Es flog ein Vög - lein lei - se zu ei - ner Jung-frau rein, in

eines Engels Weise wohl in ihr Kläuselein:

"Grüß dich Gott, du auserwählte Maid! Du

bist so wohlgezieret, gesegnet ist dein Leib."

Dieses Lied stellt eine Variante der symbolisch gedeuteten Verkündigungsszene dar. Als Adventslied erscheint es bei Haym von Themar, Augsburg 1590, zurückgehend auf eine ältere Textfassung in sieben Strophen, die den »englischen Gruß« zum Thema hat, doch ist es bereits auf einem Fliegenden Blatt von 1550 nachzuweisen.

Erk-Böhme III, Nr. 1923
Hoffmann Nr. 245
Liliencron S. 68

99a. Gegrüßt seist, Maria

1. *Gabriel:* „Gegrüßt seist, Maria, jungfräuliche Zier, du bist voller Gnaden, der Herr ist mit dir, ein' ganz neue Botschaft, ein unerhört's Ding von der himmlischen Hofstatt ich, Gabriel, bring!"

2. *Maria:* „Was sind das für Reden, was soll dieses sein? Wer will zu mir kommen ins Zimmer hinein? Die Tür ist verschlossen, die Fenster sind zu. Wer ist's der mich stört in der nächtlichen Ruh'?"

3. *Gabriel:* „Fürcht dich nicht Maria, es g'schieht dir kein Leid; ich bin zu dir 'kommen zu künden groß' Freud'; denn du sollst empfangen und tragen ein'n Sohn, den die Menschen verlangen viel tausend Jahr' schon!"

4. *Maria:* „Ich kann's nicht recht fassen in meinem Verstand, ich will's Gott überlassen, der göttlichen Hand: Sein Wille geschehe! Wenn's Gott so gefällt, so will ich gern tragen den Heiland der Welt."

Fränkische Volkslieder I, S. 21

99b. Gegrüßet seist du, Maria

1. „Ge - grü - ßet seist du, Ma - ri - a, jung - fräu - li - che Zier!
Du bist voll der Gna - den, der Herr ist mit dir!
2. „Was sind das für Re - den, was soll die - ses sein?
Wer ist, der mich grü - ßet bei Mon - des - licht — Schein?

1. Ein' ganz neu - e Bot - schaft, ein' un - er - hör - te Stimm', von
2. Wer ist, der mich ru - fet bei nächt - li - cher Ruh'? Die

himm - li - scher Hof - statt, dir Ga - bri - el bringt."
Tür ist ver - schlos - sen, die Fen - ster sind zu."

3. »Erschrick nicht, Maria, es geschieht dir kein Leid!
Es ist ja ein Engel, der dir ankünd't große Freud':
Du sollst halt empfangen und gebären einen Sohn,
nach welchem verlangen viel tausend Person'.«

4. »Wie soll das geschehen? Ich erkenn' ja keinen Mann;
will lieber vergehen, als empfangen einen Sohn!
Ich hab' ja verlobet meine Jungfrauschaft Gott;
so rein ich geboren, bleib' ich bis in' Tod.«

5. »Wie an schönen Blumen die Farben nicht vergehn,
wann Zephir sie anhaucht, so wird auch bestehn
deine Keuschheit und deine jungfräuliche Zierd',
wenn Gottes Geist selbsten überschatten dich wird.«

6. »Wenn das ist, so geb' ich mich willig darein,
denn Gott zu gefallen gefällt mir allein.
Jetzt bin ich zufrieden, und schweige ganz still;
ich bin Gottes Dienstmagd, es geschehe sein Will'!«

Auch dieses Verkündigungslied, dessen Wechselgesang das szenische Spiel nahelegt, gehört zu den Wiederentdeckungen der Jugendbewegung. Die vorstehende Melodie ist eine Variante des Liedes *Es wird schon gleich dunkel* (Nr. 38).

100. Und unser lieben Frauen

1. Und unser lieben Frau-en, der
2. Und wie der Baum ein'n Schat-ten gab wohl
3. Herr Je-sus Christ, der Hei-land, ist

träu-me-te ein Traum: wie un-ter ih-rem Her-zen ge-
ü-ber al-le Land': Herr Je-sus Christ,der Hei-land, al-
un-ser Heil und Trost: Mit sei-ner bitt-ren Mar-ter hat

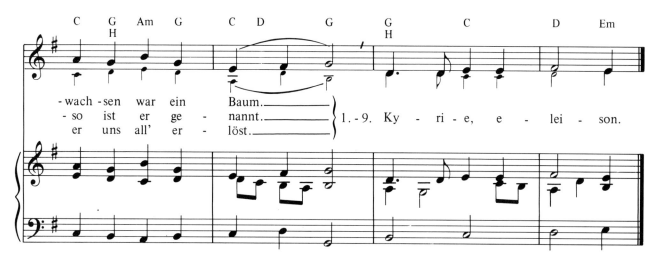

-wach -sen war ein Baum.
-so ist er ge - nannt.
er uns all' er - löst.
} 1.-9. Ky - ri - e, e - lei - son.

4. Und unser liebe Fraue,
die trug ein Kindelein:
Davon wolln wir so singen
und wollen fröhlich sein.

5. Auch unser liebe Fraue,
die zog gen Bethlehem:
Sie gebar ihr lieb's Kind Jesum
zu Trost der Christengemein.

6. Und da sie es geboren hatt',
sie sah ihr lieb's Kind an,
sie kniet' auf ein' Marmelstein
und bet' es alsbald an.

7. Auch unser liebe Fraue,
die zog ihr Kindlein schon,
das sollen wir hören gerne:
was gab Gott ihr zu Lohn?

8. Und unser liebe Fraue
begehret ander's nicht
denn nur die arme Christenheit:
So wär es schon gericht'.

9. Also sprach Gott der Herre
wohl zu der Mutter sein:
»Und welchen Sünder du begehrst,
derselbig', der sei dein!«

Ebenfalls aus Beuttners Gesangbuch von 1602 und mit dem Melodieanfang des Liedes vom weißen Täublein (Nr. 97) übereinstimmend ist das Lied von Mariens Traum überliefert. Es war in der Jugendbewegung und dann wieder nach 1945 wegen seiner Stimmungsschwere sehr beliebt. Eine große Resonanz hatte das Lied in Südosteuropa, wo populäre Textdrucke davon als Amulette verbreitet wurden, so besonders in Rumänien[71]. Die Legende von Mariens Traum war allgemein bekannt.

Erk-Böhme III, Nr. 2050
Liliencron Nr. 18
Quempas S. 19
Zupfgeigenhansl S. 91

[71] Leopold Kretzenbacher: *Südostüberlieferungen zum apokryphen »Traum Mariens«.* München 1975

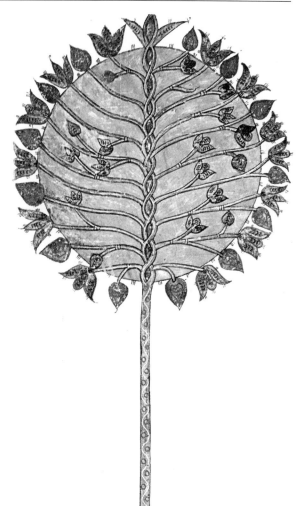

101. Maria durch ein' Dornwald ging

1. Ma - ri - a durch ein' Dorn - wald ging. Ky - ri - e - lei - son! Ma - ri - a durch ein' Dorn - wald ging, der hat - te in sie - ben Jahrn kein Laub ge - tra - gen! Je - sus und Ma - ri - a.

2. Was trug Ma - ri - a un - ter ih - rem Her - zen? Ky - ri - e - lei - son! Ein klei - nes Kind - lein oh - ne Schmer - zen, das trug Ma - ri - a un - term Her - zen! Je - sus und Ma - ri - a.

3. Da hab'n die Dor - nen Ro - sen ge - tra - gen. Ky - ri - e - lei - son! Als das Kind - lein durch den Wald ge - tra - gen, da ha - ben die Dor - nen Ro - sen ge - tra - gen! Je - sus und Ma - ri - a.

4. Wie soll dem Kind sein Name sein?
Kyrieleison!
Der Name, der soll Christus sein,
das war von Anfang der Name sein!
Jesus und Maria.

5. Wer soll dem Kind sein Täufer sein?
Kyrieleison!
Das soll der Sankt Johannes sein,
der soll dem Kind sein Täufer sein!
Jesus und Maria.

6. Was kriegt das Kind zum Patengeld?
Kyrieleison!
Den Himmel und die ganze Welt,
das kriegt das Kind zum Patengeld!
Jesus und Maria.

7. Wer hat erlöst die Welt allein?
Kyrieleison!
Das hat getan das Christkindlein,
das hat erlöst die Welt allein!
Jesus und Maria.

Noch beliebter als das vorhergehende wurde durch die Jugendbewegung dieses Lied. Es ist offenbar im 19. Jahrhundert volkstümlich gewesen und wurde aus Thüringen 1850 durch die Harthausensche Sammlung geistlicher Volkslieder überliefert, stammt jedoch wohl auch aus der Zeit um 1600, da sich eine ähnliche Fassung im Andernacher Gesangbuch von 1608 findet.

Die Vorliebe der damaligen Jugend für diese Marienlieder, die sich übrigens nach 1945 wiederholte, hängt nur zum Teil mit der anrührenden schwermütigen Melodieführung zusammen. Sie stand in entscheidendem Kontrast zu den simplen Kinderliedchen der Vätergeneration. Das betraf nicht nur die Melodien, sondern auch die Inhalte von der schwangeren Maria und ihren Hoffnungsgefühlen. Im Vergleich zu den Tabus der Gründerzeit wurde in diesen alten Liedern eine offene Sprache geredet, deren Zeichen die Jugend mehr berührten als das Liederangebot der vorangegangenen Zeit.

Erk-Böhme III, Nr. 1193
Klusen S. 19
Quempas S. 20
Weihnachtslieder S. 164
Zupfgeigenhansl S. 98

Waldlandschaft.
Bayern (13. Jahrhundert)

102. Meerstern, ich dich grüße

1. Meer - stern, ich dich grü - ße!
2. Ro - se oh - ne Dor - nen!
3. Li - lie oh - ne - glei - chen!

O Ma - ri - a hilf!

Got - tes - mut - ter sü - ße!
Du von Gott Er - kor' - ne!
Dir die En - gel wei - chen!

1.-9. O Ma - ri - a hilf! Ma -

- ri - a hilf uns al - len aus uns - rer tie - fen Not!

4. Quelle aller Freuden,
Trösterin in Leiden.

5. Hoch auf deinem Throne,
aller Jungfraun Krone.

6. Gib ein reines Leben,
sichere Reis' daneben!

7. Dich als Mutter zeige,
gnädig uns zuneige!

8. Nimm uns in deine Hände,
uns das Licht zuwende!

9. Hilf uns Christum flehen!
O Maria, hilf!

Fröhlich vor ihm stehen!
O Maria, hilf!

Maria, hilf uns allen
aus dieser tiefen Not!

Auch dieses Paderborner Wallfahrtslied im ruhigen Schritt-Takt gehörte zu den Lieblingsliedern der – durchaus nicht nur katholischen – Jugend. Dazu trug gewiß die strahlende Oberstimme bei, die vielfach gesungen wird und die das Singen dieses Liedes in der Gruppe so beglückend macht. Luise Rinser, geboren 1911, schreibt dazu in ihren Lebenserinnerungen[72]: *Meerstern, ich dich grüße ... ich sang mit meinem hohen hellen Sopran die Oberstimme, die »Drüber-Stimme«, welche jubelnd über die Melodie hinaufstieg.*

Im folgenden wird eine solche mündlich überlieferte Oberstimme mitgeteilt, die vokal oder instrumental zur Melodie ausgeführt werden kann.

Der Text stammt aus dem 17. Jahrhundert, ist aber wohl eine Übertragung eines altkirchlichen lateinischen Hymnus: *Ave maris stella*. In der Paderborner Ausgabe des *Gotteslob* ist für Text und Musik angegeben *nach August F. L. von Haxthausen, Paderborn 1850.*

Erk-Böhme III, Nr. 2048
Gotteslob Nr. 578 und 596
      Nr. 880 (Bistum Augsburg)
      Nr. 879 (Bistum Paderborn)
Müller-Blattau S. 170
Zupfgeigenhansl S. 92

[72] *Den Wolf umarmen*, Frankfurt/Main 1981, S. 156

Meersternzauber. Philipp Otto Runge (1777–1810)

103. Es blühn drei Rosen auf einem Zweig

1. Es blühn drei Ro-sen auf ei-nem Zweig.
Sie blüh-ten all' drei ins Him-mel-reich. O Ma-ri-a!
2. Das er-ste war Gott, der Va-ter.
Der uns all-hier er-schaf-fen hat. O Ma-ri-a!

1.-7. O Ma-ri-a ü-ber-all, wir grü-ßen dich viel tau-send-mal, viel tau-send-mal!

3. Das zweite war Gott, der Sohn,
er trägt die himmlische Kron'.

4. Das dritte ist Gott, der heil'ge Geist,
der uns den Weg in den Himmel weist.

5. Was trägt Maria unter ihrem Schoß?
Ein kleines Kindlein, war nackt und bloß.

6. Was trägt Maria auf ihrem Arm?
Ein kleines Kind, daß sich unser erbarm'!

7. Was trägt Maria in ihrer Hand?
Ein' Zepter, den hat ihr Gott der Sohn erlangt.

8. Was trägt Maria auf ihrem Haupt?
Die Krone, die hat ihr Gott der Herr erlaubt.

In die gleiche Reihe gehört auch dieses Lied aus Schlesien um 1840, wenn es auch nicht von gleicher Beliebtheit gewesen ist.

Erk-Böhme III, Nr. 1190
Zupfgeigenhansl S. 98

214

104. O Jungfrau zart

Der freudenreiche Rosenkranz

Vorstrophe: O Jung - frau zart, Ma - ri - a schön, du Kö - ni - gin in Him - mels-
1. Freu dich, Ma - ri - a, Got - tes Sohn, er steigt zu dir vom Him - mels-

höh'n, nimm an den güld - nen Ro - sen - kranz, ge - ziert mit Chri - sti Le - ben ganz.
-thron! O Trost, o Freud', o Fröh - lich - keit, mit dir sich Him - mel und Er - de freut.

2. Freu dich, Maria, lieblich sing,
dein Lobpreis durch die Berge kling'! –
O Trost, o Freud'...

3. Freu dich, Maria, wickle ein
und wiege dein schön's Kindelein –
O Trost, o Freud'...

4. Freu dich, Maria, dein lieb's Kind
Sankt Joseph in dem Tempel find't! –
O Trost, o Freud'...

anderer Vorstellungsrahmen als im protestantischen Weihnachtslied.

Worte und Weise stammen aus dem
17. Jahrhundert von dem bedeutenden Sammler
und Herausgeber katholischer Kirchenlieder
David Gregor Corner (1585–1648) um 1631.

Marienlied S. 86

Aus der Sammlung *Der freudenreiche Rosenkranz* stammt dieser Gesang, der hier als Beispiel
eines speziellen Marienlied-Typus angeführt
werden soll. *Der schmerzensreiche Rosenkranz*
enthält die Passionslieder um Maria, *Der gnadenreiche Rosenkranz* die Lieder der Verklärung
Mariä, während in der erstgenannten Sammlung
die Weihnachtslieder versammelt sind – ein

105. Auf, auf! Ihr Buben

1. Auf, auf! Ihr Buben steht alle g'schwind auf! Steht
2. Beim Stall, da fliegen die Engel herab; tun
3. Allein, ein Kindlein geboren tut sein; es
4. O Kind! Ein jeder dem Kindlein was bringt! Ein

1. auf und tut losen,* wie schön sie tun blasen da drauß'! Steht
2. Gloria singen, wir wollen halt springen zum Stall. Tun
3. liegt in der Krippen beim Vieh in der Mitten allein. Es
4. Lämmlein wär' mein Willen, mit den Fellen zu hüllen das Kind. Ein

1. auf und tut losen,* wie schön sie tun blasen da drauß'!
2. Gloria singen, wir wollen halt springen zum Stall.
3. liegt in der Krippen beim Vieh in der Mitten allein.
4. Lämmlein wär' mein Willen, mit den Fellen zu hüllen das Kind.

* horchen

216

Dieses Lied sei als ein Muster angeführt für die Methode der Jugendbewegungs-Musiker bei der Aneignung volkstümlicher Überlieferungen: mit Kürzungen, Übertragungen ins Hochdeutsche und effektvoller Klampfenbegleitung gelang die Übernahme durch die neue Sängergruppe.

Finkensteiner Liederbuch Bd. I, S. 17
vgl. Hartmann S. 53 u. a.
Weihnachtslieder S. 53

Zwei Kinder mit Lamm
Jacob Gerritsz Cuyp (1594–1651/52)

106. Lieb' Nachtigall, wach auf

1. Lieb' Nach-ti-gall, wach auf! Wach auf, du schö-nes Vö-ge-lein auf
2. Flieg her zum Krip-pe-lein! Flieg her, du klei-nes Schwe-ster-lein, blas
3. Sing, Nach-ti-gall, ohn' End', zu vie-len hun-dert-tau-send Mal, das

dei-nem grü-nen Zwei-ge-lein, wach hur-tig auf, wach auf! Dem
an dem fei-nen Psal-ter-lein, sing Nach-ti-gall, gar fein! Dem
Kind-lein lo-be oh-ne Zahl, ihm dei-ne Lie-be send'! Dem

Kin-de-lein aus-er-ko-ren, heut' ge-bo-ren, fast er-fro-ren,
Kin-de-lein mu-si-zie-re, ko-lo-rie-re, ju-bi-lie-re,
Hei-land mein Ehr' er-wei-se, lob' und prei-se, laut und lei-se,

sing,— sing,— sing——— dem zar - ten—— Je - su - lein!
sing,— sing,— sing——— dem sü - ßen—— Je - su - lein!
sing,— sing,— sing——— dem Chri - stus - kin - de - lein!

Engel im Jugendstil.
Aubrey Beardsley (1872–1898)

Auch alte Krippenlieder wie dieses aus dem 17. Jahrhundert wurden wieder lebendig. Die Musik als das wahre Gottesgeschenk erscheint im Bild der Nachtigall. Das Lied entstammt dem Bamberger Gesangbuch von 1670.

Klusen S. 136
Quempas S. 91
Wohlgemuth S. 21

107. Freu' dich, Erd' und Sternenzelt

1. Freu' dich, Erd' und Ster - nen - zelt, Al - le - lu - ja!
2. Seht, der schön - sten Ro - se Flor, Al - le - lu - ja,

Got - tes Sohn kommt in die Welt, Al - le - lu - ja!
sprießt aus Jes - ses Zweig her - vor! Al - le - lu - ja!

1., 2. Uns zum Heil er - ko - ren,

ward er heut' ge - bo - ren, heu - te uns ge - bo - ren!

Das altböhmische Lied ist zuerst 1520 in Leitme- ritz aufgezeichnet worden und wurde um die Jahrhundertwende wieder entdeckt und in die Liederbücher aufgenommen.

EG Nr. 47
Weihnachtslieder S. 101

108. Wißt ihr noch, wie es geschehen?

1. Wißt ihr noch, wie es geschehen? Immer werden
2. Stille war es um die Herde. Und auf einmal
3. Eilte jeder, daß er's sähe arm in einer
4. Könige aus Morgenlanden kamen reich und

1. wir's erzählen: Wie wir einst den Stern gesehen
2. war ein Leuchten und ein Singen ob der Erde,
3. Krippe liegen. Und wir fühlten Gottes Nähe.
4. hoch geritten, daß sie auch das Kindlein fanden.

1. mitten in der dunklen Nacht, mitten in der dunklen Nacht.
2. daß das Kind geboren sei, daß das Kind geboren sei!
3. Und wir beteten es an, und wir beteten es an.
4. Und sie beteten es an, und sie beteten es an.

5. Und es sang aus Himmelshallen:
»Ehr' sei Gott! Auf Erden Frieden!
Allen Menschen Wohlgefallen,
welche guten Willens sind!«

6. Immer werden wir's erzählen,
wie das Wunder einst geschehen,
und wie wir den Stern gesehen,
mitten in der dunklen Nacht.

Der Urenkel von Matthias Claudius, Hermann Claudius (1878–1963) hat die Hirtenszene neu gestaltet. Der Komponist ist Christian Lahusen (1886–1975).

EG Nr. 52
Gottschick S. 122
Hirtenbüchel S. 22
Quempas S. 62

109. Die Nacht ist vorgedrungen

1. Die Nacht ist vorgedrungen, der Tag ist nicht mehr fern.
So sei nun Lob gesungen dem hellen Morgenstern! Auch wer zur Nacht geweinet, der stimme froh mit ein. Der Morgenstern bescheinet auch deine Angst und Pein.

2. Dem alle Engel dienen, wird nun ein Kind und Knecht,
Gott selber ist erschienen zur Sühne für sein Recht. Wer schuldig ist auf Erden, verhüll' nicht mehr sein Haupt. Er soll errettet werden, wenn er dem Kinde glaubt.

3. Die Nacht ist schon im Schwinden,
macht euch zum Stalle auf!
Ihr sollt das Heil dort finden,
das aller Zeiten Lauf
von Anfang an verkündet,
seit eure Schuld geschah.
Nun hat sich euch verbündet,
den Gott selbst ausersah!

4. Noch manche Nacht wird fallen
auf Menschenleid und -schuld.
Doch wandert nun mit allen
der Stern der Gotteshuld.
Beglänzt von seinem Lichte,
hält euch kein Dunkel mehr.
Von Gottes Angesichte
kam euch die Rettung her.

5. Gott will im Dunkel wohnen
und hat es doch erhellt!
Als wollte er belohnen,
so richtet er die Welt!
Der sich den Erdkreis baute,
der läßt den Sünder nicht.
Wer hier dem Sohn vertraute,
kommt dort aus dem Gericht.

Jochen Klepper (1903–1942) hat diesen nachdenklichen Text über Schuld und Sühne 1937 geschrieben. Er ergreift um so mehr, als 1942 der Dichter mit seiner jüdischen Frau und Tochter den Freitod wählte. Die Melodie stammt von Johannes Petzold.

> EG Nr. 16
> Gotteslob Nr. 111
> Gottschick, S. 18
> Klusen S. 30
> Quempas S. 14
> Vötterle S. 5

Die Jugendbewegung hat einen neuen Stil in den Weihnachtsgesang gebracht und ihn bewußt hinauszuführen versucht aus Lamettaglanz und bloßer Kinderseligkeit. Sie benutzte gern alte Melodien und Texte und übertrug sie in eine allgemein verständliche, nicht mehr mundartlich begrenzte Form. Dazu paßten gut die alten Instrumente. Doch darf man nicht unterstellen, daß z. B. die Renaissance der mittelalterlichen Marienlieder aus einem Bedürfnis nach konfessionellen Bekenntnissen herrührte. Es ging den Erneuerern vor allem um musikalische Qualität und um Nachdenklichkeit in einem umfassenderen und tieferen Sinne als dem Bewußtsein der führenden Schichten einer Klassengesellschaft um 1900.

Die Jugendbewegung bildete eine unmilitante Opposition, nicht nur mit ihrer Kleidung und in ihrem Freizeitverhalten, sondern auch mit ihrer weihnachtlichen Musik[73]. Am Abschluß dieses Kapitels sei das Oberuferer Christgeburtspiel genannt, dessen Text aus dem Karpatenraum schon aus dem 16. Jahrhundert überliefert ist[74]. Hier wird aus der neu gestalteten Fassung zitiert, die Walther Hensel in seinem Finkensteiner Liederbuch zum Abdruck gebracht hat[75].

Das alte volkstümliche Spiel, das jahrhundertelang auf den Dorfgassen und in den Stuben gespielt wurde als ein frommer Teil gemeindlichen Lebens, wurde damit auf eine andere Ebene versetzt und auch für die Gegenwart spielbar gemacht. So empfanden es wohl auch die Lehrer der Freien Waldorfschulen, die dieses lange Spiel an mehreren Abenden allweihnachtlich ihren Schülern vortragen.

Das Oberuferer Christgeburtsspiel umfaßt in breiter Ausgestaltung die drei klassischen Szenen der Weihnachtsspiele: Als Vorspiel die Verkündigung an Maria, dann die Verkündigung an die Hirten auf dem Felde, die Anbetung im Stall und den Kindermord des Herodes mit der Anbetung der Heiligen drei Könige. Eingestreut in die Spielhandlung ist eine große Zahl von Liedern, deren Anfänge im folgenden mitgeteilt werden sollen:

> *Mittit ad Virginem* (Verkündigungslied)
> *Dies est laetitia (Der Tag, der ist so freudenreich)*
> *Puer natus in Bethlehem (Ein Kind geborn zu Bethlehem)*
> *Ich lag in einer Nacht und schlief*
> *Am Weihnachtsabend in der Still'*
> *Lustige Hirten, freudige Knaben*
> Davids Hirtenlied: *David, ein tapferer Hirtenjung'*
> *Laßt uns das Kindlein wiegen*
> *Reich und arm sollen fröhlich sein*
> *Psallite unigenito – Singt und klingt Jesu, Gottes Kind*
> *Ein kleines Kindelein liegt in dem Krippelein*
> *Seid fröhlich und jubilieret*

Zwei dieser Lieder aus dem Oberuferer Christgeburtsspiel folgen in der Henselschen Fassung und mit den in den Finkensteiner Heften beigefügten Kommentaren.

Über die Geschichte seines Textes und der Aufzeichnung für den Spielgebrauch berichtet

---

[73] vgl. Walter Z. Laqueur: *Die deutsche Jugendbewegung*, Köln 1962, S. 172 u. die auf S. 272 f. angegebene Literatur

[74] Leopold Schmidt: *Das deutsche Volksschauspiel*, Berlin 1962, S. 19, 52 u. a.

[75] 6. Jg., S. 17–32; vgl. auch Friedrich Blume: *Geschichte der evangelischen Kirchenmusik*, S. 310 f.

Walter Hensel in einer Weise, die typisch für die Jugendbewegung und ihre Suche nach der »reinen Urform« ist:

Dieses hochbedeutsame Spiel ist von Karl Julius Schröer zum erstenmal geschildert und mitgeteilt (Wien 1858), leider – wie damals allgemein üblich – ohne die Weisen. Doch finden sich in Schröers Anmerkungen selbst gelegentliche Hinweise auf die Melodien; die dienen uns als Anhaltspunkte zur Auffindung der ältesten Gestalt. Meist sind es Weisen, die noch in Gesangbüchern des 17. Jahrh. aufzufinden sind; jene selbst reichen oft ins tiefe Mittelalter zurück. Wenn es daneben durch die glückliche Hand unseres Mitarbeiters Dr. Hans Klein in allerjüngster Zeit gelungen ist, Spiel und Weisen noch einmal aus dem lebenden Mund der Bauern aufzufangen, wird doch unsere Spürarbeit nicht gegenstandslos: hier steht vielmehr Original gegen Original. Die Fassung der alten Gesangbücher stellt die Urform schlechthin (Typus A), die Kleinsche Fassung die Urform des letzten Überlieferungsstadiums (Typus B) dar. So können sie einander wertvoll ergänzen.

In der Reihenfolge sind wir genau dem Verlauf des Stückes gefolgt, so daß unser Weihnachtsheft nicht nur als Liedersammlung, sondern auch als Hilfsbuch zur Aufführung des Spieles verwendet werden kann. Zum ersteren Zweck haben wir die Lieder möglichst in geschlossener Form (also unabhängig von der Spielfassung) wiedergegeben. Zum letzteren Zweck sind noch folgende Hinweise nötig:

Ganz bekannte Lieder haben wir übergangen: Unsern Eingang segne Gott, Vom Himmel hoch (danach: Kaiser Augustus leget an, Merk auf, mein Herz), Wie schön leucht uns der Weisen Stern (Morgenstern); man bevorzuge stets die Originalform. Manche Weisen, vor allem im Herodesspiel, blieben uns unauffindbar (Es ziehen drei König, Die Weisen von Herodis Zeit, Mit Gott so lassen wir, König Walthauser zieget). Hier hoffen wir das Fehlende bei Klein zu finden.

Zum Schluß noch ein Wort über das »Betonen« (Rezitieren). Hier können wir, solange nicht durch Klein eine andere Art

festgestellt ist, die Herausholung der 4 Hebungen auf 4 Töne beibehalten, z. B.:

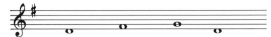

Man kann auch in der Tonhöhe wechseln; der Verkündigungsengel z. B. kann sein »Glória, glória in excélsis« eine Quarte höher anstimmen. So entsprechend im ganzen Stück, besonders bei den Worten heiliger Personen, wo zwischen Sprechen und Singen die Mitte gehalten werden soll.

1. Mit-tit ad Vir - gi - nem non quem-vis an - ge - lum, sed for - ti - tu - di - nem su - am, ar - chan - ge - lum, A - ma - tor ho - mi - nis.

1. Zur Jung-frau ward ge - sandt ein en - ge - li - scher Bot, die Stär - ke Got-tes gnannt, ein Erz - en - gel vor Gott, der so den Men - schen liebt.

Text im Oberuferer Spiel:

Als der gütige Got
vollenden wollt sein wort
sant er ein engel schnel,
mit namen Gabriel
ins galiläische land
in die stadt Nazaret,
da er ein jungfrau het,
wird Maria genannt,
Joseph nie hat erkannt
dem sie vertrauet war.

Nach Karl Schröer, gleichlautend mit dem Gesangbuch der böhm.-mähr. Brüder von 1544.

Im Gesangbuch der böhm.-mährischen Brüder erscheint die Melodie durch alle Strophen frei durchkomponiert und zwar in ganz meisterhafter Form, daß wir vermuten können, daß sie der Originalgestalt der mittelalterlichen Sequenz ziemlich nahestehen dürfte. Diese Sequenz selbst, die dem Abälard zugeschrieben wird, ist mit der Zeit aus kirchlichem Gebrauch entschwunden und hat sich dafür ins Volksschauspiel geflüchtet. Unsere Melodie entspricht bloß dem Anfangsteil; sie kann aber auch für alle Strophen verwendet werden. Auch bei Cor-

ner 1625 (1631) finden wir sie. Die erste deutsche Übersetzung stammt aus dem 14. Jahrhundert.

Der Sternträger. — Maria und Josef.

Engel Gabriel. — Die Hirten Gallas, Stichus u. Wittock.

Festlich breit

1. Reich und arm sol-len fröh-lich sein
Uns ist ge-born ein Kin-de-lein,

an die-sem heil' gen Tag,
das al - le Ding ver - mag.

Dar - zu es hei - lig ist,
Sein Nam heißt Je - sus Christ; um un - ser

al - ler Mis - se - tat vom Him-mel kom-men ist.

Text im Oberuferer Spiel:

1. Reich und arm sollen frölich sein
   an diesem heutigen tag,
   uns ist geborn ein kindalein
   das alle ding vermag.
   dazu auch heilig ist
   sein nam heißt Jesus Christ
   um unser aller missetat
   vom himel komen ist.

2. O mensch bedenk wie Jesus Christ
   so gar ân alle scheu
   zu Bethlahem geboren ist
   in einer alten scheun
   wird in ein kripp geleit,
   wie uns die schrift anzeigt,
   welch's doch der höchste könig ist
   auf erden weit und breit.

In der Sammlung von Corner stehen 6 Stro-phen des Liedes; davon bringt das Oberufe-rer Spiel blos die 1. und 3. Geradezu bewun-dernswert ist die Weise: welche Meister-schaft in der Führung! In königlicher Maje-stät schreitet sie einher, wobei die Schluß-wendung in Moll die Festlichkeit noch er-höht statt abschwächt. Im Mittelteil denken wir uns im Baß Glocken in absteigenden Quarten: B-F, G-D, ähnlich wie sie Richard Wagner im Parsifal verwendet hat.

Die heiligen drei Könige. — Herodes.

Der Hauptmann. — Rechtsgelehrte Pharisäer.

Gezeichnete Spiel- und Kostümanweisungen zum Oberuferer Weihnachtsspiel. Nach Otto Fhr. von Reinsberg-Düringsfeld: Das festliche Jahr. Leipzig 1898

225

7. GESANG
UNTER DER »JULTANNE«

Die zahlreichen verschiedenen Gruppen der Jugendbewegung und bündischen Jugend, die allmählich nach 1933 mehr oder weniger zwangsweise in die Hitlerjugend überführt wurden, brachten auch manches dort ein von ihrem Liederrepertoire und musikalischen Stil. Aber während die Jugendbewegung, die sich gerade in den zwanziger Jahren zunehmend kommunistischen und jüdischen Kreisen geöffnet hatte[76], einen mehr toleranten und überkonfessionellen Geist vertrat, wurde nun seitens der Hitlerjugend eine ideologisch bestimmte, außerordentlich bornierte Einengung betrieben. Das betraf in besonderem Maße das weihnachtliche Singen. Man war empfindlich gegen alle christlichen Motive und gegen den Weihnachtsbaum als Zeichen der bürgerlichen Familienfeier. Aber es ist weder den HJ-Führern noch den Kulturfunktionären der Partei überzeugend gelungen, das Weihnachtsfest aus der Bürgerfamilie herauszulösen und den Weihnachtsbaum zur »Jultanne« oder zum »Weltenbaum« umzufunktionieren. So versuchte man, die Lieder wenigstens ihres christlichen Gehalts zu berauben und stattdessen allgemeine mystische Gedanken der Sonnenwende, Auferstehung der Natur, der Mutterschaft und Lebenshoffnung einzubringen. Das geschah besonders intensiv in den Kriegsjahren, verbunden mit einer gewaltigen Aufwertung der nationalen Komponente; *denn deutsche Art ist es, Weihnachten zu feiern!* und

> *In keinem Volk auf Erden*
> *ward's noch so hell und rein.*
> *Wo kann's so Weihnacht werden?*
> *In deinem Volk allein!*[77]

Eine verschwommene Religiosität sollte die klare Weihnachtsgeschichte der Bibel ersetzen[78]:

> *Heut greift nach deinem Herzen*
> *der Gott, der dich erschuf.*
> *Willst du im Rausch verscherzen,*
> *mein Volk, des Retters Ruf?*
>
> *Brennt nicht die heiße Frage*
> *nach Gott im Herzen dir?*
> *je dunkler deine Tage*
> *und ihre wilde Gier?*
>
> *Nun bist du jäh entrissen,*
> *wie durch ein Wunder fast,*
> *des Feindes Finsternissen.*
> *Mein Volk, Gott ist dein Gast.*
>
> *Er lädt mit seinem Worte*
> *im deutschen Haus sich ein.*
> *Auf! Öffne ihm die Pforte!*
> *Gott will dein Tröster sein.*
>
> *Sein Wort hat deutsche Sprache,*
> *ist männlich, hart und klar.*
> *Deutschland, mein Volk, erwache!*
> *Gott ward dir offenbar!*

Diese Mischung von lutherschem Teutschtum und völkischer Auserwähltheit, die hier von einem Pfarrer zu Führers Heil zusammengerührt wurde, ist heute kaum noch verstehbar. Sie deutet bereits das Pathos an, das die alte gemütliche Weihnachtsseligkeit vertreiben und an ihre Stelle

---

[76] vgl. Hans-Christian Brandenburg: *Die Geschichte der HJ*, Köln 1968
[77] Herybert Menzel in: *Deutsche Kriegsweihnacht*. Hg. vom Hauptkulturamt der NSDAP in der Reichspropagandaleitung. München 1942, S. 22
[78] aus Walter Schäfer: *Volk will leben! Worte und Weisen des Jahres 1933*. Leipzig 1934
[79] *Wir Mädel singen. Liederbuch des Bundes Deutscher Mädel*. Hg. vom Kulturamt der Reichsjugendführung. Wolfenbüttel – Berlin 1937, S. 8

neue Inhalte setzen sollte. In dem auf Heimabenden viel gesungenen Lied *Haltet Eurer Herzen Feuer* beschwört der Dichter Hans Baumann die Jugend geradezu, den alten frommen Sternenglauben zugunsten einer mutigen und treuen Selbstbestimmungsfähigkeit aufzugeben[79].

Aber man versuchte auch, altes Traditionsgut zu retten. Im Hinblick auf das sich erneuernde Grün in der Winternacht schien z. B. die erste Strophe von *Es ist ein Ros' entsprungen* übernehmbar, wie man sich überhaupt hütete, die beliebten Familientraditionen gänzlich zu verbieten. Hier brauchte man nur *von Jesse kam die Art* durch *von wunderbarer Art* zu ersetzen,

und die heidnische Naturmagie vom heiligen Dreisproß schien gerettet. Mehr Schwierigkeiten machte *Stille Nacht, heilige Nacht*, das Lieblingsstück der deutschen bürgerlich-christlichen Gesellschaft. Der ideologische Hauspoet der Hitlerjugend Hans Baumann versuchte, seine Dichtung *Hohe Nacht der klaren Sterne* dagegenzusetzen. Aber das kalte Pathos dieser Liedkonstruktion kam gegen die eingebürgerte Gemütswärme der bekannten Weihnachtslieder nicht an.

Die folgende kleine Auswahl aus den damals gesungenen Weihnachtsliedern ist nach den ideologischen Schlagworten geordnet, die jenseits christlichen Gehalts das Weihnachtsfest

Der Ideologie entspricht die graphische Gestaltung: Noten, Text und Bildschmuck erscheinen in markiger Holzschnitt-Manier.

charakterisieren sollten: Feuer, Grüner Zweig und Baum, Müttermythos.

Um keinen Zweifel daran aufkommen zu lassen, daß trotz der Beliebtheit einiger der hier abgedruckten Lieder – so gehört zum Beispiel *Hohe Nacht der klaren Sterne* zum musikalischen Repertoire manch volkstümlicher Weihnachtsfeier –, mit der Aufnahme in dieses Buch nicht ihre Neubelebung beabsichtigt ist, werden nur die Melodien wiedergegeben. Lediglich jene älteren Lieder, deren Texte zwar der ideologischen Absicht gemäß zurechtgestutzt wurden, die aber in ihrer ursprünglichen Form neutral sind, erscheinen mit Begleitsätzen und Harmoniesymbolen.

Bei dieser kleinen Auswahl von Beispielen aus einer Fülle ähnlichen Liedgutes, das in der damaligen Zeit entstanden ist, geht es nicht darum, die betroffenen Autoren aus der heutigen kritischen Sicht heraus persönlich anzugreifen. Vielmehr sollen vor kulturhistorischem Hintergrund die ideologischen Tendenzen aufgezeigt werden, unter deren Einfluß die zitierten Lieder geschrieben wurden.

Eine merkwürdige, theoretisch anmutende, pathetische Mischung von Sonnenwendgedanken und Mütterheiligung kam in diesem Lied von Hans Baumann zustande, das besonders in der Hitlerjugend propagiert wurde.

Weihnachtliches Land S. 13
Lechner S. 32
Wir Mädel singen S. 10
Deutsche Kriegsweihnacht S. 13

111. Du Feuer

2. Du Feuer, flieg in jedes Tal,
ruf alle auf, ruf alle auf!
Pack jeden Müden hundertmal –
hol ihn herauf, hol ihn herauf!

3. Du Feuer, flieg von Berg zu Berg,
spring in die Nacht, spring in die Nacht!
Wer zittert, ist ein feiger Zwerg
und wird verlacht, und wird verlacht.

4. Du Feuer, flieg bis an das Meer,
Feuer, spring hell, Feuer, spring hell!
Und alle Niedertracht verzehr'!
Feuer, spring hell, Feuer, spring hell!

110. Hohe Nacht der klaren Sterne

2. Hohe Nacht mit großen Feuern,
die auf allen Bergen sind,
heut' muß sich die Erd' erneuern
wie ein junggeboren Kind.

3. Mütter, euch sind alle Feuer,
alle Sterne aufgestellt;
Mütter, tief in euren Herzen
schlägt das Herz der weiten Welt.

Hans Baumann bezieht sich hier nicht auf eine Familienweihnachtsfeier, sondern auf die Sonnwendfeuer von Jugendgruppen, die neue Werte in der Gesellschaft setzen wollten.

Deutsche Kriegsweihnacht S. 12
Weihnachtliches Land S. 8
Wir Mädel singen S. 9

112. Weihnacht macht die Türen weit

Weih-nacht macht die Tü-ren weit,
Him-mel ste-hen of-fen,
und ein Licht voll Fröh-lich-keit
hat die Erd' ge-trof-fen.

2. Weihnacht macht die Fenster hell,
zündet an die Kerzen,
und die Sterne sind zur Stell',
wandern in die Herzen.

3. Weihnacht macht das Herz bereit,
hört es lauter pochen,
mitten aus der Dunkelheit
wird ein Jahr gebrochen.

4. Weihnacht macht die Türen weit,
Himmel stehen offen,
und ein Licht voll Fröhlichkeit
hat die Erd' getroffen.

Eine ernüchternde Vermeidung aller Anklänge an überlieferte Bilder drückt sich in diesem krampfhaften Text von Hans Baumann aus. Mit einiger Mühe könnte man noch, zumal in der ersten und letzten Strophe verhüllte Andeutungen der Weihnachtsbotschaft herauslesen. Die Melodie stammt von Ilse Lang.

Lieder zur Weihnachtszeit S. 8

113. In dunkler Stunde

In dunk-ler Stun-de, still und spät,
sitzt ei-ne Frau und sinnt und näht und

ne - stelt ernst mit wei - cher Hand an
Win - del - tuch und Wik - kel - band.

2. Und in dem Werkraum nebenan
wirkt voller Heimlichkeit der Mann,
und blau und golden schmückt er stolz
ein Meisterstück aus Rosenholz.

3. Er prüft den weichen Schaukelschlag –
da hellt ein Stern die Nacht zum Tag;
Der Raum ist voller Blumenblüt',
und leis' ertönt ein Wiegenlied.

Besonders deutlich bemüht sich der Verfasser dieses Textes, Josef Bauer, um die Entchristlichung der traditionellen Vorstellungsmuster. Unwillkürlich stehen dem Hörer die spinnende Maria und Josef, der Zimmermann, vor Augen. Aber nein, sie sind es nicht, und alle Sinngebung richtet sich auf die bevölkerungspolitische Heiligung der Mutterschaft. Das Lied wurde vertont von Gerhard Nowottny.

Lieder zur Weihnachtszeit S. 30

114. Der Sunnwendmann

„Der Sunn-wend-mann, wo kommt er her?"
Ü - ber Wie - sen und Fel - der, ü - ber
Ber - ge und Wäl - der vom wei - ten Meer,
da kommt er her, da kommt er her.

2. »Der Sunnwendmann, wie zieht er ein?«
Auf leuchtendem Schimmel
wie die Sonne am Himmel
voll spiegelndem Schein;
so zieht er ein.

3. »Der Sunnwendmann, was bringt er mit?«
Gar köstliche Gaben
für Mädchen und Knaben,
die guter Sitt';
das bringt er mit.

4. »Der Sunnwendmann, wie teilt er's aus?«
Er legt sie verstohlen
wo leicht sie zu holen,
ans Fenster, vor's Haus;
so teilt er's aus.

Im altertümelnden Stil werden die Gabenbringer Weihnachtsmann und Nikolaus durch den »Sunnwendmann« ersetzt, und Odin mit dem Schimmel geistert auch noch hinein. Dieser niederdeutsch eingefärbte Sonnenwendmann ist eine kinderfreundliche Erfindung im Sinne einer »arteigenen« Neugestaltung des Brauchlebens. Alle gewohnten Rollen einer christlich bürgerlichen Vorstellungswelt sollten aus dem Schatz germanischer Mythologie neu besetzt werden. Text: Martin Greif, Melodie: Ilse Lang.

Lieder zur Weihnachtszeit S. 19

115. Ich brach drei dürre Reiselein

2. Das war am Tag Sankt Barbara,
da ich die Reislein brach,
und als es nah an Weihnacht war,
da ward das Wunder wach.

3. Da blühten bald zwei Zweigelein,
und in der heil'gen Nacht
brach auf das dritte Reiselein
und hat das Herz entfacht.

4. Ich brach drei dürre Reiselein
vom harten Haselstrauch,
Gott läßt sie grünen und gedeihn
wie unser Leben auch.

Auf den Brauch, am 4. Dezember, dem Tag der Hl. Barbara, Kirschzweige ins Wasser zu stellen, damit sie zu Weihnachten aufblühen, bezieht sich das gefällige, altertümelnde Liedchen von Heinz Grunow (Text) und Wolfgang Stumme (Melodie). Damit wird der »Zweigzauber« beschworen, in den auch der weihnachtliche Tannenbaum einbezogen werden soll.

Deutsche Kriegsweihnacht S. 3

116. Fröhliche Weihnacht wolln wir singen

2. Fröhliche Weihnacht woll'n wir uns sagen!
Sonne wird Licht den Berg hinauftragen.
Liegt auch der Schnee noch auf Baum und auf Wegen,
unter dem Eis muß das Leben sich regen.

3. Fröhliche Weihnacht woll'n wir nun singen,
soll alles Dunkel im Herzen bezwingen.
Laßt heut' den Kummer, heute ist große Freud',
strahlende Weihnacht, fröhliche Festzeit!

Der Text dieses Liedes stammt von Karola Wilke, wohl der bedeutendsten Liedermacherin dieser Zeit, die Melodie von Wolfgang Stumme. Wirkt hier die krampfhafte Ideologisierung um Sonne, Dunkel und Licht auch gezwungen, so hat die Verfasserin in einer Reihe munterer Kinderlieder den richtigen Ton für die 2. Hälfte unseres Jahrhunderts gefunden und sich auch hier nicht gescheut, den Begriff »Weihnacht« einzubringen.

Deutsche Kriegsweihnacht S. 15

Vorweihnachtliche Titelseite
der NS-Zeitschrift „Frauenwarte"
mit naiv volkstümelnder Darstellung;
der Liedtext nimmt die Lichtsymbolik auf,
die den christlichen Ursprung
des Weihnachtsfestes verdrängen sollte.

FrauenWarte

die einzige parteiamtliche frauenzeitschrift

HEFT 11. · 7. JAHRGANG · 2. NOVEMBERHEFT

GEMALT: J.V.HATTINGBERG

Es wird ge-schehn: auf-er-stehn wird ein neues Licht. Licht muß wieder werden nach diesen dunklen Tagen

Laßt uns nicht fragen, ob wir es sehn; es wird geschehn: auferstehn wird ein neues Licht.

Beilagen: „Unsere Feierstunden" und Schnittmusterbogen

Postaufgabeort: Leipzig · Auslands= und Kreuzband=Preise siehe letzte Innenseite · Einzelpreis 27 Pfg., bei Frei=Haus=Lieferung 30 Pfg. · Alle 14 Tage ein Heft

117. Es ist für uns eine Zeit angekommen

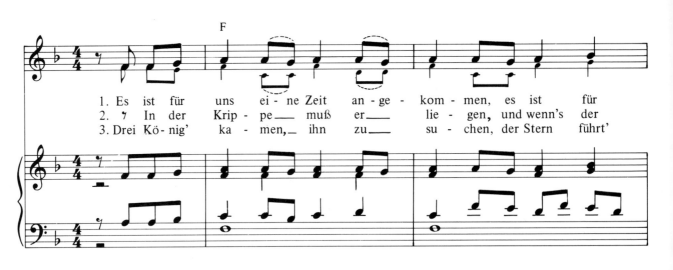

1. Es ist für uns ei - ne Zeit an - ge - kom - men, es ist für
2. In der Krip - pe muß er lie - gen, und wenn's der
3. Drei Kö - nig' ka - men, ihn zu su - chen, der Stern führt'

uns ei - ne gro - ße Gnad'. Un - ser Hei - land Je - sus
här - te - ste Fel - sen wär': Zwi - schen Ochs' und E - se -
sie nach Beth - le - hem. Kron' und Zep - ter leg - ten sie

Christ, der für uns, der für uns, der für uns Mensch ge - wor - den ist.
-lein liegst du, liegst du, liegst du ar - mes Je - su - lein.
ab, brach - ten ihm, brach - ten ihm, brach - ten ihm ih - re rei - che Gab'.

Karolisserheft S. 20

232

Als Beispiel für die Kontrafakturmethoden der Nazi-Liedermacher seien 2 Liedfassungen nebeneinandergestellt: das eine ein einfaches Umzugsliedchen aus dem Kanton Luzern in der Schweiz; – das andere entkleidet von allem christlichen Bezug, die »Gnad« in »Freud« verwandelt und den Krippentext mit dem Weg der Könige in eine frostige Wanderung durch die weiße Winterwelt – ein Text, den man sogleich vergißt. Er stammt von Paul Hermann mit der Bemerkung *Weise altes Sterndreherlied*, eine gerade noch akzeptable Herkunftsangabe.

> 1. Es ist für uns eine Zeit angekommen,
> sie bringt uns eine große Freud'.
> Über's schneebeglänzte Feld
> wandern wir
> durch die weite, weiße Welt.

> 2. Es schlafen Bächlein und See unterm Eise,
> es träumt der Wald einen tiefen Traum.
> Durch den Schnee, der leise fällt
> wandern wir
> durch die weite, weiße Welt.

> 3. Vom hohen Himmel ein leuchtendes Schweigen
> erfüllt die Herzen mit Seligkeit.
> Unterm sternbeglänzten Zelt
> wandern wir
> durch die weite, weiße Welt.

> Deutsche Kriegsweihnacht S. 57

In den fünfziger Jahren wurde der ursprüngliche religiöse Inhalt des Liedes »wiederentdeckt«; in der Textfassung von Maria Wolters von 1957 wird an die Anfangsstrophe, die am Schluß wiederholt wird, anschließend in acht Folgestrophen die ganze Weihnachtsgeschichte ausgebreitet:

> 2. Es sandte Gott seinen Engel vom Himmel
> zu einer Jungfrau, hieß Marie:
> »Du sollst Mutter Gottes sein,
> Jesus Christ dein Söhnelein.«

> 3. Maria hörte des Herren Begehren,
> sich neigend sie zum Engel sprach:
> »Sieh, ich bin des Herren Magd,
> mir gescheh', wie du gesagt.«

> 4. Und es erging ein Gebot des Kaisers,
> daß alle Welt geschätzet würd'.
> Josef und Maria voll der Gnad'
> zogen hin nach Davids Stadt.

> 5. Es war kein Raum in der Herberg' zu finden,
> es war kein Platz für arme Leut':
> In dem Stall bei Esel und Rind
> kam zur Welt das heil'ge Kind.

> 6. Es waren Hirten bei Nacht auf dem Felde,
> ein Engel ihnen erschienen ist:
> Fürcht't euch nicht, ihr Hirtenleut',
> Fried' und Freud' verkünd' ich heut'.

> 7. Denn euch ist heute der Heiland geboren,
> welcher Christus ist der Herr!
> Dies soll euch zum Zeichen sein:
> 's Kindlein liegt im Krippelein.

> 8. Sie gingen eilend und fanden beide
> Mariam und Josef in einem Stall
> und dazu das Kindelein,
> Jesus Christ im Krippelein.

> 9. Vom Morgenlande drei Könige kamen,
> ein Stern führt' sie gen Bethlehem;
> Myrrhen, Weihrauch und auch Gold
> brachten sie dem Kindlein hold.

> 10. = 1.

Inmitten der Nacht S. 3.

Treudeutsche Weihnachtsvorbereitungen aus einer zeitgenössischen Illustrierten

233

118. O Tannenbaum, du trägst ein' grünen Zweig

1. O Tan - nen - baum, o Tan - nen - baum, du trägst ein' grü - nen
1. *O Dan - ne - bom, o Dan - ne - bom, du drägst 'ne grö - nen*

Zweig, den Win - ter, den Som - mer, das dau'rt die lie - be Zeit.
Twig, den Win - ter, den Som - mer, dat doert de le - ve Tid.

2. »Warum sollt' ich nicht grünen,
da ich noch grünen kann!
Ich hab' nicht Vater noch Mutter,
die mich versorgen kann.

3. Und der mich kann versorgen,
das ist der liebe Gott,
der läßt mich wachsen und grünen,
drum bin ich stark und groß.«

2. *»Worum schold ich nich grönen,*
da ich noch grönen kann?
Ick hebb nich Vader un Moder,
de mi versorgen kann.

3. *Un de mi kann versorgen,*
dat is de leve Gott,
de leet mi wassen und grönen,
drum bin ich stark un grot.«

Neben dem Lied *Es ist ein Ros entsprungen*, das bei Auswechslung des verdächtigen Stammes Jesse integriert werden konnte, stand auch das Tannenbaumlied aus dem weihnachtlichen Traditionsgut zur Verfügung und zwar in beiden Fassungen (vgl. Kap. 5, S. 150).

Als weltliches Tanz- und Gesellschaftslied seit dem 16. Jahrhundert belegt und offenbar sehr beliebt, von Ludwig Uhland zu einem Liebeslied benutzt[80], hat es erst spät geistliche Umdichtungen erfahren.

Erk-Böhme I, Nr. 175[d]
Klusen S. 192
Wir Mädel singen S. 6
Wohlgemuth S. 27
Deutsche Kriegsweihnacht S. 5

[80] Ludwig Uhland: *Alte hoch- und niederdeutsche Volkslieder* [1844/45], Stuttgart–Berlin o. J., Bd. I/II, S. 240f. Vgl. auch Erk-Böhme I, S. 547

234

119. Erfreue dich, Himmel

Er - freu - e dich, Him - mel, er - freu - e dich, Er - den, er - freu - e sich
Erd', Was - ser, Luft, Feu - er und himm - li - sche Flam - men, ihr Men - schen und

al - les, was fröh - lich kann wer - den! Auf Er - den hier un - ten, im
En - gel, stimmt al - le zu - sam - men.

Him - mel dort o - ben, das Kind in der Krip - pen wol - len wir lo - ben!

Georg Blumensaat (1901–1945) hat den Text dieses alten Liedes aus dem Straßburger Gesangbuch von 1697 von christlichem Geist »gereinigt«
und doch das Bild des neugeborenen Kindes
beibehalten.

Als allgemeines Lob- und Dank-Lied mit Folgestrophen von Luise Thurmair (1963) wird das
Lied heute in der katholischen Kirche gesungen.

Gotteslob Nr. 259
Weihnachtslieder S. 94

120. Stephan war ein Knecht im Stall

1. Ste-phan war ein Knecht im Stall —halt dich wohl, Foh-len mein!—
2. Schnell legt er den Sat-tel auf —halt dich wohl, Foh-len mein!—
3. Schön-stes Foh-len, ap-fel-grau —halt dich wohl, Foh-len mein!—
4. Tief im Wald der al-te Bär —halt dich wohl, Foh-len mein!—

1. Sei-ne Foh-len tränkt er all'—noch bei dem Schein der Ster-ne.
2. eh' die Son-ne kommt her-auf —noch bei dem Schein der Ster-ne.
3. da reit't Ste-phan sel-ber drauf—noch bei dem Schein der Ster-ne.
4. hat nun kei-ne Ru-he mehr —noch bei dem Schein der Ster-ne.

1.-6. Ta-ges-licht, das scheint noch nicht, scheint noch nicht; nur Ster-ne-lein am Him-mel stehn und glän-zen.

5. Feu'r in jedem Herde scheint –
halt dich wohl, Fohlen mein! –,
Weihnachtsbrei und Weihnachtsschwein –
noch bei dem Schein der Sterne.
Tageslicht, das scheint . . .

6. Nun ist Freud' in jedem Raum –
halt dich wohl, Fohlen mein! –,
Weihnachtslicht und Weihnachtsbaum –
noch bei dem Schein der Sterne.
Tageslicht, das scheint . . .

Um allen ideologischen Fehltritten zu entgehen, bediente man sich gern nordischer, d. h. skandinavischer Volkslieder wie dieses Stephansliedes[81] (Stephan ist der Namensheilige des 26. Dezembers). Am Stephanstag ließ man den Hafer weihen und mischte ihn den Rossen unter ihr Futter, damit sie im kommenden Jahr vor Krankheit geschützt seien. Überhaupt war der Stephanstag ein großer Pferdetag[82]. Man hielt Stephan für den christlichen Stellvertreter Freys oder Balders.

Neue Bräuche aus völkischem Geist sollten die alten Inhalte auch in den Familien ersetzen. Ein Parteivorschlag lautete:

Nun haben sich alle bei der Hand gefaßt, stehen um den Baum und singen das schöne Lied vom Tannenbaum. Vier Kerzen sind am Tannenfuß aufgestellt. Der Vater gibt dem ältesten Jungen eine brennende Kerze in die Hand und sagt:

Die Sonne ist durchs Jahr gerollt,
jetzt ist sie schwach und klein.
Doch wird sie bald mit ihrem Gold
groß und voll Licht und Wärme sein.
So schmücken wir den Weihnachtskranz
für seinen neuen Lauf
und stecken ihm mit hellem Glanz
vier rote Lichter auf.

Dann zündet der älteste Junge die erste Kerze an und spricht:

Ich bringe Licht für alle Soldaten,
die tapfer die Pflicht für Deutschland taten.

So werden auch die drei anderen Kerzen von den Kindern mit einem Spruch angezündet.

Zweites Kind: *Mein Licht soll für alle die Leute brennen,*
               die heute nicht Weihnachten feiern können.

Drittes Kind: *Mein Licht sei dem Führer geschenkt,*
               der immer an uns und Deutschland denkt.

Viertes Kind: *Ich bringe mein Licht unserer Mutter dar.*
               Sie sorgt für uns Kinder das ganze Jahr.

(Selbstverständlich werden in kleineren Familien diese Geschenksprüche von einem oder zwei Kindern gesprochen.)

Aber solche krampfhaften Versuche der Entchristlichung des Weihnachtsfestes kamen in den Familien nicht an. Und so schnell ließen sich Tannengrün und Licht nicht um-ideologisieren. Es scheint, als wenn sich in der Hitlerzeit und besonders in den Kriegsjahren gerade das intime Feiern des Weihnachtsfestes einen eigenen Sinn bewahrt hätte. Das familiäre Unter-sich-sein bekam für viele einen neuen Wert.

[81] nach: *Lied über Deutschland. Gesammelt von Georg Blumensaat*, Potsdam [3]o. J., S. 7. Vgl. auch Matts Arnberg (Hg.): *The Mediaeval Ballad. An outline and an introduction to the study of mediaeval song tradition as recorded on four discs produced by the Swedish Broadcasting Corporation*, [Stockholm], Swedish Broadcasting Corporation o. J., S. 137
[82] *Handwörterbuch des deutschen Aberglaubens*, Bd. VIII, Berlin u. Leipzig 1936/37, Sp. 435/36; vgl. auch Bringéus, Nils-Arvid: *Årets festseder*, Stockholm 1976, S. 91 ff.

Kriegsweihnacht
ohne Pathos
– im Luftschutzkeller.
Willibald Krain
(1886–1945)

8. Advents- und Weihnachtsgesang in Kindergarten und Schule

Aus dem kinderfreundlichen 19. Jahrhundert stammt die Ausdehnung der vorweihnachtlichen Adventswochen als Zeit der Artigkeitserprobung und ahnungsvollen Vorfreude. Der früheste Beleg für den Adventskranz findet sich in einem Hamburger Waisenhaus[83] um 1900. Dem gleichen Rhythmus folgen die vielen Arten von Adventskalendern und sonstigen Vorbereitungen. Auch diese Entwicklung ist Teil der allgemeinen Verbürgerlichung. Neben den alten, jung gebliebenen vorweihnachtlichen Kirchengesängen der christlichen Erwartung entstand eine Fülle neuer Texte, die auf das Denken und Fühlen der Kinder zugeschnitten sind. Sie gehören – ebenso wie Hirten- und Krippenspiele – fest in das Programm der Kindergärten und ersten Schulklassen.

Gleich zu Beginn der Adventszeit am 6. Dezember kommen Nikolaus und Knecht Ruprecht und füllen den Kindern die hinausgestellten Teller oder Stiefel[84]. Zu diesem Termin haben sich auf dem Lande noch häufig Umgänge der größeren Schuljungen erhalten, die vorher oft eine nur allzu grob wirklichkeitsnahe Examination mit den Eltern verabredet haben und mit großem Vergnügen in die pseudopädagogischen Rollen schlüpfen, wofür sie auch noch einen Lohn erhalten. Im Kindergarten läuft das Spiel meist freundlicher ab ohne Angst und Schrecken, ja – besonders in Norddeutschland erscheint oft gar keine maskierte Gestalt, und die Kinder hören nur im Lied von deren Vorhandensein. St. Nikolaus war bis zur Reformationszeit und vielerorts darüber hinaus der Gabenbringer für die Kinder, und zumindest mit Süßigkeiten beglückt er sie auch heute.

Dann beginnen die ernsthafteren Weihnachts-Vorbereitungen mit Krippenspiel und Hirtenstücken, in denen jedes Kind seine Rolle spielen soll. Von der Verzauberung, in die die Kinder dann in solcher Festeszeit geraten, hat Monika Mann (geb. 1910) in ihren Kindheitserinnerungen erzählt[85]:

Bei einer Schulweihnacht wurde die Rolle eines Engels mir zugeteilt: und im zehenspitzenlangen weißen Hemdchen, mit großen goldenen Flügeln, das goldene Sternendiadem im Haar, mit erhobenen Händchen und Gesang spielte ich nicht, sondern war ich Engel! Das kann ich heute noch bezeugen, denn ich sprang von einem sehr hohen Tisch, der als Wolke verkleidet war, ins blaue Nichts, ohne mir im geringsten weh zu tun – wozu ich in irdischem Zustand nicht fähig gewesen wäre.

Ausschneidebogen der Firma A. Huber, München 1925

---

[83] s. Ingeborg Weber-Kellermann: *Das Weihnachtsfest*, S. 42 ff.
[84] ebenda, S. 24 ff.
[85] Monika Mann: *Vergangenes und Gegenwärtiges*. München 1956, S. 32

121. Laßt uns froh und munter sein

1. Laßt uns froh und munter sein und uns recht von
2. Dann stell' ich den Teller auf, Nik'laus legt ge-
3. Wenn ich schlaf', dann träume ich, jetzt bringt Nik'laus

Her- zen freun!
-wiß was drauf.
was für mich.

1.-5. Lu- stig, lu- stig, tra- le- ra- le- ra!

Bald ist Ni-ko-laus-a-bend da, bald ist Ni-ko-laus-a-bend da!

4. Wenn ich aufgestanden bin,
lauf' ich schnell zum Teller hin.
Lustig, lustig...

5. Nik'laus ist ein guter Mann,
dem man nicht genug danken kann.
Lustig, lustig...

Mit zwei weiteren Strophen, die einen Schulmei-
ster als Textverfasser vermuten lassen, ist das
Lied für den Hunsrück oder das Rheinland bezeugt:

1. *Bald ist unsere Schule aus,*
dann ziehn wir vergnügt nach Haus.
Lustig, lustig...

2. *Steht der Teller auf dem Tisch,*
sing' ich nochmals froh und frisch:
Lustig, lustig...

Statt *recht von Herzen* freun heißt es in anderen
Fassungen *in dem Herren* freun. Weitere lustige
Verse bei Dotzler, S. 46:

Niklas, Niklas, guter Mann,
zieh die großen Stiefel an,
reis' mit uns nach Spanien,
kauf Äpfel und Kastanien,
setz' dein Schimmelchen unter den Tisch,

daß es Heu und Hafer frißt.
Heu und Hafer frißt es nicht,
Zuckerplätzchen kriegt es nicht,
lustig, lustig, trallerallera,
bald ist Niklasabend da.

Dotzler S. 46
Klusen S. 36
Lechner S. 36
Wohlgemuth S. 5

122. Sankt Nik'laus komm in unser Haus

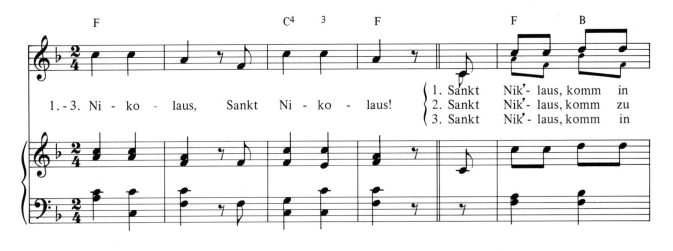

1.-3. Ni - ko - laus, Sankt Ni - ko - laus!

1. Sankt Nik'- laus, komm in
2. Sankt Nik'- laus, komm zu
3. Sankt Nik'- laus, komm in

1. un-ser Haus, leer die vol-len, vol-len Ta-schen aus. Stell den Schim-mel auf den
2. uns her-ein, sollst uns al - len sehr will - kom-men sein. Stell den Sack nur im - mer
3. un-ser Haus, ruh von dei-ner lan-gen Fahrt dich aus; laß die Ru - te im - mer

: Mist, auf den Mist, auf den Mist, daß er Heu und Ha - fer frißt, daß er
hin, im - mer hin, im - mer hin, sind wohl Äp - fel, Nüs - se drin, sind wohl
drauß', im - mer drauß', im - mer drauß', sind nur gu - te Kind' im Haus, sind nur

Heu und Ha - fer, Heu und Ha - fer, Heu und Ha - fer frißt.
Äp - fel, Nüs - se, Äp - fel, Nüs - se, Äp - fel, Nüs - se drin.
gu - te Kind', nur gu - te Kind', nur gu - te Kind' im Haus.

Dem Kanon von Heinz Lau liegt ein Nikolaus-Vers zugrunde, wie er im gesamten deutschsprachigen Raum verbreitet ist. Wenn Nikolaus und Ruprecht am 6. Dezember in die Häuser kommen, leiern die kleinen Kinder, mehr sprechend als singend, ängstlich nach Aufforderung durch die bärtigen Besucher Verse wie den folgenden:

Nikolaus, komm in unser Haus,
pack deine große Tasche aus,
setz den Schimmel untern Tisch,
daß er Heu und Hafer frißt.
Heu und Hafer frißt er nicht
Zuckerbrezel kriegt er nicht.
Nikolaus komm, mach mich fromm,
daß ich in den Himmel komm'.

Diese Fassung ist in Westfalen überliefert und wurde in der Nähe von Warendorf aufgezeichnet; der Text ist teilweise identisch mit dem zu Nr. 127 nach Dotzler zitierten.

Lieder und Kanons S. 66
Westfälisches Volksliedarchiv Münster

Das vorhergegangene Lied vom Nikolaus zeigt Anklänge an ein altes, bekanntes Kinderlied, das Erk-Böhme (III, Nr. 1916) für die Schweiz beansprucht, das aber sicher sehr viel weiter verbreitet gewesen ist. Jedenfalls steht es bereits in *Des Knaben Wunderhorn* (1806) mit der Überschrift *Um die Kinder still und artig zu machen.*

1. Es kam ein Herr zum Schlößli
auf einem schönen Rößli.
Da lugt die Frau zum Fenster aus
und sagt: »Der Mann ist nicht zu Haus!

2. und niemand heim als Kinder
und's Mädchen auf der Winden.«
Der Herr auf seinem Rößli
sagt zu der Frau im Schlößli:

3. »Sind's gute Kind, sind's böse Kind?
Ach liebe Frau, ach sagt geschwind!«
Die Frau, die sagt: »Sehr böse Kind.
Sie folgen Muttern nicht geschwind.«

4. Da sagt der Herr: »So reit ich heim,
dergleichen Kinder brauch ich kein!«
Und reit' auf seinem Rößli
weit, weit hinweg vom Schlößli.

Tatsächlich ist der Text erschreckend und für die Kinder enttäuschend und erinnert in furchtbarer Pädagogik an die Geschichten vom bösen Nikolaus, der die unartigen Kinder in seinem Sack mit fortträgt. Text und Melodie finden sich schon 1776 in Nicolais *Almanach I*, Nr. 26, S. 145. Als »Kinderreim« überliefert fehlen Angaben über die Verfasser.

Die im folgenden Lied von Hans Poser angesprochene Adventskranz-Sitte wird auch in den Versen widergespiegelt, die jedes Kindergartenkind als erstes lernt:

Advent, Advent,
ein Lichtlein brennt.
Erst eins, dann zwei, dann drei, dann vier –
dann steht das Christkind (oder: der Weihnachtsmann) vor der Tür!

Größere Kinder singen:

Und wenn das fünfte Lichtlein brennt,
Dann haste Weihnachten verpennt!

123. Advent, Advent

1. Advent, Advent, ein Lichtlein brennt, bald kommt die frohe, selige Zeit. Weihnacht, Weihnacht ist nicht mehr weit.
2. Der Schnee, der Schnee kommt von der Höh', draußen im Wald der Tannenbaum träumt schon seinen Weihnachtstraum.
3. Und huckepack mit seinem Sack geht nun bald von Haus zu Haus der gute, alte Nikolaus.

Weihnachts-
bescherung
mit Ruprecht
und Nikolaus.
Nikolaus
Hartmann
(1880–?)

124. Der Winter ist ein rechter Mann

1. Der Win-ter ist ein— rech-ter Mann, kern-fest und auf die Dau-er; sein
2. War je ein Mann ge-sund, ist er's; er krankt und krän-kelt nim-mer, weiß

Fleisch fühlt— sich wie Ei-sen— an und scheut nicht süß noch sau - - er.
nichts von— Nacht-schweiß noch Va-peurs und schläft im kal-ten Zim- -mer.

3. Er zieht sein Hemd im Freien an,
und läßt's vorher nicht wärmen;
und spottet über Fluß im Zahn
und Kolik in Gedärmen.

4. Aus Blumen und aus Vogelsang
weiß er sich nichts zu machen,
haßt warmen Drang und warmen Klang
und alle warmen Sachen.

5. Doch wenn die Füchse bellen sehr,
wenn's Holz im Ofen knittert,
und um den Ofen Knecht und Herr
die Hände reibt und zittert;

6. wenn Stein und Bein vor Frost zerbricht
und Teich' und Seen krachen:
Das klingt ihm gut, das haßt er nicht,
dann will er sich tot lachen. –

7. Sein Schloß von Eis liegt ganz hinaus
beim Nordpol an dem Strande;
doch hat er auch ein Sommerhaus
im lieben Schweizerlande.

8. Da ist er denn bald dort, bald hier,
gut' Regiment zu führen.
Und wenn er durchzieht, stehen wir
und sehn ihn an und frieren.

Dieses kernige Winterlied von Matthias Claudius (1740–1815), der sich als Herausgeber des *Wandsbeker Boten* über Hamburg hinaus einen Namen als gemütstiefer und kindlich-fröhlicher Lyriker gemacht hat, verdiente größere Verbreitung. Es ist voll bewußter kunstvoller Naivität und wendet sich an Menschen aller Stände im gemeinsamen Wintererlebnis. Der Text wurde vertont von Johann Friedrich Reichardt (1752–1814).

Abb. rechts:
Spekulatius-Formen.
Das Pfefferkuchenhäuschen
(Foto Götz Fischer)

125. Hänsel und Gretel

1. Hän - sel und Gre - tel ver - lie - fen sich im Wald. Es war so
2. O weh, da schaut ei - ne al - te He - xe 'raus. Sie lockt die
3. Als nun die He - xe zum O - fen schaut hin - ein, ward sie ge-

fin - ster und auch so bit - ter kalt. Sie ka - men an ein Häus - chen von
Kin - der ins Pfef - fer - ku - chen - haus. Sie stell - te sich gar freund - lich, o
scho - ben von Hans und Gre - te - lein. Sie muß im Feu - er bra - ten, die

Pfef - fer - ku - chen fein. Wer mag der Herr von die - sem Häus-chen sein?
Hän - sel, wel - che Not! Sie will dich bra - ten und bäckt da - zu schon Brot.
Kin - der gehn nach Haus. Nun ist das Mär - chen von Hans und Gre - tel aus.

Auch dieses weitverbreitete volkstümliche Lied aus der romantischen Märchenwelt gehört in das vorweihnachtliche Kinderliedrepertoire. Es ist besonders beliebt, zumal die gleichnamige Oper von Engelbert Humperdinck (1854–1921) alljährlich auf dem Nachmittagsprogramm der Stadttheater steht und die Kinderherzen erfreut. Seit langem gibt es beim Konditor, bei phantasievollen Müttern und Tanten und neuerdings sogar im Fertigbackpaket das süße Pfefferkuchenhäuschen als Weihnachtsüberraschung.

126. Bald nun ist Weihnachtszeit

1. Bald nun ist Weih-nachts-zeit, fröh-li-che Zeit;
2. Horch nur, der Al-te klopft drau-ßen am Tor!
3. Streust du dem Schim-mel-chen Heu vor das Haus,
4. Pfef-fer-nüss', Man-del-kern, Ku-chen, Ko-rinth:

1. nun ist der Weih-nachts-mann gar nim-mer weit,
2. Mit sei-nem Schim-mel-chen steht er da-vor,
3. packt gleich der Rup-recht den gro-ßen Sack aus,
4. Al-les das bringt er dem ar-ti-gen Kind,

1. nun ist der Weih-nachts-mann gar nim-mer weit!
2. mit sei-nem Schim-mel-chen steht er da-vor.
3. packt gleich der Rup-recht den gro-ßen Sack aus.
4. al-les das bringt er dem ar-ti-gen Kind.

Dieses wohl bekannteste Adventsliedchen von Karola Wilke trägt wohl auch Züge germanen-freundlicher Bemühungen, durch die Ruprecht oder Weihnachtsmann zum »Alten«, d.h. so etwas ähnlichem wie Wodan, umgedeutet werden sollen mit dem Schimmel als Reittier. Aber das bemerkt man erst nach genauerem Hinsehen, und so ist das muntere Kinderlied in alle Vor- und Frühschulgruppen eingezogen. Die Melodie stammt von Wolfgang Stumme.

Der große Wagen S. 48
Lieder zur Weihnachtszeit S. 21

127. Weihnachtszeit kommt nun heran

1. Weih-nachts-zeit kommt nun her-an, Ster-ne leuch-ten hell. Rup-recht, blas die
2. Mond sieht aus dem Wol-ken-tor: „Ist es noch nicht Zeit?" Rup-recht, spann die
3. Pack dir Heu und Häck-sel ein! Ihr müßt lan-ge fahrn. Rup-recht, zünd die
4. Ist das Säck-lein leer ge-macht bis zum letz-ten Rest, Rup-recht, blas die

1. Wol-ken an, daß der Schnee bald fal-len kann! Win-ter ist zur Stell'!
2. Schim-mel an, daß Frau Hol-le rei-sen kann! Ih-re Fahrt ist weit.
3. Licht-lein an, daß Frau Hol-le se-hen kann, ob wir flei-ßig warn.
4. Wol-ken an, daß Frau Hol-le sin-gen kann uns zum fro-hen Fest!

Besondere Beliebtheit erfuhren die frischen und lustigen Lieder der Karola Wilke, auch hier mit einer Meldoie von Wolfgang Stumme. Bei näherem Zusehen merkt man ihnen die etwas krampfhafte Bemühung an, alle christlichen Assoziationen bis hin zum Nikolaus zu vermeiden und stattdessen Ruprecht und Frau Holle nach vorne zu spielen. Aber das alles bleibt ganz oberflächlich, und die Lieder sind nicht mehr oder weniger »christlich« als z. B. *Morgen kommt der Weihnachtsmann.*

Lieder zur Weihnachtszeit S. 24

128. Christkindelein

Christ-kin-de-lein, Christ-kin-de-lein, komm doch zu uns her-ein. Wir

ha-ben frisch' Heu-bün-de-lein und auch ein gu-tes Gläs-chen Wein. Das

Bün - de - lein für's__ E - se - lein, für's__ Kin - de - lein das__ Glä - se - lein, und__

be - ten kön - nen wir auch, und be - ten kön - nen wir auch.

Wie in vielen Gegenden der Nikolaus oder Ruprecht im Dorfe umzieht und zu den Kindern bescherend und auch strafend einkehrt, war es im Elsaß das Christkind, ein Mädchen im langen, weißen Hemd mit einer Lichterkrone auf dem Haupt – eine mythische Gabenbringergestalt, die mit dem Christkind in der Wiege nicht identisch ist[86]. Die Verwirrung der Vorstellungen spiegelt sich auch in diesem alten Umzugsvers.

Dotzler S. 47

[86] S. Ingeborg Weber-Kellermann: *Das Weihnachtsfest*, S. 35 f.

*Christkind
und Hans Trapp
im Elsaß
um 1850*

129. O Christkindlein, komm doch zu uns herein

1. O Christ-kind-lein, o Christ-kind-lein, komm doch zu uns her-ein!
Wir bit-ten dich so lan-ge schon, wir Kin-der groß und klein.

2. O Christ-kind-lein, o Christ-kind-lein, ver-giß nicht un-ser Haus,
und schüt-te dei-nen Weih-nachts-sack auf un-ser Tisch-chen aus!

1. Das Tisch-chen ist ge-dek-ket, das Stüb-chen ist ge-kehrt, wir
2. Und dei-ne gro-ßen Ta-schen, die öff-ne nur ge-schwind und

har-ren an der Tü-re still, bis du uns hast be-schert.
bau viel schö-ne Sa-chen auf für je-des gu-te Kind!

3. O Christkindlein, o Christkindlein,
vergiß den Baum auch nicht
mit Äpfeln, Nüssen, Zuckerwerk
und manchem hellen Licht

Wir wollen auch recht artig
und folgsam immer sein:
Komm, liebes, gutes Christkindlein,
nur schnell zu uns herein.

250

Diese vom Volksbrauch abgelöste Text-Variante von Fr. Schmidt zu dem vorhergehenden Lied findet sich in einem bürgerlichen Kinderliederbuch der Jahrhundertwende: *Zur heiligen Weihnachtszeit*. Die Melodie nach W. Taubert ist offenbar unter dem Eindruck des Liedes *Hänsel und Gretel* (siehe S. 244) entstanden.

Oblatenbild
für Krippenbasteleien

130. Ihr klare Seraphim

1. Ihr kla - re Se - ra - phim, in Stall gend eu - e Schin!
2. Do lit's im Chrip-pe - li, das fü - rig Här - ze - li.
3. I schläch - ti Win - de - li muess es i - bun - de si.
4. Bim Ochs und E - se - li lit's do im Chrip-pe - li.

1. - 4.
O Je-sus sal - ve!

Aus Altdorf im Schweizer Kanton Uri stammt dieses Kinderliedchen in Schwyzer Dütsch.

Karolisserheft S. 12

131. Wir treten herein

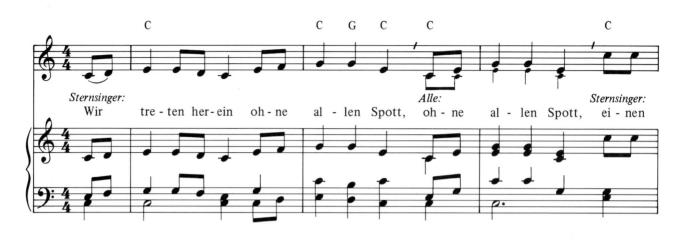

Sternsinger: Wir tre-ten her-ein oh-ne al-len Spott, oh-ne al-len Spott, ei-nen *(Alle:)* ... *(Sternsinger:)*

schönen gu-ten A-bend, den geb' euch Gott, ei-nen schönen gu-ten A-bend, den geb' euch Gott! *(Alle:)*

2. Einen schönen guten Abend, eine fröhliche Zeit,
die uns der Herr Gott hat bereit'.

3. Wir wünschen dem Herrn einen vollen Tisch,
an allen vier Ecken gebratenen Fisch,

4. in der Mitte eine Flasche Wein,
daß er kann recht lustig sein.

5. Wir wünschen der Frau eine weiße Hauben,
daß sie steht wie ein' Turteltauben!«

oder einfacher:

Ich bin ein kleiner König,
gebt mir nicht zu wenig,
laßt mich nicht zu lange stehn,
muß a Häusl weitergehn!

Das sind Heischeverse der Sterndreher-Kinder zu Neujahr oder am Dreikönigstag, wie sie überall in den Dörfern gebräuchlich waren und heute als kleine Aufführungen in Schule und Kindergarten in Kostümen abgehalten werden (vgl. S. 138ff.).

Inmitten der Nacht S. 65

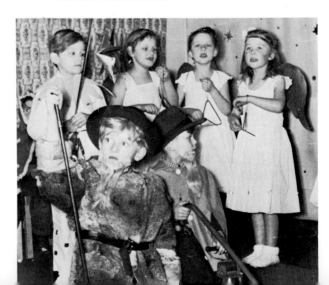

132. Wir kommen daher aus dem Morgenland

1. Wir kom-men da - her aus dem Mor - gen - land, wir kom - men, ge - führt von Got - tes Hand. Wir wün - schen euch ein fröh - li - ches Jahr: Kas - par, Mel - chior und Bal - tha - sar.
2. Es führt' uns ein Stern zur Krip - pe hin, wir grü - ßen dich, Je - sus, mit from - mem Sinn. Wir brin - gen dir uns - re Ga - ben dar: Weih - rauch, Myr - rhe und Gold für - wahr!
3. Wir bit - ten dich, seg - ne nun die - ses Haus und al - le, die ge - hen da ein und aus! Ver - lei - he ih - nen zu die - ser Zeit Froh - sinn, Frie - den und Ei - nig - keit!

Von drei als Könige verkleideten Kindern kann dieses Liedchen von Maria Ferschl mit der Melodie von Heinrich Rohr vorgeführt werden, das älteren Sternsingerumzügen (vgl. Kap. 4) nachempfunden ist.

Klusen S. 157
Kinderlieder S. 87

9. DIE VERMARKTUNG DES WEIHNACHTSLIEDES

Die Weihnachtsstimmung, längst nicht mehr auf das Innen von Bürgerstube oder Kirche beschränkt, läßt sich musikalisch genauso konsumieren wie fast alles andere in unserer Konsumgesellschaft. Dabei erhebt sich jedoch die Frage, ob denn der Prozeß einer Kommerzialisierung von Musikkultur und Festesstimmung tatsächlich so jung ist, wie seine Kritiker jeweils annehmen. Der von Adorno und Horkheimer geprägte Begriff »Kulturindustrie«[87] meint die Produktion von Kultur für den Konsum durch Massen, die gewollte Integration ihrer Abnehmer von oben, die Spekulation auf deren Bewußtseinsstand.

Aber ist das so neu? Seit Erfindung der Buchdruckerkunst gibt es das Lied als Ware[88]. Einblattholzschnitte und Flugblätter wurden zur Verbreitung von Liedstoffen geschaffen, die die Hersteller für beliebt hielten und mit denen sie deshalb ein gutes Geschäft vermuteten, oder deren Beliebtheit ihnen – vielleicht aus ideologischen Gründen – wünschenswert erschien. Durch die Drucktechnik wurde damit das Lied

[87] Theodor W. Adorno u. Max Horkheimer: *Dialektik der Aufklärung.* Amsterdam 1947
[88] Rolf Wilhelm Brednich: *Das Lied als Ware,* in: *Jahrbuch für Volksliedforschung* 19 (1974), S. 11–20

Amerikanische Reklame für eine weihnachtliche Musicbox

Frohe Weihnachten
und glückliches neues Jahr

FROHE
Weihnachten
UND ZUM
NEUEN JAHR
ALLES GUTE

Alle
Jahre wieder –
schwelgt
die Weihnachts-
kartenindustrie.

Schenke von He...

№ 4711.

Sternsinger
und musizierende
Hirten
in der Anzeigen-
werbung –
stimmungsvolle
Atmosphäre
belebt
das Weihnachts-
geschäft.

aus dem ihm zugehörigen Funktionsbereich herausgelöst und für ganz andere Verteilungsmöglichkeiten verfügbar gemacht. Seine Verbreitung vollzog sich seitdem nicht mehr ausschließlich innerhalb des Kommunikationskreises, zu dem die Lieder rituell oder gesellschaftlich gehörten, sondern erreichte durch Liedverkäufer, Hausierer, Kolporteure und später durch Gesangbücher weitere mehr zufällige Empfänger.

Diese Veränderung vom Lied als ritueller, zeremonieller oder künstlerischer Aussage zum Lied als Konsumgut vollzog sich ähnlich, wenn auch mit regionalhistorischen Phasenverschiebungen, in ganz Europa[89].

Mit der Vervollkommnung des Buchdruckes und des gestochenen Notenbildes vermehrten sich die Verbreitungsmöglichkeiten; mit der Aufnahme einer außerordentlichen Sammeltätigkeit auf dem Gebiet des Volksliedes[90] erweiterte sich die Publikation von Liederbüchern für zahlreiche Zielgruppen. Dann kamen neue Techniken dazu: 1887 wurde die Schallplatte erfunden, zu Beginn der zwanziger Jahre entstand der Rundfunk, und seit 1935 entwickelte sich das Fernsehen; Tonband und Videotechnik folgten und beeinflußten die Wandlungen des Volksgesanges in unserem Jahrhundert[91]. Nicht vergessen sei der Leierkastenmann, der in den Straßen der Städte von einem Hinterhof zum anderen zog, auf seinen Walzen die neuesten Gassenhauer hatte und im Dezember die mit den Weihnachtsliedern auflegte.

All diese Veröffentlichungen des Volksgesangs, wenn man so sagen will, bewegten sich außerhalb dessen, was die traditionelle Volksliedforschung ideologisierend »Gemeinschaft« nannte[92]. Sie erreichten die verschiedensten sozialen und konfessionellen Schichten zu vielfältiger Benutzung, worauf in den vorangegangenen Kapiteln bereits hingewiesen wurde.

Den Wegen dieser Vermarktung im einzelnen nachzugehen, eine Literatursoziologie des gedruckten Volksgesanges zu betreiben, ist bisher noch nicht möglich, auch nicht für das Weihnachtslied. Dabei würde sich der Code-Charakter dieser Musikliteratur erweisen, die Aussage über eine gesellschaftliche Realität hinter den gedruckten Texten und Melodien. Das betrifft z.B. den Zusammenhang zwischen Familie und Weihnachtslied. Das große Angebot an hübsch ausgestatteten Weihnachtsliederpotpourris zum Mitsingen und zur Begleitung für das Klavier seit

der zweiten Hälfte des 19. Jahrhunderts sagt etwas aus über die Wunschvorstellungen der Bürgerfamilie. In ihrem Geist fand die Beschwörung des harmonisch in Liebe und Frieden geeinten »ganzen Hauses« nicht zuletzt darin ihren Ausdruck, daß am Weihnachtsabend gemeinsam gesungen und musiziert werden sollte. Daß jedoch auch beim großen »Haus« die innige Gemeinsamkeit sozial gestuft war, hat das Buddenbrookbeispiel deutlich gezeigt.

Das »ganze Haus« der Lutherbibel mit allen Verwandten und allem »Ingesind« gehörte längst der Vergangenheit an. Die Kernfamilie war die herrschende Sozialform, und so wurde gerade deren innerfamiliäre Pflege des Weihnachtsliedes gewissermaßen zu einem Code-Zeichen. Alte und Alleingebliebene empfinden zu Weihnachten doppelt ihre Einsamkeit. Kein Zufall, daß beim kirchlichen Weihnachtsgottesdienst die Tränen der Alten besonders bei den wohlbekannten Liedern *Stille Nacht* und *O du fröhliche* fließen – vor gerührter Erinnerung an die eigene Kindheit und Familie.

Als Rundfunk und Schallplattenindustrie die häusliche Weihnachtsunterhaltung zu überschwemmen begannen – insbesondere auch mit kommerziell verbreiteten Liedern und »Weihnachts-Schlagern« aus dem anglo-amerikanischen Sprachraum wie *Jingle Bells* oder *I'm dreaming of a White Christmas* –, erhob sich zunächst ein Widerstand seitens der Verteidiger der vom Außen abgeschlossenen Familienfeier.

Sie wollten nichts wissen von der modernen Musikkonserve, sondern pflegten mit ihren Kindern die Hausmusik alten Stils als festen Teil des Heiligen Abends. Damit erfuhr aber auch das Potpourri des 19. Jahrhunderts eine Aufwertung im Sinne der Rettung und Pflege »echter« Kultur. Die Mehrgesetzlichkeit solchen Musikverhaltens wird im zeitlichen Abstand deutlich: im kultivierten bürgerlichen Familienweihnachten hatten Radio und Grammophon nichts zu suchen.

Doch so ist heute niemand mehr gestimmt. Die technische Verbesserung der Wiedergabegeräte und Musikprogramme hat daran ebenso viel Anteil wie die Öffnung des Familienlebens nach außen. Heute ist die Medienübertragung von Weihnachtsmusik »familienfähig« geworden. Das Plattenangebot wächst zu kaum noch übersehbaren Katalogen an und reicht für jeden Geschmack: von Anneliese Rothenberger mit dem Tölzer Knabenchor über die festliche Turmbläsermusik bis zu Bachs *Weihnachtsoratorium*.

Die Perfektion der häuslichen Musik-Wiedergabeanlagen hat auch die meist all zu gut hörbare Erkenntnis des eigenen Dilettantismus zur Folge. Die Technik wurde damit häufig zur Beherrscherin der Konsumenten. Das ist schade im Hinblick auf die Funktion des Weihnachtsliedes. Für die feiernde Gruppe, seien es Familienmitglieder oder Freunde, kann unvollkommene Eigenproduktion beglückender sein als die beste Kammersänger-Platte. Es mag aber auch – das soll in unserem technischen Zeitalter nicht ungesagt bleiben – eine ausgewählte und stimmige Darbietung von »konservierter« Musik froh und festlich wirken. Das Erlernen des Instrumentalspiels an Musikschulen und im Privatunterricht nimmt ständig zu – nicht nur der Plattenverkauf in den Fachgeschäften und Kaufhäusern. So wird das offene Angebot vieler Möglichkeiten für fast alle Bevölkerungskreise zum Zeichen unserer Zeit.

Weihnachtspostkarten zur Zeit der Jahrhundertwende und – mit humoristischer Wendung – im Jahr 1975 (Kurt Ard)

[89] vgl. Mihai Pop: *Das Volkslied als Konsumgut. Ein Beitrag zum Folklorismus in Rumänien*, in: *Dona Ethnologica. Beiträge zur vergleichenden Volkskunde.* (L. Kretzenbacher zum 60. Geburtstag) München 1973, S. 288–297.
[90] In Freiburg existiert seit 1914 das von John Meier gegründete Deutsche Volksliedarchiv mit mehr als 300 000 Liedaufzeichnungen
[91] Leopold Schmidt: *Wandlungen des Volksgesanges in unserem Jahrhundert*, in: *Jahrbuch des österreichischen Volksliedwerkes* 29 (1980), S. 11
[92] vgl. Ernst Klusen: *Erscheinungsformen und Lebensbereiche des Volksliedes – Heute*, in: *Handbuch des Volksliedes*. Hg. v. R. W. Brednich u. a., München 1975, Bd. II, S. 91; ders.: *Zur Situation des Singens in der Bundesrepublik*. Köln 1973.

10. ERNEUERUNGSVERSUCHE SEIT 1945

Nach dem 2. Weltkrieg erlebten die verketzerten Lieder des 19. Jahrhunderts eine neue Blüte, begründet mit dem Argument, daß sie ihres christlichen Gehaltes wegen von den Nazis diffamiert worden seien und ihre alte Würde zurückerhalten müßten. Einer ernsten Erneuerungsbewegung war damit sowohl von der ästhetisch-geschmacklichen Seite her wie von der politisch-ideologischen eine Barriere errichtet. Der allgemein herrschenden bürgerlichen Lebenshaltung in Stadt und Land scheint es zu entsprechen, daß *Stille Nacht* weiterhin das beliebteste Weihnachtslied geblieben ist. Die GEMA (Gesellschaft für musikalische Aufführungs- und mechanische Vervielfältigungsrechte) hat in einer Umfrage festgestellt, daß *Stille Nacht, heilige Nacht* das beliebteste aller deutschen Lieder überhaupt sei[93].

Das Unbehagen vieler Menschen an dieser klischierten Art von Weihnachtsmusik entspringt weder nur einer ästhetischen Wertung und Kitschverachtung, noch vornehmlich einer Verweigerung von familiären musikalischen Festgebräuchen. Es betrifft vielmehr den *Zwang* zur weihnachtlich-sentimentalen Stimmung und zu einer bestimmten vorgeformten Art von musikalischem Ausdruck, dem »Weihnachtsschlager«. Der Protest dagegen äußert sich u. a. in einer wachsenden Zahl von Parodien (vgl. Kapitel 5). Dennoch wurden, wie die Allensbacher Demoskopen 1974 feststellten, in der Hälfte aller Familien am Heiligabend Weihnachtslieder gesungen[94], und daran wird sich seitdem nicht viel geändert haben.

Nun ist es leicht, über musikalischen Weihnachtskitsch zu spotten, aber schwer, vernünftige und befriedigende Alternativen anzubieten.

Dabei erhebt sich zuerst die Frage, was denn das Weihnachtsfest heute bedeutet und welche Rolle also das Weihnachtslied – abgesehen von den Chorälen der Weihnachtsgottesdienste – in der Gesellschaft spielt. Wie feiern heute die Familien Weihnachten, und was für musikalisches Beiwerk erwarten und produzieren dabei die verschiedenen Generationen? Welche Programme planen Schulen und Betriebe für ihre Weihnachtsfeiern? Und was schlagen ernsthafte Musikerneuerer dafür vor?

Gewissermaßen zeitlos in ihrer musikalischen Qualität sind viele Lieder aus dem Mittelalter und der Reformationszeit geblieben, die sich auch auf diesen Seiten finden. Ihre Spiel- und Singmöglichkeit kann durch neue Sätze und Bearbeitungen erweitert werden. Daneben gibt es auch moderne Dichtungen und Kompositionen, die inhaltlich mehr oder weniger den alten Texten nachempfunden sind und sich an das Evangelium halten.

Neue theologische Bewegungen bedeuten auch neue Aussagen für die Menschen der modernen Gesellschaft – Aussagen, die ihren Wünschen nach Frieden und Mitmenschlichkeit entsprechen.

Schwieriger wird die Suche nach Stücken, die nicht unbedingt nur der heiligen Geschichte nachfolgen. Die moderne Industriegesellschaft könnte für diesen ihren größten und zugleich familiär-intimsten Freiraum im Ablauf des Jahres andere stimmige musikalische Möglichkeiten entwickeln, die Kindern und Jugendlichen gefallen und sie zu eigener Aktivität anregen. Tradi-

[93] *Quick* 49/1980
[94] *Frankfurter Allgemeine Zeitung (FAZ)* 24. 12. 1974

tionen sind nicht der einzige Felsen, an den man sich klammern sollte.

Aktivitäten in Kindergärten und Schulen, Chören und Musikschulen lassen seit Jahren allweihnachtlich ein neues Angebot erwarten, das zunehmend erfüllt wird. Dazu kommt die wachsende Freude an jeder Form des Musizierens, die einem kreativen Verständnis für diesen Teil des Feiernkönnens die Türen öffnet.

Eine steigende Zahl von Menschen feiert in den Weihnachtstagen nicht nur oder vornehmlich die legendenhafte Erinnerung an die Christgeburt, die zudem für diesen Termin historisch nachweislich eine kirchenpolitische Setzung aus dem 4. Jahrhundert ist[95]. Noch viel weniger will diese Gruppe dem Mythos von Sternenpracht und Mütternacht folgen oder sich mit banalen Kinderliedchen begnügen. Was singen diese Menschen, falls sie das Bedürfnis nach Liedern haben?

Wo sind die singbaren Vertonungen schöner Wintergedichte von Heinrich Heine oder Christian Morgenstern oder Bertolt Brecht? Wieweit geht die geistige Liberalität der Gesellschaft dieser Gruppe gegenüber?

Auch von dem wohligen weihnachtlichen Nationalgefühl sollte man sich frei machen und vergessen, daß Weihnachten ein »urdeutsches Fest« sei.

Dann wird man – z. B. in England oder Skandinavien – finden, daß der Heilige Abend gar nicht so ernst und heiligmäßig abläuft, wie das bei uns der Fall ist oder doch zumeist war. Große Kinderfeste mit Musik unter dem Stechpalmengrün in England und der Tanz von Jung und Alt um den Weihnachtsbaum in den nordischen Ländern sind allgemeiner Brauch. Man erinnere sich, daß es einst auch in und vor den deutschen Kirchen spielerisch heiter zugegangen ist, ehe pietistischer oder gegenreformatorischer Eifer ein gar zu ernstes Bild von Frömmigkeit errichtete – ehe in die Familien nach dem deutsch-französischen Krieg und der Reichsgründung auch noch das nationale Bewußtsein mit einzog, »deutsche Weihnacht« so schön und innig zu begehen wie nirgend sonst auf der ganzen Welt!

In der DDR feiern im allgemeinen die Familien Weihnachten nach alter Tradition, ähnlich wie in der Bundesrepublik. Von offizieller Seite her vermeidet man allerdings den christlichen Bezug zugunsten einer Fixierung auf die Familie; selbst das Wort Weihnachten wird gern durch *Fest der Familie* ersetzt, definiert als *volkstümliches Fest der Freude und des Friedens*[96]. Von besonderen neuen Liedern ist bei der Aufzählung der Festelemente nicht die Rede.

Es gibt viele Möglichkeiten zu feiern, und keine ist die beste und schließt andere aus. Jeder möge die festliche Zeit – auch musikalisch – so erleben, wie es ihm und seinem Kreise gefällt – vielleicht auch, wie es sich seine Kinder wünschen.

Auf den folgenden Seiten gibt es ernste und heitere Lieder, solche für Erwachsene und solche für Kinder, solche für den kirchlichen Gebrauch und solche für Feiern im Familienkreis. Alles sollte zu Weihnachten erlaubt sein, auch alles Musikalische, nur kein Zwang.

Die rote Sonne.
Marc Chagall (1949)

---

[95] vgl. Ingeborg Weber-Kellermann: *Das Weihnachtsfest*, S. 12
[96] *Hauslektüre-Lesebuch Landeskunde DDR: Feste und Bräuche*, Moskau 1974 (Verlag »Hochschule«), S. 123

133. Manchmal denk' ich: es gibt keine Weihnacht

1. Manch-mal denk' ich: es gibt kei-ne Weih-nacht für mich___ wie vor
2. Manch-mal denk' ich: es geht mir doch ei-gent-lich gut,___ a-ber
3. Manch-mal denk' ich: wie leb-ten zu-frie-den und froh___ einst die

Jah-ren; ich war noch ein Kind. War das al-les viel-leicht nur ein
Gott hat die Ar-mut er-sehn. Ich ver-die-ne, ich ha-be ein
Hir-ten auf Beth-le-hems Feld. A-ber heu-te ist ei-ner des

herr-li-cher Traum? Ach, die Träu-me ver-gehn so ge-schwind! Doch dann
Dach ü-berm Kopf, kann ich Krip-pe und Stall denn ver-stehn? Doch dann
an-de-ren Feind, vol-ler Haß, Streit und Krieg ist die Welt. Doch dann

4. Manchmal denk' ich: die Weisen, sie kamen weit her
mit Geschenken, so kostbar und schön;
ich, ich stehe mit leeren Händen vor dir
und muß dir meinen Mangel gestehn.

Doch dann weiß ich auf einmal, was du von mir willst,
was als Gabe dir angenehm sei:
mein verzagtes, verlornes, verängstigtes Herz.
Nimm es hin, Herr, und mache es neu.

5. Manchmal denk' ich: bald ist wieder alles vorbei,
diese Weihnacht, ihr Zauber, ihr Licht;
und der Alltag, der grausame Alltag beginnt
und die Arbeit, die Sorge, die Pflicht.
Doch dann spür' ich auf einmal: Du bleibst ja bei mir,
und das Finstre behält keine Macht.
Herr, das macht mich so froh, und ich danke dir
für das Wunder der heiligen Nacht!

Text und Melodie dieses Liedes stammen von dem Freiburger Theologen und Kirchenmusiker Martin Gotthard Schneider, der hier einen ganz neuen Typ von Liedern religiösen Inhalts vorstellt, die stark durch gesellschaftliches Engagement geprägt sind und sich des musikalischen Idioms heutiger Gebrauchsmusik bedienen.

Chorblatt 6, Bosse-Verlag

134. Der du die Welt geschaffen hast

1. Der du die Welt ge- schaf- fen hast, kommst Jahr um Jahr, wirst
2. Und Jahr um Jah- re führt der Pfad von Beth-le- hem zur
3. Be- greift der Wirt, ihm kommt zu- gut' des Ga- stes hin- ge-

un- ser Gast. Und Jahr um Jahr heißt's ü- ber- all: für uns das Haus, für ihn den Stall.
Schä- del- statt. Der Jahr um Jahr ihn kund- ge- tan, be- greift der En- gel Got- tes Plan?
mor- det' Blut? Be- grei- fe, wer be- grei- fen kann. Wir knien im Staub, wir be- ten an.

Text aus: Rudolf Alexander Schröder, Gesammelte Werke © Suhrkamp Verlag Frankfurt am Main 1952
Melodie © Bärenreiter-Verlag, Kassel

Der Dichter dieses Liedes, Rudolf Alexander Schröder (1878–1962) wurde unter dem Eindruck des Nationalsozialismus zu dessen entschiedenem Gegner. Er gilt als Erneuerer des protestantischen Kirchenliedes. Hans Friedrich Micheelsen (1902–1973), Förderer liturgisch gebundener Kirchenmusik, ist der Komponist eines Oratoriums *Die Weihnachtsbotschaft* (1938).

Klusen S. 145
Vötterle S. 6

135. Wir harren, Christ, in dunkler Zeit

1. Wir har-ren, Christ, in dunkler Zeit; gib dei-nen Stern uns zum Ge-leit auf win-ter-li-chem Feld. Du ka-mest sonst noch Jahr um Jahr, nimm heut' auch uns-re Ar-mut wahr in der ver-wor-re-nen Welt.

2. Es geht uns nicht um bun-ten Traum von Kin-der-lust und Lich-ter-baum; wir bit-ten, blick uns an und laß uns schaun dein An-ge-sicht, drin je-der-mann, was ihm ge-bricht, gar leicht ver-schmerzen kann.

3. Es darf nicht im-mer Frie-de sein; wer's recht be-griff, der gibt sich drein. Hat je-des sei-ne Zeit. Nur dei-nen Frie-den, lie-ber Herr, be-geh-ren wir je mehr und mehr, je mehr die Welt voll Streit.

Text aus: Rudolf Alexander Schröder, Gesammelte Werke © Suhrkamp Verlag Frankfurt am Main 1952
Melodie © Bärenreiter-Verlag, Kassel

Text von Rudolf Alexander Schröder, Melodie von Christian Lahusen (1886–1975). In dem nachdenklichen Text wendet sich der Dichter vom Kinderweihnachten ab und stellt das weih- nachtliche Friedenssymbol groß in den Vordergrund.

Klusen S. 146
Vötterle S. 8

136. Es lagen im Felde die Hirten

1. Es lagen im Felde die Hirten bei Nacht, die haben gefroren und haben gewacht. Die waren wohl hungrig, die waren wohl müd', wie's heute noch Hirten im Felde geschieht.

2. Da scholl in den Lüften das Jubelgeschrei, sie hörten's und kamen voll Freuden herbei, vergaßen den Schlummer, verschmerzten die Pein und drangen zum Stall und zur Krippe herein.

3. Und was sie gesehen, wir sehen es heut', und alle, die's sehen, sind selige Leut', sind selig und fröhlich und gehn mit Gesang und sagen dem Kinde Lob, Ehren und Dank.

Text aus: Rudolf Alexander Schröder, Gesammelte Werke © Suhrkamp Verlag Frankfurt am Main 1952
Melodie © Bärenreiter-Verlag, Kassel

4. Die himmlischen Chöre, die singen wohl hell,
viel heller denn Menschen. Doch komm nur, Gesell',
die Kehle gewetzt und die Stimme geprobt:
Wer nimmer gesungen, heut' singt er und lobt.

5. Die himmlischen Sterne sind alle Nacht schön,
doch heute blickt einer aus ewigen Höhn,
der zeigt uns den Weg, und wir folgen geschwind
und segnen die Mutter und grüßen das Kind.

264

Von den gleichen Verfassern stammt dieses einfache, freudige Hirtenlied, das in einer modernen Sprache die alten Gedanken erneuert.

Hirtenbüchel S. 21
Klusen S. 76
Vötterle S. 14

137. »Tröstet, tröstet«, spricht der Herr

1. „Trö - stet, trö - stet", spricht der Herr, „mein Volk, daß es nicht za - ge mehr".
2. Freund-lich, freund-lich re - de du und sprich dem mü - den Vol - ke zu:
3. Eb - net, eb - net Gott die Bahn, bei Tal und Hü - gel fan - get an.
4. Se - het, se - het, al - le Welt die Herr - lich-keit des Herrn er - hellt.

1. Der Sün - de Last, des To - des Fron nimmt von euch Chri - stus, Got - tes Sohn.
2. die Qual ist um, der Knecht ist frei, all' Mis - se - tat ver - ge - ben sei.
3. Die Stim - me ruft: „Tut Bu - ße gleich, denn nah ist euch das Him - mel - reich".
4. Die Zeit ist hier, es schlägt die Stund', ge - re - det hat es Got - tes Mund.

5. Alles, alles Fleisch ist Gras,
die Blüte sein wird bleich und blaß.
Das Gras verdorrt, das Fleisch verblich,
doch Gottes Wort bleibt ewiglich.

6. Hebe deine Stimme, sprich
mit Macht, daß niemand fürchte sich.
Es kommt der Herr, eu'r Gott ist da
und herrscht gewaltig fern und nah.

Waldemar Rode (geb. 1903) schrieb diesen Text
nach Jesaja 40 im Jahre 1938, offensichtlich unter
dem Eindruck des nationalsozialistischen Regi-
mes. Aus diesem Grund war das Adventslied mit
der Melodie von Hans Friedrich Micheelsen in
der Nachkriegszeit besonders bedeutungsvoll für
die Gemeinden der evangelischen Kirche.

EG Nr. 15

138. Also liebt' Gott die arge Welt

1. Al - so liebt' Gott die ar - ge Welt, daß er ihr sei - nen Sohn und Held, den
2. Nun prei-set al - le Got-tes Tat, er-schie-nen ist die heil - sam Gnad' in
3. Er kam her - ab in uns-re Not, er trug die Schmach und litt den Tod und

ein - zi - gen, ge - ge - ben, auf daß, wer glau - bend bei ihm steht in
sei - nem lie - ben Soh - ne; nimmt uns in Zucht, macht uns be - reit, daß
wollt' sich uns ver - bün - den, daß wir, von Schuld und Tod be - freit, ein

Sün - de nicht ver - lo ren-geht und hat das ew' - ge Le - ben.
Bu - ße und Gott - se - lig-keit in un - sern Her - zen woh - ne.
neu' Ge-schlecht am End' der Zeit, sein wah - res Le - ben kün - den.

4. Drum blicket auf: Die Nacht vergeht,
der Morgenstern am Himmel steht
und leucht' durch Angst und Plage.
Seid fröhlich, glaubet unbeirrt,
daß Christus Jesus kommen wird
am großen Königstage.

5. Also liebt Gott die arge Welt,
daß er ihr seinen Sohn und Held
zum Heiland hat gegeben.
Ach Herr, führ deine Kirche nach
und lehr uns tragen Kreuz und Schmach;
hüt uns zum ew'gen Leben.

Der evangelische Theologe Kurt Müller-Osten (1905–1980) nimmt den berühmten Weihnachtstext *Also hat Gott die Welt geliebt* (Joh. 3,16) zum dichterischen Anlaß, die Geburt Christi in einer zeitgemäßen theologischen Sicht begreifbar zu machen. Dabei bedient er sich bewußt einer lutherisch-reformatorischen Sprache. Die Melodie verfaßte Gerhard Schwarz im Jahre 1938.

EG Nr. 51

139. Sage, wo ist Bethlehem

»Bethlehem ist überall« ist der Tenor des vorstehenden Bethlehemliedes von Rudolf Otto Wiemer (Text) und Martin Gotthard Schneider (Melodie), in dem der christliche Heilsgedanke vom biblischen Ort des Geschehens abgelöst und dem Gegenwartsmenschen als Wahrheit nahe gebracht werden soll.

Jetzt ist die Zeit zum Freuen S. 16

140. Stern über Bethlehem

1. Stern ü-ber Beth-le-hem, zeig uns den Weg,—
2. Stern ü-ber Beth-le-hem, blei-be nicht stehn.—
3. Stern ü-ber Beth-le-hem, nun bleibst du stehn.—
4. Stern ü-ber Beth-le-hem, wir sind am Ziel,—

1. führ uns zur Krip-pe hin, zeig, wo sie steht, leuch-te du uns vor-an
2. Du sollst den stei-len Pfad vor uns her gehn! Führ uns zum Stall und zu
3. und läßt uns al-le das Wun-der hier sehn, das da ge-sche-hen, was
4. denn die-ser ar-me Stall birgt doch so viel! Du hast uns her-ge-führt,

1. bis wir dort sind,— Stern ü-ber Beth-le-hem, führ uns zum Kind!
2. E-sel und Rind,— Stern ü-ber Beth-le-hem, führ uns zum Kind!
3. nie-mand ge-dacht, Stern ü-ber Beth-le-hem, in die-ser Nacht.
4. wir dan-ken dir.— Stern ü-ber Beth-le-hem, wir blei-ben hier!

Einen ähnlichen Gedanken, aber doch näher am biblischen Text, vermittelt dieses Bethlehemlied von Alfred Hans Zoller aus dem Jahr 1967.

EG Nr. 542
Neue geistliche Lieder, Regensburg o. J.

141. Wir suchen dich nicht

1. Wir su-chen dich nicht, wir fin-den dich nicht. Du suchst und fin-dest
2. Wir lie-ben dich we-nig. Wir die-nen dir schlecht. Du liebst und dienst
3. Wir ei-fern im Un-sern am selb-sti-schen Ort. Du mußt um uns

uns, e-wi-ges Licht.
uns, e-wi-ger Knecht. 1.-3. Wir kön-nen dich, Kind, in der
ei-fern, e-wi-ges Wort.

Krip-pe, nicht fas-sen, wir kön-nen die Bot-schaft nur wahr sein las-sen.

Der Dichter Albrecht Goes (geb. 1908), der dem neueren protestantischen Pietismus zugerechnet wird, schrieb dieses Gedicht, das, von Paul Ernst Ruppel vertont, die Kluft zwischen dem sündigen Menschen und dem gnadenreichen Gott in einer über das Weihnachtsfest hinausweisenden Form beschreibt.

Klusen S. 148

Nicht fehlen im Angebot neuer Lieder soll der folgende – wenn auch nicht direkt weihnachtliche Text von Friedrich K. Barth und Peter Horst. Er weist den feiernden Menschen auf seine Fähigkeit zur eigenen Gestaltung hin[97]. Die Melodie stammt von Peter Janssens, einem der engagiertesten Neuerer geistlich-liturgischer Musik.

[97] siehe dazu Gerhard Rein: *Überredung zu Weihnachten*, München 1968

*Holzschnitt
von HAP Grieshaber
(1909–1981)*

142. Spielt nicht mehr die Rolle

1. Spielt nicht mehr die Rol - le, die man euch ver - paßt
2. Lernt euch un - ter - schei - den, gebt euch end - lich frei,
3. Mensch du hast die Zu - kunft noch in dei - ner Hand,

schminkt nicht eu - re Mas - ken, bis der Tod euch faßt.
nur be - schränk - te Köp - fe wolln das Ei - ner - lei.
spiel nicht mit dem Feu - er, bist ge - nug ge - brannt.

270

Springt ihm von der Schip - pe, macht euch un - be - kannt,
Ach - tet and - re Far - ben, hü - tet euch vor Krieg,
Wasch das Bild der Er - de frei von Blut und Not,

sucht das eig - ne Le - ben, nehmt euch in die Hand.
laßt das Mis - sio - nie - ren, Frie - den heißt der Sieg.
daß die Hei - mat wer - de, schön und un - be - droht.

1. Le - ben, Le - ben wird es ge - ben,
2. Frie - den, Frie - den wird es ge - ben,
3. Hoff - nung, Hoff - nung wird es ge - ben,

Le - ben, Le - ben vor dem Tod.
Frie - den, Frie - den vor dem Tod.
Hoff - nung, Hoff - nung vor dem Tod.

271

143. O Anfang ohn' Ende

1. O Anfang ohn' Ende! Nun jubeln mit Schalle die Hirten, die Engel, geschart um das Kind. Erworben, gewonnen! O Stern überm Stalle, Sohn Gottes, geboren bei Esel und Rind!

2. Es kehrten die Hirten zurück zu der Herde, es schweigt in den Himmeln der Engel Gesang. Den bitteren Weg geht der Heiland der Erde, erworben, gewonnen, o todschwerer Gang!

3. Knie nieder zur Krippe, was Odem hat preise! Fortab ohne Ende jauchzt Himmel und Land. Hell leuchtet der Stern über Toren und Weise: Erworben, gewonnen, weil Gott zu uns fand.

Text: Friedrich Hoffmann; Melodie: Gerd Watkinson

die zugabe Bd. 1, S. 82

144. Als Jesus auf die Erde kam

1. Als Je-sus auf die Er-de kam, ein klei-nes Kind ge-bo-ren, da
2. Auch heut' gibt's Kin-der in der Welt, die nichts zu es-sen krie-gen, die
3. Daß es viel Not und E-lend gibt, dar-an laßt uns jetzt den-ken, wenn

hat er in dem ar-men Stall ge-zit-tert und ge-fro-ren.
Ar-mut lei-den, nicht wie wir in wei-chen Bet-ten lie-gen.
wir zur schö-nen Weih-nachts-zeit uns freu-en und be-schen-ken.

Text und Melodie: Martin Gotthard Schneider

© Martin G. Schneider, Freiburg

4. Denn Jesus sagt: Was ihr getan
den Armen und Geringen,
das ist, als ob ihr's mir zulieb'
als Gabe wolltet bringen.

5. Drum gebt und helft, wo ihr es könnt,
und lindert Not auf Erden.
So macht ihr Gottes Willen wahr.
So kann es Weihnacht werden.

In diesem einfachen Text ist es dem Verfasser und Komponisten Martin Gotthard Schneider auf seltene Weise gelungen, den großen alten Gedanken der mitmenschlichen Nächstenliebe zu erneuern. Hierauf könnte sich eine neue Liedtradition gründen.

Jetzt ist es Zeit zum Freuen S. 26

*Arme-
Leute-
Weihnacht*

145. Augustus, Cyrenius, die römischen Herren

Die Weihnachtsgeschichte

Ansinger:
1. Au - gu - stus, Cy - re - nius, die rö - mi - schen Her - ren, die
2. Ma - ri - a und Jo - seph be - zie - hen in Ar - mut Quar -
3. Die Hir - ten er - fah - ren auf Beth - le - hems Flu - ren, daß
4. Die En - gel ver - kün - den den Hir - ten, den Men - schen: Hört
5. Und Beth - le - hem, die - ses er - bärm - li - che Dörf - lein, wird

1. schik - ken die Men - schen von Lan - de zu Land.
2. -tier, und das Kind liegt im Kripp-lein auf Stroh.
3. dort in dem Ort sich hab' et - was ge - tan.
4. her! Der Herr Je - sus, der Ret - ter ist da!
5. Hei - mat für Je - sus, den Her - ren der Welt.

Einer:
Was meint da - mit Lu - kas, der

uns dies be - rich - tet? Was meint da - mit Lu - kas, der uns dies er - zählt?

Ⓒ

Alle:
Ge - bo - ren ist Chri - stus, ge - bo - ren ist der Herr als

Mensch un - ter Men - schen, und Gott liebt uns sehr. Wir sind nicht mehr trau - rig und

sind nicht mehr al - lein. Denn Je - sus ist ge - kom - men, er zieht jetzt bei uns ein!

Dieses Lied will den Kindern das biblische
Geschehen nach dem Lukasevangelium vermitteln. Text und Melodie: Kurt Rommel

Kinderlieder S. 78

Kaiser Augustus (mit Eichenkranz)
im Jahre 27 v. Chr.
Römische Gemme aus Onyx

146. Einen Apfel, einen runden

1. Ei - nen Ap - fel, ei - nen run - den, hat mein Mes - ser auf - ge-schnit-ten.
Wun - der ha - be ich ge - fun - den in des ro - ten Ap - fels Mit - ten;
2. A - bend - dunst in Däm - mer - grün - den. Schau, da flim - mern frü - he Ster - ne!
Zeit kommt, Ker - zen an - zu - zün - den. Vor uns leuch - tet die La - ter - ne.

1. Ap - fel - kern! Klein' Ap - fel - kern! Dein Ge - häu - se gleicht dem Stern.
Trittst du aus dem Ker - nen - haus, wächst ein Ap - fel - bäum - chen draus.
2. Licht - lein brennt. Es naht Ad - vent. Far - big blüht mein Trans - pa - rent.
To - re weit! Ge - heim - nis - zeit: Gro - ßes hält uns Gott be - reit.

1.-5. Hilf, Herr, Ho - schi - an - na.

© Text: Christophorus-Verlag, Freiburg
Melodie: Martin G. Schneider, Freiburg

3. Kinder, laßt uns Päckchen packen!
Lustig lärmt es in der Küche.
Alle helfen eifrig backen,
schnuppern heimliche Gerüche.
Schleckt ihr gern?
Stecht aus den Stern!
Weihnacht ist nun nimmer fern!
Denk, wer ißt,
gar bald vergißt,
ob ein andrer hungrig ist.
Hilf, Herr, Hoschianna!

4. Ist ein Stern einst aufgegangen
über Armut, Fluch und Wunden.
Tausend Jahr' sind hingegangen.
Ist dein Leuchten, Stern, verschwunden?
Macht euch auf
und wagt den Lauf!
Nehmt auch Ungemach in Kauf!
Noch ist da,
was eh geschah.
Wer Gott traut, dem kommt Gott nah.
Hilf, Herr, Hoschianna!

5. Ochs' und Esel, warm im Stalle,
schnauben, lecken, den sie kennen.
Menschenkinder, wolln wir alle
Jesus endlich Bruder nennen?
Ach, erzählt,
wie ihr euch quält.
Er macht heil, was wir verfehlt.
Augenstern!
Du Glanz des Herrn,
liegst im Stroh, dienst jedem gern.
Hilf, Herr, Hoschianna!

Text: Kurt Wiegering; Melodie: Martin Gott-hard Schneider

Jetzt ist die Zeit zum Freuen S. 24f.

Christkindlmarkt in München
(Foto Erika Grothe-Schmachtenberger)

147. Manche Kinder sind gelb

Man-che Kin - der sind gelb und man - che schwarz, und ich bin weiß.
Man-che Kin - der sind braun und man - che rot, und ich bin weiß.

A - ber ich bin nicht bes - ser als sie,
und sie sind nicht bes - ser als ich,

wir sind al - le Kin - der von

dir, lie - ber Gott. Hilf uns, daß wir uns nicht has - sen!

Hilf uns, daß wir uns ver - ste - hen! Hilf uns, daß wir uns lie - ben!

278

Dieser bedeutsame Text von Ilse Kleberger auf eine Melodie von Heinz Lemmermann trifft am tiefsten den weihnachtlichen Geist der Nächstenliebe im Verständnis der Kinder.

die zugabe Bd. 3, Nr. 70

148. Der Wind weht kalt

1. Der Wind weht kalt. Das Jahr wird alt. Zu Hol - ze ziehn die
2. Die Nacht ist nah. Welt, dir ge - schah nach dem, was du ver-
3. Der Traum ist tief. Wer jetzt noch schlief, er - heb' sich von der
4. Der Trost geht um. Die Nacht ist stumm. Wir wol - len fröh - lich

1. Ra - ben. Komm Him - mels - licht, die - weil wir nicht in uns die Son - ne ha - ben.
2. -schul - det. O lin - der Trost, der uns er - lost, der uns - re Ar - mut dul - det.
3. Er - den! Des Herr - gotts Sohn will kom - men schon und will ein Kind - lein wer - den.
4. sin - gen: Der Her - re Christ viel stär - ker ist, er wird die Nacht be - zwin - gen.

© Text: Rudolf Otto Wiemer
Melodie: Percy G. Watkinson

Im Stil der geistlichen Nachkriegsdichtung, die sich in einer metaphernreichen Sprache auf die spätmittelalterliche Bilderwelt bezieht, schrieb Rudolf Otto Wiemer diesen Text, der die Dunkelheit des Jahresendes zum Symbol der »weltlichen Nacht« im Gegensatz zum »himmlischen Licht« setzt. Die Melodie stammt von Gerd Watkinson.

Sag, was ist geschehn, Kassel – Basel 1958

149. Die Sterne am Himmel träumen

1. Die Ster-ne am Him-mel träu-men von je-ner hei-li-gen Nacht,— als
3. Da brin-gen sie Wär-me und Gü-te mit den Tan-nen in un-ser Heim,— den

1. ei-ner aus ih-rem Rei-gen, als ei-ner aus ih-rem Rei-gen die
3. Kin-dern Ge-bäck in der Tü-te, den Kin-dern Ge-bäck in der Tü-te, und

1. Wei-sen zum Christ-kind ge-bracht, die Wei-sen zum Christ-kind ge-bracht.
3. uns: Got-tes Son-nen-schein, und uns Got-tes Son-nen-schein.

2. Die Ster-ne sind in den Zwei-gen der Tan-nen im heim-li-chen Wald. Das
4. Und der Stern, der vor zwei-tau-send Jah-ren die Wei-sen zur Krip-pe ge-bracht, der

2. Jahr geht mü-de zur Nei-ge, die Näch-te sind dun-kel und kalt.
4. zeigt auch uns nun im Bau-me, den Weg in die hei-li-ge Nacht, der

4. zeigt auch uns nun im Bau-me den Weg in die hei-li-ge Nacht.

In einer nachromantisch empfundenen Stimmung stellt der Textdichter Gerhardt Kayser eine Beziehung zwischen dem Weihnachtsstern und den schmückenden Sternen am Tannenbaum her. Hilger Schallehn verfaßte Melodie und Satz.

Das folgende Lied ist ein Hirtenstück in deutscher Übersetzung aus einer polnischen Sammlung von Kolenden[98].

Kolenda ist der polnische Name für Weihnachtslieder, die mit dem kirchlichen und dörflichen Gebrauch verbunden sind und deren Formen, wie bei dem folgenden Lied, bis ins Mittelalter zurückreichen.

[98] *Kolenden. 25 polnische Weihnachtslieder* übersetzt und hg. von Michael Zöllner, Hamburg o. J.

*Holzschnitt
von HAP Grieshaber
(1909–1981)*

150. Donnern und Beben

1. Don - nern und Be - ben in Beth - le - hems Grün - den, ___ und Jo - sef, und Jo - sef war nicht zu fin - den.
2. Wo auch nur, wo auch nur Jo - sef ver - weil - te? ___ Beim Kind - lein im Stal - le er Spiel - zeug feil - te.
3. Öchs - lein und E - sel - chen vor ih - nen knie - ten, ___ um hel - fend, um hel - fend sich an - zu - bie - ten.

4. Derweil Maria in Freude und Banden,
die Hirten, die Hirten zur Flöte sangen:

5. »Himmlischer Knabe, Erbarmen erflehen
wir alle, wir alle, die wir hier stehen!«

Kolenden Nr. 18

282

151. Wärst du, Kindchen, im Kaschubenlande

1. Wärst du, Kind-chen, im Ka-schu-ben-lan-de, wärst du Kind-chen, doch bei uns ge-bo-ren. Sieh, du hät-test nicht auf Heu__ ge-le-gen, wärst auf Dau-nen weich ge-bet-tet wor-den.

2. Nim-mer wärst du in den Stall ge-kom-men, dicht am O-fen stün-de warm dein Bett-chen, der Herr Pfar-rer kä-me selbst__ ge-lau-fen, dich und dei-ne Mut-ter zu ver-eh-ren.

3. Kind-chen, wie wir dich ge-klei-det hät-ten! Müß-test ei-ne Schaf-fell-müt-ze tra-gen, blau-en Man-tel von ka-schu-bi-schem Tu-che, pelz-ge-füt-tert und mit Bän-der-schlei-fen.

4. Kind-chen, wie wir dich ge-füt-tert hät-ten! Früh am Mor-gen weiß-es Brot mit Ho-nig, fri-sche But-ter, wun-der-wei-ches Schmor-fleisch, mit-tags Ger-sten-grüt-ze, gel-be Tun-ke.

5. Und wie wir das Herz dir schenken wollten!
Sieh, wir wären alle fromm geworden,
alle Knie würden sich dir beugen,
alle Füße Himmelswege gehen.

6. Niemals würde eine Scheune brennen,
sonntags nie ein trunkner Schädel bluten,
wärst du, Kindchen, im Kaschubenlande,
wärst du, Kindchen, doch bei uns geboren.

Der baltische Schriftsteller Werner Bergengruen (1892–1964) hat in seiner Freude am Unverbildeten dieses vergnügte Kaschubische Weihnachtslied gedichtet, in dem sogar »der Herr Pfarrer« das Christkind verehrt. Die Melodie stammt von Franz Motzer.

Freudenquell S. 38

Das Angebot neuer Weihnachtslieder für Erwachsene macht deutlich eine sozialgeschichtliche Tatsache erkennbar: den zunehmenden gesellschaftlichen Funktionsverlust des Weihnachtsgesanges außerhalb der Kirche. War er einst eingebettet in die Bräuche der Gemeinde, des Dorfes (vgl. Kapitel 4) – oder aber fest eingebunden in die Heiligabendfeier der bürgerlichen Familie (vgl. Kapitel 5), so ist das alles heute nicht mehr zwingend, und der einzelne kann sich individuell und formend für *seine* Bräuche entscheiden.

Eine solche Entwicklung soll durchaus nicht mit wehmutsvollem Bedauern konstatiert werden, sondern schlicht als eine soziale Tatsache. Die Menschen der modernen Industriege-sellschaft emanzipieren sich zunehmend von den Zwängen der Tradition und suchen sich eigene Wege. Wie schwer es ist, solche neu errungenen Freiheiten im musikalischen Element des Weihnachtsfestes zu verwirklichen, zeigen die – zuweilen mühsamen – Versuche, die sich meist zwischen inhaltlicher Tradition und formaler Moderne bewegen. Hin und wieder klingen neue Gedanken und gehaltliche Aktualisierungen an, die besonders das Problem der Friedensbotschaft betreffen.

Hier konnte nur das Übergangsstadium zu individuellen Liedangeboten in einigen Beispielen dokumentiert werden.

Viel leichter scheint die Entwicklung auf dem Gebiet des weihnachtlichen Kinderliedes abzulaufen, denn für Kinder ist alles neu und unverbraucht, auch die Weihnachtsgeschichte. Eine moderne Pädagogik, eine tiefgreifende Institutionalisierung der kindlichen Sozialisation vom Kindergartenalter an, ein weitgestreutes Bedürfnis seitens der Erzieher nach wertvollen Singstoffen für die lange Adventszeit –, das alles hat ein umfangreiches neues Material zutage gefördert, aus dem hier ebenfalls eine Auswahl vorliegt.

Bei der Liedauswahl und Kommentierung dieses Bandes wurden zum Vergleich u. a. die folgenden Ausgaben herangezogen:

Abel-Struth
Sigrid Abel-Struth: *Die Texte weihnachtlicher Hirtenlieder*, in: *Handbuch des Volksliedes*. Hg. v. R. W. Brednich u. a., Bd. 1/I, München 1973, S. 419–444

Alte weihnachtliche Lieder
Ernst Duis (Hg.): *Alte weihnachtliche Lieder*, Mainz 1967 *(Bausteine für Musikerziehung und Musikpflege* B 166)

Blume
Friedrich Blume: *Geschichte der evangelischen Kirchenmusik*, Kassel u. a. [2]1965

Deutsche Kriegsweihnacht
Musikbeilage zu *Deutsche Kriegsweihnacht*, hg. 1942 von der NSDAP

Dotzler
Ursula Dotzler (Hg.): *Morgen kommt der Weihnachtsmann. Geschichten, Gedichte und Lieder mit Noten.* München 1971

DVA
Deutsches Volksliedarchiv Freiburg/Br.

EG
Evangelisches Gesangbuch. Ausgabe für die Evangelische Kirche in Hessen und Nassau. 1994

Erk-Böhme I, II, III
Ludwig Erk und Franz Magnus Böhme: *Deutscher Liederhort*. Bd. I-III, Leipzig 1925

Familie
Ingeborg Weber-Kellermann: *Die Familie.* Frankfurt am Main 1976

Fränkische Volkslieder
Franz Wilhelm von Dithfurth: *Fränkische Volkslieder*, 2 Bde., Leipzig 1835

Freudenquell
Der Freudenquell, Boppard [1951]

Fröhliche Weihnacht überall
Fröhliche Weihnacht überall, hg. von Willi Drahts, Mainz 1964

Gloria in excelsis Deo
F. W. Sering (Hg.): *Gloria in excelsis Deo*, Gütersloh o. J.

Gotteslob
Katholisches Gebet- und Gesangbuch für das Bistum Mainz. Kevelaer [4]1976

Gottschick
Anna Martina Gottschick (Hg.): *Weihnachtliches Hausbuch.* Kassel 1954

Hartmann
August Hartmann: *Volkslieder in Bayern, Tirol und Land Salzburg gesammelt, 1. Bd. Volksthümliche Weihnachtslieder.* Leipzig 1884

Heyne
Renate Wahr (Hg.): *Das Heyne Weihnachtsbuch: Advents- und Weihnachtsgebräuche, Lieder mit Noten, Bastel- und Geschenkvorschläge, Rezepte und Backwerke und Weihnachtsgerichte.* München 1976

Hirtenbüchel
Fritz Dietrich (Hg.): *Hirtenbüchel auf die Weihnacht.*

Lieder zur Christgeburt, ausgewählt von F. Dietrich. Kassel und Basel 1950

Hoffmann
Heinrich Hoffmann von Fallersleben: *Geschichte des deutschen Kirchenliedes.* [1861], Hildesheim 1965

Ihr Kinderlein, kommet
Ihr Kinderlein, kommet, Bln. o. J.

Inmitten der Nacht
Gottfried Wolters: *Inmitten der Nacht*, Wolfenbüttel 1957

Jetzt ist die Zeit zum Freuen
Martin Gotthard Schneider: *Jetzt ist die Zeit zum Freuen*, Freiburg i. B. 1980

Karolisserheft
Alfred Stern: *Das Karolisser-heft. Schweizer Weihnachtslieder*, Zürich o. J.

Kinderlieder
Gerd Watkinson (Hg.): *111 Kinderlieder zur Bibel*, Freiburg i. B. [10]1977

Klusen
Ernst Klusen: *Das Weihnachtsbuch der Lieder.* it 157, Frankfurt am Main 1975

Kolenden
Kolenden. 25 polnische Weihnachtslieder übersetzt und herausgegeben von Michael Zöllner, Hamburg o. J.

Komm, wir gehn nach Bethlehem
Komm, wir gehn nach Bethlehem, hg. von Franz Biebl, München 1979

Lieder und Kanons
Heinz Lau: *Lieder und Kanons*, Wolfenbüttel o. J.

Lechner
Lothar Lechner: *Mein Weihnachtsbuch. Für Klavier zwei- und vierhändig.* Edition Schott 4200

Lieder zur Weihnachtszeit
Lieder zur Weihnachtszeit, hg. von Ilse Lang, Wolfenbüttel – Berlin 1941

Liliencron
Rochus von Liliencron: *Deutsches Leben im Volkslied um 1530.* Darmstadt 1966

Wir Mädel singen.
Liederbuch des Bundes Deutscher Mädel. Hg. vom Kulturamt der Reichsjugendführung. Wolfenbüttel-Berlin 1937

Marienlied
Walther Lipphardt (Hg.): *Marienlied*, Freiburg i. B. 1954

Missionsharfe
Große Missionsharfe, hg. von Emil Niemeyer, Bd. I Gütersloh 1920

Müller-Blattau
Joseph Müller-Blattau: *Deutsche Volkslieder.* Königstein i. T. 1959

Österreichisches Liederblatt
Österreichisches Liederblatt Nr. 11, Graz o. J.

Quempas
Das Quempasbuch. Lieder für den Weihnachtsfestkreis. Kassel und Basel 1962, mit Hausmusikausgabe, Bärenreiter 1303

Sag, was ist geschehn
Gerd Watkinson: *Sag, was ist geschehn*, Kassel – Basel 1958

Schmidt

Leopold Schmidt: *Das alte Volksschauspiel des Burgenlandes.* Wien 1980

Siuts

Hinrich Siuts: *Die Ansingelieder zu den Kalenderfesten.* Göttingen 1968

Vötterle

Karl Vötterle (Hg.): *Neue Weihnachtslieder.* Kassel und Basel [3]1952

Volkslieder

Deutsche Volkslieder. Texte und Melodien. Hg. von L. Röhrich und R. W. Brednich. 2 Bde., Düsseldorf 1967

Der große Wagen

Der große Wagen. Alte und neue Lieder im Jahreslauf für Haus, Kindergarten und Schule, Wolfenbüttel [4]1955

Wandrey

Uwe Wandrey (Hg.): *Stille Nacht allerseits! Ein garstiges Allerlei.* rororo 1561, Reinbek 1972

Weber-Kellermann

Ingeborg Weber-Kellermann: *Das Weihnachtsfest.* Luzern 1978

Weihnachtliches Land

Hans Baumann: *Weihnachtliches Land,* Wolfenbüttel 1950

Weihnachtslieder

O freudenreicher Tag. Advents- und Weihnachtslieder aus alter und neuer Zeit mit wertvollen Tonsätzen. Neumünster i. Holstein 1941

Unsere Weihnachtslieder

Unsere Weihnachtslieder, Mainz 1955

Wohlgemuth

Gerhard Wohlgemuth: *Leise fällt der Schnee. Lieder zur Weihnachtszeit.* Leipzig o. J. [1956]

die zugabe

Heinz Lemmermann: *die zugabe* Bd. 1, Fidula 1968, Bd. 3, Fidula 1974

Zupfgeigenhansl

Hans Breuer (Hg.): *Der Zupfgeigenhansl.* (1908), zitiert nach der 59. Aufl. 1918

Abdruckgenehmigungen erteilten freundlicherweise:

Lieder (T.: Text/ M.: Melodie)

Bärenreiter-Verlag, Kassel · Basel · London: Nr. 31. *Ich will dem Knäblein schenken* (T.: Rudolf Alexander Schröder/ M.: Karl Marx); 41. *Bruder, ich geh' auch mit dir* T./M.: Fritz Dietrich); 108. *Wißt ihr noch, wie es geschehen?* (T.: Hermann Claudius/ M.: Christian Lahusen); 109. *Die Nacht ist vorgedrungen* (T.: Jochen Klepper/ M.: Johannes Petzold); 134. *Der du die Welt geschaffen hast* (M.: Hans Friedrich Michelsen); 135. *Wir harren, Christ, in dunkler Zeit* (M.: Christian Lahusen); 136. *Es lagen im Felde die Hirten* (M.: Christian Lahusen); 137. *„Tröstet, tröstet", spricht der Herr* (T.: Waldemar Rode/ M.: Hans Friedrich Michelsen); 138. *Also liebt Gott die arge Welt* (T.: Kurt Müller-Osten/ M.: Gerhard Schwarz); 143. *O Anfang ohn' Ende* (T.: Friedrich Hoffmann); S. 200: *Nun sei uns willkommen, Herre Christ* (T./M.: Walter Rein)

Gustav Bosse Verlag, Kassel: Nr. 133. *Manchmal denk' ich: es gibt keine Weihnacht* (T./M.: Martin Gotthard Schneider); 140. *Stern über Bethlehem* (T./M.: Alfred Hans Zoller)

Burkhardthaus-Laetare Verlag, Gelnhausen; Nr. 9. *Der Morgenstern ist aufgedrungen* (T.: Otto Riethmüller nach Daniel Rumpius, aus: *Ein neues Lied*)

Christophorus-Verlag, Freiburg i.Br.: Nr. 132. *Wir kommen daher aus dem Morgenland* (T.: Maria Ferschl/ M.: Heinrich Rohr, aus: *Weihnachts-Singbuch* 2. Teil); 139. *Sage, wo ist Bethlehem?* (T.: Rudolf Otto Wiemer/ aus: *Sage, wo ist Bethlehem?,* Deutscher Theater-Verlag, Weinheim/Bergstraße, M.: Martin Gotthard Schneider, aus: *Jetzt ist die Zeit zum Freuen,* Christophorus-Verlag, Freiburg, und Verlag Ernst Kaufmann, Lahr); 144. *Als Jesus auf die Erde kam* (T./M.: Martin Gotthard Schneider, aus: *Sieben Leben möcht ich haben,* Christophorus-Verlag, Freiburg, und Verlag Ernst Kaufmann, Lahr); 145. *Augustus, Cyrenius, die römischen Herren* (T./M.: Kurt Rommel, aus: Gerd Watkinson, *111 Kinderlieder zur Bibel,* Christophorus-Verlag, Freiburg, und Verlag Ernst Kaufmann, Lahr); 146. *Einen Apfel, einen runden* (T.: Kurt Wiegering)

Deutscher Theaterverlag, Weinheim: Nr. 139. *Sage, wo ist Bethlehem* (T.: Rudolf Otto Wiemer)

Fidula-Verlag, Boppard/Rhein: Nr. 123. *Advent, Advent* (T./M.: Hans Poser, aus der Liedblattreihe *Mosaik*); 147. *Manche Kinder sind gelb* (T.: Ilse Kleberger/ M.: Heinz Lemmermann, aus: *die zugabe,* Bd. 3); 151. *Wärst du, Kindchen, im Kaschubenlande* (T.: Werner Bergengruen/ M.: Franz Motzer)

Möseler Verlag, Wolfenbüttel · Zürich: Nr. 110. *Hohe Nacht der klaren Sterne* (T./M.: Hans Baumann, Möseler Verlag, Wolfenbüttel und Zürich / Voggenreiter Verlag, Bonn-Bad Godesberg); 111. *Du Feuer, flieg in jedes Haus* (T./M.: Hans Baumann, Möseler Verlag, Wolfenbüttel und Zürich / Voggenreiter Verlag, Bonn-Bad Godesberg); 112. *Weihnacht macht die Türen weit* (T.: Hans Baumann, Möseler Verlag, Wolfenbüttel und Zürich / Voggenreiter Verlag, Bonn-Bad Godesberg/ M.: Ilse Lang, Möseler Verlag); 113. *In dunkler Stunde, still und spät* (T.: Josef Bauer/ M.: Gerhard Nowottny); 114. *Der Sunnwendmann* (T.: Martin Greif/ M.: Ilse Lang); 115. *Ich brach drei dürre Reiselein* (T.: Heinz Grunow/ M.: Wolfgang Stumme); 116. *Fröhliche Weihnacht wolln wir nun singen* (T.: Karola Wilke/ M.: Wolfgang Stumme); 122. *Sankt Nik'laus komm in unser Haus* (T.: nach einem Volksspruch/ M.: Heinz Lau, aus: Gottfried Wolters, *Das singende Jahr*); 126. *Bald nun ist Weihnachtszeit* (T.: Karola Wilke/ M.: Wolfgang Stumme, aus: Wolfgang Stumme, *Der große Wagen*); 127. *Weihnachtszeit kommt nun heran* (T.: Karola Wilke/ M.: Wolfgang Stumme, aus: Wolfgang Stumme, *Der große Wagen*); S. 227: *Tal und Hügel sind verschneit* (T./M.: Herbert Napiersky); S. 230: *Es ist für uns eine Zeit angekommen* (T. 2.-9. Strophe: Maria Wolters, 1. Strophe aus: Gottfried Wolters, *Inmitten der Nacht*)

Peter Janssens Musik Verlag, Telgte-Westfalen: Nr. 142. *Spielt nicht mehr die Rolle* (T.: Friedrich K. Barth und Peter Horst/M.: Peter Janssens, aus: *Leben wird es geben,* Telgte 1975)

Martin G. Schneider, Freiburg: Nr. 139. *Sage, wo ist Bethlehem* (M.: Martin Gotthard Schneider); 144. *Als Jesus auf die Erde kam* (T./M.: Martin Gotthard Schneider); 146. *Einen Apfel, einen runden* (M.: Martin Gotthard Schneider)

Verlag Singende Gemeinde, Wuppertal: Nr. 141. *Wir suchen dich nicht* (T.: Albrecht Goes/ M.: Paul Ernst Ruppel)

Strube-Verlag, München: Nr. 9. *Der Morgenstern ist aufgedrungen* (T.: Otto Riethmüller); 145. *Augustus, Cyrenius, die römischen Herren* (T./M.: Kurt Rommel)

Suhrkamp Verlag, Frankfurt: Nr. 134. *Der du die Welt geschaffen hast* (T.: Rudolf Alexander Schröder); 135. *Wir harren, Christ, in dunkler Zeit* (T.: Rudolf Alexander Schröder); 136. *Es lagen im Felde die Hirten* (T.: Rudolf Alexander Schröder)

Voggenreiter Verlag, Bonn-Bad Godesberg: S. 230: *Es ist für uns eine Zeit angekommen* (T.: Paul Hermann)

Percy G. Watkinson, Steinen-Lehnacker: Nr. 143. *O Anfang ohn' Ende* (M.: Percy G. Watkinson); 148. *Der Wind weht kalt* (M.: Percy G. Watkinson)

Rudolf Otto Wiemer: Nr. 148. *Der Wind weht kalt* (T.: Rudolf Otto Wiemer)

Texte

Deutsches Volksliedarchiv, Freiburg i.Br.: *Morgen kommt der Weihnachtsmann* (anonyme Parodie), S. 188

Agnes Hüfner, Neuss: *Weihnachten zu Hause,* S. 171f.

Erich Kästner Erben, München: Erich Kästner, *Weihnachtslied, chemisch gereinigt,* S. 185

Dieter Süverkrüp, Düsseldorf: *Stille Nacht, heilige Nacht,* S. 167f.; *Morgen kommt der Weihnachtsmann,* S. 187f.; *Leise schnieselt der Re-aktionär,* S. 195

Uwe Wandrey, Hamburg: *O du fröhliche,* S. 159

Abbildungen

Archiv für Kunst und Geschichte, Berlin: S. 213

Bildarchiv Foto Marburg: S. 1, 8, 24, 32, 43, 62, 65, 76, 115, 142, 162

Bildarchiv der Österreichischen Nationalbibliothek, Wien: S. 190

Bildarchiv Weber-Kellermann: S. 12, 13, 27, 31, 37, 38, 41, 47, 52, 55, 61, 63, 69, 70, 86, 89, 121, 123, 128, 130, 133, 135, 146, 148, 149, 151, 153, 154, 157, 160, 170, 172, 178, 179, 183, 185, 187, 188, 194, 196, 199, 201, 225, 227, 231, 233, 243, 247, 248, 251, 252, 254, 255, 257, 273

Claassen Verlag, Düsseldorf: S. 270, 282

Götz Fischer, Geesthacht: S. 245

Erika Groth-Schmachtenberger, Murnau: S. 277

Rudolf Hartmann, Laubach: S. 139

Peter Keetmann, Breitbrunn-Ch.: S. 73

Museum für deutsche Volkskunde, Berlin/ Bildarchiv Preußischer Kulturbesitz: S. 124–126

Privatbesitz: S. 259

Wallraff-Richartz-Museum, Köln/ Rheinisches Bildarchiv: S. 217

alle übrigen Abbildungen: Archiv Schott Musik International, Mainz

Verzeichnis der Lieder